JN427598

RESEARCH METHODS FOR SOCIAL WELFARE

사회복지조사론 제2판

서정민 · 전동일 · 오봉욱 · 김병년 · 김대건 공저

dm 동문사

이 책은 저작권법에 따라 보호받는 저작물이므로 무단전재와 무단복제를 금지하며, 이 책 내용의 전부 또는 일부를 이용하려면 반드시 저작권자와 동문사의 서면동의를 받아야 합니다. 무단전재나 무단복제 행위는 저작권법 제136조(벌칙)에 의거, 5년 이하의 징역 또는 5천만 원 이하의 벌금에 처하거나 이를 병과할 수 있습니다.

머리말

사회복지학에서 사회복지조사론은 연구자와 현장 실천가로서의 성장을 위한 기초과목입니다. 기초과목의 중요성에도 강의하는 분들이나 학생에게 가장 어렵게 다가오는 과목이기도 합니다.

오랫동안 사회복지조사론을 강의한 저자들의 고민은 "누구나 책을 읽으면 쉽게 이해할 수 있는 사회복지조사론은 없을까?"였습니다. 이러한 고민을 해소하기 위해 뜻을 함께하여 새로운 각도의 사회복지조사론을 새롭게 출간하게 되었습니다. 저자들은 사회복지현장 실천가, 연구자 등으로 구성되어 있으며, 사회복지조사론을 오랫동안 강의한 경험을 소유한 공통점을 가지고 있습니다.

여러 경험을 바탕으로 전문가로서 갖는 현장 실천가와 연구자의 균형 있는 내용을 제시하는 시도를 하였습니다. 책의 구성은 각 제목 소개, 학습목표, 본문, 요약 그리고 관련 문제의 구성을 제시하였습니다.

이 책은 2018 교과목 지침서에 의거 내용을 구성하였으며, 본문은 강의하시는 분들이 쉽게 활용할 수 있도록 풍부한 사회복지조사 관련 예시와 함께 다양한 그림을 제공하여 이해의 폭을 넓히도록 하였습니다. 요약은 강의가 끝나거나 다음 과정으로 넘어갈 때 학생들의 내용 이해를 스스로 확인할 수 있도록 하였습니다. 마지막으로 관련 문제는 사회복지사 1급 시험을 위해 요구될 수 있는 문제를 문제 은행식으로 제시하였습니다. 이 책은 사회복지를 시작한 학생들이 향후 연구자나 현장 전문가로서 성장할 수 있도록 크고 깊지 않지만 알고 있는 것을 함께 나누고자 하는 저자들의 따뜻한 마음을 담았습니다.

2021년 6월

저자 일동

차 례

▪ 머리말 ▪ 3

CHAPTER 01 사회과학과 사회복지조사

제1절 사회현상과 정보 15

제2절 과학의 이해 21

1. 과학의 의의 21
2. 과학적 지식 22

제3절 사회복지조사의 한계와 연구 윤리 28

1. 연구내용 및 주제 29
2. 연구대상 및 과정 29
3. 연구결과와 관련된 문제 30
4. 연구윤리위원회 31

CHAPTER 02 사회조사방법의 개념

제1절 개념 및 변수 39

1. 개념 39
2. 변수 39

제2절 개념화와 조작화 45

1. 개념화 46
2. 조작화 47

제3절 문제형성 47
1. 연구주제의 선택 47
2. 연구문제의 설정 49
3. 연구의 실현가능성 50

제4절 이론과 가설 50
1. 이론의 개념 및 기능 50
2. 가설의 개념과 특성 52
3. 가설의 종류 55

제5절 모집단과 표본 57
1. 모집단 58
2. 표본 58

제6절 문헌검토 59

CHAPTER 03 사회조사방법의 유형과 과정

제1절 사회조사방법의 유형 67
1. 연구목적에 따른 분류 67
2. 연구의 시간적 차원에 따른 분류 70
3. 자료특성에 따른 분류 76

제2절 사회복지조사연구의 절차 및 방법 80
1. 연구주제 설정 81
2. 연구설계 82
3. 자료수집 82
4. 자료분석 82
5. 결과 해석 및 결론 83
6. 보고서 작성 및 공표 83

제3절 사회복지조사 연구계획서 작성 84
1. 연구계획서의 내용 85

CHAPTER 04 측정과 척도

제1절 측정의 개념과 수준 93
1. 측정의 개념 93
2. 측정 수준 94

제2절 척도의 개념과 구성 99
1. 척도의 개념 99
2. 척도의 구성 99
3. 척도의 개발 절차 105

제3절 측정 오류 108
1. 측정 오류의 개념 108
2. 측정 오류의 종류 108
3. 측정 오류의 축소 방안 110

제4절 신뢰도와 타당도 111
1. 신뢰도 111
2. 타당도 114
3. 신뢰도와 타당도의 관계 117

CHAPTER 05 표본추출

제1절 표본추출의 개념 125
1. 표본추출 관련 주요 용어 125
2. 표본추출의 개념 127
3. 표본추출절차 131

제2절 표본추출의 유형 131
1. 확률표본추출 기본형 131
2. 비확률표본추출 137

제3절 표본의 크기와 오차의 종류 140
1. 표본의 크기 140
2. 오차의 종류 141

CHAPTER 06 자료수집

제1절 자료와 자료수집 149

1. 자료의 구분 149

제2절 자료수집방법 153

1. 설문조사 153
2. 면접조사 160

제3절 자료의 처리 166

1. 자료 검토 167
2. 자료 편집 168
3. 자료의 코딩과 입력 168

CHAPTER 07 설문지 작성법

제1절 설문지 작성과정 175

1. 질문내용의 결정 175
2. 질문 형태의 결정 176
3. 개별문항의 작성 179
4. 질문 배열 182

제2절 설문지 작성 시 유의사항 185

1. 설문 표지의 작성 185
2. 질문의 수 186
3. 설문지의 외형 187
4. 사전조사 187

CHAPTER 08 실 험

제1절 실험의 개념 195

1. 실험의 개념과 필요성 195
2. 실험의 기호 195

제2절 비실험설계 197

1. 비실험설계의 개념 197
2. 비실험설계의 종류 197

제3절 내적타당도 200
1. 내적타당도의 개념 200
2. 내적타당도의 저해요인 200
제4절 실험설계 204
1. 실험설계의 조건 204
2. 실험설계의 종류 207
제5절 유사 실험설계 210
1. 유사 실험설계 210
2. 유사 실험설계의 종류 210

CHAPTER 09 관찰, 내용분석 및 2차 자료분석

제1절 관찰 217
1. 개념 217
2. 절차 218
3. 유용성과 한계 219
4. 관찰의 신뢰도와 타당도를 높이는 방법 220
제2절 내용분석 221
1. 개념 221
2. 절차 223
3. 유용성과 한계 225
제3절 2차 자료분석 226
1. 개념 226
2. 자료원 227
3. 유용성과 한계 230

CHAPTER 10 욕구조사

제1절 욕구 239
제2절 욕구조사의 이해 241
1. 욕구조사의 필요성 242
2. 욕구조사의 내용 243
3. 욕구조사의 자료수집방법 246

CHAPTER 11 평가조사

제1절 평가조사의 이해 257
1. 평가조사의 개념 257
2. 평가조사의 목적과 필요성 258

제2절 평가의 기준과 평가요소 259
1. 평가의 기준과 평가요소 259
2. 평가요소 262

제3절 평가조사의 종류 263
1. 평가 목적 및 수행 절차에 따른 분류 264
2. 자료의 성격과 조사 방법에 따른 분류 266
3. 평가의 시점에 따른 분류 267
4. 평가의 대상에 따른 분류 268
5. 평가의 주체에 따른 분류 269
6. 기타 평가조사의 종류 270

제4절 평가조사의 절차 272
1. 평가 목적 확인 273
2. 평가 목표 진술 273
3. 평가 설계 확인 274
4. 평가 도구 선택 274
5. 평가 자료 수집 274
6. 평가 결과 분석 275
7. 평가 결과 보고 275
8. 평가 결과 활용 275

제5절 평가조사와 프로그램의 오류 276
1. 이론적 오류 276
2. 실행적 오류 276

CHAPTER 12 양적 자료분석

제1절 양적 자료분석의 개관 283

제2절 양적 자료분석의 과정 283

제3절 양적 자료분석의 유형 286
1. 기술통계 287

2. 추리통계 289

CHAPTER 13 질적 조사연구

제1절 질적 조사연구의 개념과 특성 303
1. 질적 조사연구의 개념 303
2. 질적 조사연구의 특성 304

제2절 질적 조사연구의 과정 307
1. 연구주제 및 연구절차 결정 308
2. 현장연구 시작 308
3. 자료수집 308
4. 자료분석 311
5. 가설과 이론의 구축 311
6. 연구보고서 작성 312

제3절 질적 조사연구의 종류 313
1. 근거이론 313
2. 사례연구 314
3. 민속지학 연구(문화 기술지) 315
4. 현상학적 연구 316
5. 생애사 연구 317
6. 참여관찰 연구 318
7. 심층면접 연구 319
8. 초점(표적)집단 인터뷰 320

제4절 질적 조사연구와 양적 조사연구의 비교 322

제5절 질적 조사연구의 엄격성과 윤리적 문제 323
1. 연구의 엄격성 324
2. 연구의 윤리적 문제 325

CHAPTER 14 조사보고서 작성

제1절 조사보고서 작성의 이해 333
1. 조사보고서 작성의 의의 333
2. 조사보고서 작성의 목적과 기능 334

제2절 조사보고서 작성을 위한 기본 원칙 335

제3절 조사보고서의 종류 336
1. 탐색적 조사보고서 337
2. 기술적 조사보고서 337
3. 설명적 조사보고서 337
4. 제안적 조사보고서 338
제4절 조사보고서의 형식과 작성방법 338
1. 표제 338
2. 목차 339
3. 개요 339
4. 서론 339
5. 본론 340
6. 결론 및 제언 342
7. 참고문헌 342
8. 부록 343
제5절 조사보고서 작성 시 유의사항 345

부 록

부록1 한국조사연구학회의 조사윤리 강령 353
부록2 대표적인 2차 자료 관련 사이트 356
부록3 IRB 온라인 교육이수 사이트 정보 357

▪ 참고문헌 ▪ 358
▪ 찾아보기 ▪ 361

CHAPTER

01

사회과학과 사회복지조사

과학적 방법의 정의와 특성, 사회복지조사를 왜 배워야 하는가에 대한 기본적 인식을 제공하고, 인식론과 과학적 지식, 양적 연구방법과 질적 연구방법 그리고 혼합 연구방법 등을 위한 연구 윤리 등의 기초 과정에 대해 학습한다.

▌학습목표▐

1. 사회현상과 정보에 대해 이해한다.
2. 사회과학의 특성에 대해 학습하고 이해한다.
3. 연구와 관련된 내용과 연구 윤리 등을 이해한다.

제1절 사회현상과 정보

현대사회는 누구나 쉽게 정보를 획득하고 공유할 수 있는 정보의 사회이다. 우리는 TV, 신문, 스마트폰, 컴퓨터 등의 정보전달매체를 통해 끊임없이 정보에 노출되어 있는 세계에 살고 있다. 또한 우리는 다양한 정보전달매체를 활용하여 필요한 정보를 얻는 데 많은 시간을 할애하고 확보된 정보를 일상생활에서 활용한다.

정보의 진실성이나 허위성에 관계없이 현대인은 정보를 취득하는 매개체의 다양성과 정보를 취득하는 매개체를 다루는 기능이 향상되어 과거와는 다른 보편적 정보의 세계 또는 정보화의 시대에 살고 있다. 하지만 정보화 시대의 정보는 모두 유용하게 활용될 수 있는 정보인가? 아니면 무한하게 넘쳐나는 정보가 우리를 혼란케 하는 무의미한 정보인가?에 대한 의문이 남는다.

정보의 홍수 속에 살아가는 현대인에게 제대로 된 정보의 확인은 매우 중요하다. 왜냐하면 많은 사람들이 사실 확인 없이 쉽게 진실로 인지하고 그것을 지식으로 오인할 수 있기 때문이다. 따라서 정확한 정보와 올바른 지식을 판단하기 위해서는 정보의 출처와 사실의 확인은 매우 중요한 의미를 가지며, 사회과학의 핵심적인 출발점이 될 수 있다.

1) 전통

전통은 우리가 살고 있는 사회에서 확고하게 지식으로 구성된 문화를 의미한다. 우리는 전통을 지식 또는 지혜로 언급하며 아무 조건 없이 받아들인다. 전통은 새로운 지식을 위해 필요한 과정을 줄여줄 수 있다. 하지만,

그 전통이 잘못된 지식의 기반 위에 형성된다면 지식과 정보의 원천으로서 가지는 문제점은 심각하게 다가올 수 있다. 예를 들어, 천동설과 같이 오랫동안 믿어왔던 과학적 사실이 후대에 잘못된 지식으로 판정되는 과정에서 나타난 피해를 상상해 보면 그 문제점은 충분하게 설명될 수 있을 것이다.

그리고 전통에 기반을 두고 새로운 변화나 시도를 할 수 없다면 전통은 매우 불필요한 요소가 될 수 있을 것이다. 예를 들어, 우리가 사회복지사로서 첫 직장을 갖는다고 가정하면, 우리는 그곳의 사회복지실천과 개입 그리고 사회복지를 향한 문화를 경험하고 습득한다. 습득된 기관의 전통적 지식은 사회복지사로서의 역할수행에 큰 어려움 없는 만족을 우리에게 주면서 클라이언트를 위한 실천방법으로서 지속성을 가질 것이다. 하지만 전통적인 실천방법에 변화를 주지 못한다면 실천현장의 발전은 기대할 수 없을 것이다. 또한 전통의 문제점이나 새로운 개선점을 제시하여도 수용되는 것은 어려울 수 있을 것이다. 관리자는 이러한 부분을 항상 고려하는 자세를 가져야 한다.

2) 권위

지식은 매일 새롭게 나타난다. 새롭게 나타나는 지식의 수용 여부는 지식과 관련된 분야의 전문가 권위에 의해 수용하거나 거부한다. 특히 권위의 확보를 위해 전문기술, 인품 그리고 사회적 지위가 높은 사람을 활용하기도 한다. 또한 권위는 신뢰할 수 있는 정보의 출처를 이용하는 경우에도 확보될 수 있다. 권위는 논리적 정당성이 존재하는데, 이 방법은 바로 자신의 지식의 원천을 타인 또는 타 조직의 권위에 두고 있으며, 지식에 대한 진리성 여부를 권위에 대한 복종에 두고 있다.

이와 같은 권위도 잘못된 지식으로 결론이 나기도 한다. 예를 들어, 정신보건분야에서 오래전부터 조현병(정신분열증)의 권위자들은 어머니의 조현병으로 인한 개인적인 정체성 형성의 방해를 언급하면서 조현병의 원인을 부모의 잘못된 양육방법으로 제시하였다. 즉, 조현병의 배후에는 조현병인 어머니가 있다는 것이다. 하지만 최근의 연구결과는 조현병의 원인을 유전적 요인과 생물학적 영향이 더 중요하게 작용되고 있음을 보여주고 있다. 이러한 사실은 유명한 전문가의 권위도 틀릴 수 있음을 보여준다. 따라서 사회복지사는 권위에 기반을 둔 지식도 잘못될 수 있음을 이해하고, 새롭게 제시된 지식도 언제나 비판적 자세로 접근할 수 있어야 한다.

3) 상식과 직관

상식은 종종 세상을 이해하는 중요한 개념으로 제시된다. 우리가 가지고 있는 많은 상식은 개인적인 경험이나 다른 사람의 경험을 활용하여 체계화된다. 따라서 상식은 전통과 권위에 의해 모두가 동의하는 공유된 믿음을 의미한다. 직관은 직접적이고 인간의 느낌, 감정 등에 의해 일차적으로 경험하는 지식의 취득과정이다.

전통이나 권위와 마찬가지로 상식과 직관도 오류가 발생될 수 있다. 왜냐하면 상식은 일반화된 지식이 개인의 배경이나 경험이 특별한 상황과 연결이 되어 있기 때문이다. 그리고 직관도 이성이나 합리적인 영역이 아닌 특수한 상황에서 이해되기 때문이다.

4) 대중매체

우리가 접하는 많은 정보는 대중 매체를 통해서 우리에게 전달된다. 하지만 대중매체가 전달하는 대부분의 정보는 올바른 것이지만 때로는 잘못된 정보를 제공하기도 한다. 왜냐하면 대중매체는 사실을 근거로 보도를 하지 않고 전달자의 개인적 의견이 포함될 수 있기 때문이다. 그리고 대중매체의 각색된 진실과 다양한 정보의 무분별한 제공도 진실을 왜곡할 수 있다. 이와 같이 대중매체는 지식과 정보를 취득하는 중요한 원천이 될 수 있지만 반드시 적절한 지식이나 정보인지 따져봐야 한다.

5) 과학적 방법

지식의 원천에 관한 논의는 정보와 지식이 많은 경우 그 진실성에 한계를 가질 수 있다. 이를 해결하기 위해 요구되는 것이 과학이며, 과학적 방법이다. 왜냐하면 지식과 정보 제공은 과학적 방법으로도 확인이 가능하기 때문이다. 과학적 방법은 여러 가지 가설을 논리적으로 전개하고 이를 관찰 가능하거나 측정 가능한 현상과 비교한다. 과학적 방법을 활용한 지식습득은 논리적이며 경험적이어야 한다. 그 이유는 논리적 탐구에 의해 확인된 지식은 경험적으로 확인된 사실과 동일할 때 과학적 지식으로 인정이 될 수 있기 때문이다.

6) 지식의 일상적 관찰에서 발생될 수 있는 비과학적 문제

과학적 연구방법은 우리가 얻고 있는 지식과 정보의 정확함에 대한 평가를 내릴 수 있도록 한다. 과학적 연구방법은 논리적이며 체계적이고 가치중립적이어야 한다. 하지만 일상에서 발생될 수 있는 다음의 경우를 확인하면 이해될 수 있다.

(1) 부정확한 관찰

일상적 또는 과학적 탐구의 시작은 관찰이다. 그러나 관찰에 의한 지식 탐구는 탐구활동 자체에 개인의 편견이 개입되어 이로 인해 객관성을 상실하고 관찰과정 또는 탐구과정 자체가 주관적 편견에 의해 이루어질 가능성이 높다. 왜냐하면 관찰을 위해 활용되는 사람의 감각기관은 한계가 있기 때문이다.

(2) 과도한(지나친) 일반화

일반화란 특수한 환경에서 발견된 결과를 전체 상황으로 확대 적용하여 보편화하는 오류이다. 즉, 어떤 이론이 하나의 현상에 성립하는 것을 넘어 대부분의 현상까지도 적용하는 것을 의미한다.

(3) 선택적(선별적) 관찰

선택적 관찰은 개인의 경험과 직관으로 특정한 유형이나 양식이 존재한다고 판단하여 필요 이상으로 한 부분에 집중하는 관찰을 의미한다. 즉, 자기가 옳다고 믿는 신념에 부합되는 결과만 선별한다. 과학에서는 이러한 선택적 관찰을 최소화하기 위해 미리 수행되어야 하는 관찰의 방법과 절차를 엄격히 규정한다.

(4) 자기중심적 현상의 이해

현상을 이해하는 데 있어서 자기중심적으로 해석을 하게 되는 경향을 자기중심적 현상의 이해라고 한다. 자기중심적 현상은 모든 현상을 자기 자신의 관점으로만 바라보고 해석한다. 자기중심적 현상은 논리와 경험적 증거가 합치되지 않은 경우가 많다.

(5) 꾸며진 정보

우리는 권위나 전통으로 인해 일반적인 현상과 모순되는 사건을 무시할 뿐만 아니라 모순된 상황을 해결하기 위한 정보를 꾸미게 되는 경향이 있다.

(6) 사후 발생적 가설

과학의 가설 설정은 이론과 논리에 의해 기대되는 현상을 사전에 가설로 설정한 다음 그 가설의 검증을 확인하기 위해 경험세계의 관찰을 실시한다. 하지만 경험세계의 관찰을 먼저 확인한 후 관찰에 일치하는 가설을 설정하는 것을 사후 발생적 가설이라 한다.

(7) 비논리적 추론

일상적인 삶에서 많은 사람들은 비논리적 추론의 오류를 범한다. 비논리적 추론은 과대광고 등과 같이 의도에 의해서 조작된 정보 또는 징크스나 머피의 법칙처럼 비논리적인 추론 등이 있을 수 있다.

제2절 과학의 이해

1. 과학의 의의

과학은 경험적인 증거수집과 체계적이고 논리적인 방법론을 활용하여 얻어지는 지식을 의미한다. 과학이 일반화된 사회에서 살고 있는 우리는 사회문제를 과학과 연결하여 해결을 시도한다. 과학은 재현가능한 방법을 이용하여 사회문제를 해결하기 위한 이론을 도출하거나 구성하는 과정이라 할 수 있다. 이론은 사회현상이나 사회문제를 예측하거나 설명을 위한 목적으로 제시되는 변수들 간의 관계를 기술하는 체계이다. 사회현상의 설명이란 변수에 의해 설명되는 사실과 사실 간의 관계를 의미하며, 사회문제를 예측하는 것은 원인과 결과에 의해 제시되는 인과관계를 확인하는 것이라 할 수 있다. 또한 관찰자에 의해 인식되는 사실은 관찰된 현상이나 내용을 의미한다. 하지만, 존재하고 있거나 인식하고 있는 사실은 관찰자에 의해 관찰되거나 알려지지 않을 때는 사실이 될 수 없다.

또한 과학은 자연과 사회현상에서 나타나는 논리적이고 연속적인 패턴을 인지하고 그 규칙성을 근간으로 하여 이론을 정립한다. 즉, 이론은 상호 변수 간의 규칙적이거나 체계적인 관계를 기술하고 자연 또는 사회현상을 예측하고 설명한다. 예측은 현재의 설명이 미래에도 적용 가능한 것으로 인식하는 것이며, 원인에 대한 결과의 형성을 기대하는 것이라 할 수 있다.

이와 같은 과학을 채구묵(2005)은 "과학은 진리, 법칙 또는 이론을 찾아내기 위한 논리적 · 체계적 · 경험적 · 객관적 방법과 그 소산인 합리적인 지식"으로 정의한다.

2. 과학적 지식

1) 과학적 지식의 특성

과학적 방법에 의해 얻어진 과학적 지식은 정보 원천인 전통, 관습, 권위, 상식과 직관 등에 의해 얻어진 지식과 구별된다. 과학적 지식은 자연현상을 연구대상으로 하는 자연과학과 사회현상을 연구대상으로 하는 사회과학으로 구분된다. 과학적 지식이 가지고 있는 특성을 살펴보면 다음과 같다(채구묵, 2005).

(1) 재생가능성

과학적 지식의 첫 번째 특성으로서 표준화된 방법을 따르면 결론이 동일하게 되는 가능성을 의미한다. 재생가능성은 절차를 확인하는 입증가능성과 결과를 확인하는 산출가능성으로 구분할 수 있다. 입증가능성은 어떤 현상의 결과가 다시 재생이 가능한 경우에 나타날 수 있으며, 산출가능성은 어떤 현상의 결과를 얻어내는 방법이나 절차의 재생을 의미한다. 그 가능성은 과학적 방법의 표준화된 방법의 절차를 의미한다.

(2) 경험가능성

경험가능성은 일반적으로 사람이 가지고 있는 감각기관에 의해 지각이 되어야 함을 의미한다. 경험가능성은 모든 사람의 가지고 있는 감각기관의 동질성 또는 객관성과 사회과학의 추상적인 용어를 감각으로 충분히 표현될 수 없다는 한계를 가지고 있다.

(3) 객관성

우리는 감각기관으로 세상을 이해하지만 감각기관을 활용한 이해는 누구나 동일하게 인지할 수 있는 객관성에서 한계를 보인다. 객관성은 정상적인 감각기관을 가지고 있는 다수의 인식이 일치되도록 나타나는 것을 의미한다. 하지만 개인의 성장 배경, 발달단계의 차이 등에 의해 객관성 확보는 많은 어려움이 있다. 따라서 과학적 연구는 객관성 있는 도구의 개발을 활용하여 과학적 지식의 객관성을 확보하여야 한다.

2) 과학적 조사의 접근 방법

과학적 방법은 과학적 지식을 획득하는 방법으로서 연구의 과정과 절차가 명확해야 한다. 이를 위해 과학적 방법은 체계적이며 경험적으로 검증이 가능하고 객관적인 방법이어야 한다. 이를 위해 가장 기본적으로 활용되는 방법이 연역적 논리와 귀납적 논리이다. 연역적 방법과 귀납적 방법은 독립적으로 사용되는 개별적인 과학적 접근방법이 아니며, 각각의 연구방법에서 서로 보완할 수 있는 상호보완적인 관계라 할 수 있다. 이를 정리해 보면 다음과 같다.

(1) 연역적 방법

연역적 방법은 일반적 사실이나 이론으로부터 특수한 사실을 도출해 내는 추론방법이다. 추론 절차는 이론 ⇨ 가설 ⇨ 조작화 ⇨ 관찰 ⇨ 검증의 단계를 갖는다. 연역적 방법으로 자주 활용되는 삼단논법은 그림 1-1과 같이 제시할 수 있다.

1단계	이론	모든 사람은 죽는다.
2단계	가설	소크라테스는 사람이다.
3단계	관찰	그러므로 소크라테스는 죽는다.

[그림 1-1] **연역적 방법**

(2) 귀납적 방법

귀납적 방법은 특수한 현상에서 경험적 관찰과 체계적 반복으로 일반적인 이론을 이끌어 내는 추론방법이다. 그 단계는 주제 확인 ⇨ 논리적 관찰 ⇨ 검증 ⇨ 경험적 일반화 ⇨ 이론의 단계를 갖는다. 연역적 방법과 마찬가지로 귀납적 방법도 다음과 같이 제시할 수 있다.

1단계	관찰	소크라테스는 죽었다.
2단계	경험적 일반화	다른 사람도 죽는다.
3단계	이론	이를 통해, 모든 사람은 죽는다.

[그림 1-2] **귀납적 방법**

3) 과학적 조사연구의 목적

과학적 조사연구의 목적은 다음과 같다.

(1) 탐색

탐색은 사전 연구나 알려진 지식이 충분하게 제시되어 있지 않을 때 이루어지는 연구행위이다. 탐색은 정확한 조사를 위해 연구문제의 구성이나 가설을 개발하는 것으로 명제와 가설을 제시하는 연역적 방법보다는 자료수집과 분석을 활용하여 가설을 제시하는 귀납적 방법이 많이 활용된다.

(2) 기술

기술은 자연현상 또는 사회현상에 대한 사실적 내용을 일반적인 수준에서 요약하여 기록하는 방법으로 있는 내용 자체로 묘사하는 것이다.

(3) 설명

설명은 현상의 결과에 대해 원인을 찾아보고 분석하는 것이다. 기술이 상황에 대해 단순히 나열하는 수준이라면 설명은 현상이 왜 발생되었는가를 보여주는 것이라 할 수 있다.

(4) 예측

예측은 원인을 설명하는 과거의 정보를 활용하여 결과를 미리 예상하는 것이다. 사회과학에서 예측은 관찰에 의해 입증되는 미래 시점의 특정한 사회적 행태의 결과를 의미한다.

(5) 통제

통제는 원인의 현상을 개입하여 그 결과를 바람직하게 제시될 수 있도록 유도하는 것을 의미한다.

4) 과학적 연구의 특성

과학적 연구방법에 의해 제시되는 과학적 연구의 특성은 다음과 같다.

(1) 과학적 연구는 논리적(logical)이다(논리성)

과학은 논리적 사고에 의존하는 합리적인 활동이다. 과학에서 논리성은 결과와 원인에 대한 순차적인 관계를 의미한다. 즉, 원인과 결과의 관계를 밝히고 이를 논리적으로 설명하는 것을 의미한다. 또한 과학이 제시하는 설명은 논리적으로 타당해야 한다.

(2) 과학적 연구는 결정론적(deterministic)이다(결정론성)

과학에서의 모든 현상은 자연발생적인 것이 아니라 어떠한 원인에 의해 나타난 결과이다. 그리고 그 결과는 원인으로 나타날 수 있는 가능성을 확률로 표현하는 방법이 주로 활용된다.

(3) 과학적 연구는 일반적(general)인 것을 추구한다(일반성)

일반적이라는 경험으로 얻은 구체적인 사실에 기반하여 보편적인 원리의 모색을 의미한다. 즉, 여러 가지 현상을 활용하여 하나의 결과를 설명하는 일반적인 원리를 추구한다. 그리고 설명하는 연구결과가 다른 연구에 비해 더 많은 것을 설명하거나 예측이 될 수 있다면 더 좋은 과학적 연구로 인식된다. 그러나 일반성은 통제의 가능성에 의해 사회과학보다는 자연과학에서 추구가 상대적으로 쉽다고 할 수 있다.

(4) 과학적 연구는 간결(parsimonious)한 것을 추구한다(간결성)

과학적 연구는 다양한 설명 요인인 독립변수를 최소화하여야 한다. 즉, 사회적 현상의 유형별 공통요소를 찾아내고 도움이 되지 않는 요소를 일반화된 이론에서 배제할 수 있어야 한다. 일반적으로 연구자는 간결성과 설명력 사이의 선택이 요구된다. 그 이유는 대부분의 연구가 간결성과 설명력이 서로 역관계를 보이기 때문이다.

(5) 과학적 연구는 구체적(specific)이다(구체성)

대부분의 과학적 연구 방법을 위한 개념들은 다양한 의미의 해석이 가능하다. 따라서 연구의 명확성을 위해서는 연구자가 사용하는 개념의 정확한 정의와 함께 그 정의가 다른 연구자가 이해할 수 있도록 구체적으로 표현되어야 한다. 또한 개념은 여러 가지 조작적 정의의 과정을 통해 연구 결과가 동일하게 나타날 경우 일반화의 가능성은 높여질 수 있다.

(6) 과학적 연구는 경험적으로 검증가능(empirically verifiable)하다(검증가능)

경험적이라는 의미는 추상적이거나 사변적이 아닌 인간의 감각으로 관찰 가능한 현상에 근거가 있어야 함을 의미한다. 그리고 연구자가 제시한 이론들이 현실세계에서 경험을 통해 검증이 될 수 있어야 한다.

(7) 과학적 연구는 잠정적(provisional)이다(잠정성)

과학적 연구는 언제나 수정이 가능한 잠정적 특성을 가지고 있다. 잠정적 특성은 과학적 지식의 유한성과 상대적 특성을 의미한다. 과학적 이론은 과거의 예에서 보듯이 시간의 흐름에 따라 오류가 확인되거나 새로운 이론들로 대체될 수 있다. 이와 같이 과학적 이론은 새로운 연구방법이나 사회적 현상에 의해 잠정적이거나 일시적이 될 수 있다.

(8) 과학적 연구는 연구과정이 같으면 같은 결론(inter-subjectivity)을 얻어야 한다(재현가능성)

과학적 연구 방법은 경험에 의한 검증과 객관적 수준의 동의도 요구된다. 객관적 수준은 개별 연구자가 갖는 서로 다른 연구 기준에 의해 수많은 의견이 존재할 수 있기 때문에 요구된다. 또한 객관적 수준의 동의는 모든 연구자로부터 결론에 이르는 동의의 확보는 불가능하지만 다른 연구자가 동일한 방법과 과정을 통해 검증할 경우 동일한 결론에 이를 수 있다는 것을 의미한다.

(9) 과학은 진리의 추구도 중요하지만 효용성의 추구 역시 중요하다(효용성)

효용의 추구는 과학적 이론들이 진리인가 아닌가를 따지기보다 과학적 이론이 우리의 주변 세계를 이해하는 데 얼마나 유용한가를 가지고 평가되어야 한다는 것이다.

제3절 사회복지조사의 한계와 연구 윤리

사회과학은 자연과학에 비해 많은 걸림돌이 있다. 왜냐하면 사회과학은 인간과 관련된 사회현상을 연구대상으로 하고 있기 때문이다. 사회복지학 또한 사회과학의 한 분야로서 이와 같은 어려움이 존재한다. 따라서 사회복지실천과 마찬가지로 사회복지조사도 윤리적인 책무성이 요구된다. 특히, 2차 자료를 활용하지 않고 인간을 대상으로 직접적인 연구를 실시할 경우 연구 설계, 조사, 결과의 활용까지 각각 요구되는 윤리적 이슈가 존재한다.

1. 연구내용 및 주제

사회복지조사의 연구내용 및 주제에서 윤리적인 문제는 연구를 위한 내용이 사회적 윤리에 타당해야 한다. 사회적 윤리의 타당성을 위한 기준은 시대와 사회에 따라 일부는 다르게 제시될 수 있다.

2. 연구대상 및 과정

1) 연구대상의 수단화

인간은 어떤 연구에서도 수단이나 실험대상이 되어서는 안 된다. 하지만 인간에게 꼭 필요한 연구, 예를 들면 불치병 치료제 개발을 위한 임상실험 등과 같은 연구는 인간의 실험대상 용인이 일정 부분 필요할 수 있다. 이런 경우 어느 정도까지 통제와 조작이 필요한지에 대한 사회적 합의가 요구된다. 그리고 그 기준의 근거는 조사를 통해 발생되는 사회적 이익이 연구대상의 수단화에 의한 불이익보다 커야 한다.

2) 연구대상자의 고지와 자발적 참여

사회복지조사는 연구대상자로부터 승인을 얻어야 한다. 연구자는 연구대상자에게 연구에 관한 세부 사항을 충분하게 설명하여야 한다. 그리고 연구대상자가 설명을 충분하게 인지하지 못하거나 특수한 상황일 경우에도 본인 및 보호자의 승인을 반드시 받아야 한다.

그러나 연구조사의 의도를 숨겨야 할 경우, 최소한의 기준에서 연구대상자의 승낙 없는 조사가 가능할 수 있다. 이때에는 조사 후에 조사대상자에게 연구에 관한 과정을 설명하여야 하며, 그들의 의견을 청취할 수 있도록 하여야 한다.

3) 연구대상자에게 피해 방지

연구자는 연구대상자에게 육체적·정신적·물질적 피해를 주지 않기 위해 신중한 연구를 하여야 한다. 연구자는 연구대상자에게 피해를 주는 조사를 하지 않아야 하지만, 엄격한 규제는 연구 자체가 이뤄질 수 없게 한다. 따라서 연구대상의 수단화와 마찬가지로 그 기준의 근거가 요구된다. 또한 연구대상자가 연구로 인해 일어날 수도 있는 육체적·정신적·물질적 피해에 대해 이해할 수 있도록 충분히 설명해야 한다. 그리고 연구대상자의 동의를 얻더라도 사회적 규범의 테두리를 벗어나서는 안 된다.

3. 연구결과와 관련된 문제

1) 익명성과 비밀보장

연구는 연구대상자의 신분을 보호하여야 한다. 연구대상자의 신분을 보호하는 방법으로 익명성과 비밀보장이 있다. 익명성은 연구결과에서 얻은 자료가 개인의 사생활이 침해되지 않도록 비밀을 보호하는 것이다. 익명성은 연구대상자와 관련된 이름이나 신분 등의 노출을 최소화하여 솔직한 답변의 가능성을 높일 수 있다. 익명성이 연구대상자의 신분에 관한 보호라면 비밀보장은 연구를 위해 제시된 내용의 보호라 할 수 있다. 연구자는 설문조사가 끝난 설문지를 활용하면 연구대상자의 응답을 확인할 수 있다. 하지만 연구자는 이와 같은 행위를 하지 않겠다는 것을 연구대상자에게 약속하는 것이 비밀보장이다.

2) 분석과 의무의 보고

연구자는 연구의 계획에서 결과의 내용을 다른 연구자들에게 보고하여야 한다. 다른 연구자들에게 보고할 때, 보고서는 언제나 타당한 결과만을 제시할 수는 없을 것이다. 왜냐하면, 연구는 언제나 문제점과 한계 그리고 연구자가 예상치 못한 결과를 초래할 수도 있기 때문이다.

분석과 의무의 보고는 타당한 결과뿐만 아니라 부정적인 연구결과 그리고 연구의 한계 등을 명확하게 보고하여야 한다. 왜냐하면 우리가 사용하고 있는 기존의 지식이나 정보가 잘못된 결과를 제시하였을 때 새로운 방안이나 방법을 제안할 수 있기 때문이다.

4. 연구윤리위원회

1) 강회된 연구윤리와 사회적 인식

최근 사회적 명망가나 정치인 등의 사회적 검증도구로 확대되고 있는 부분이 과거의 학문적 성과에 대한 잣대가 명확해지고 있다. 과거에 정상적으로 이해되었던 관행이 부적절하게 인식되고 더 나아가 한 사람의 인생까지도 무너뜨리는 무서운 도구로 변환되고 있는 것 중 대표적인 것이 연구윤리라 할 수 있다.

특히 학문영역의 확대와 지속적인 연구자의 증가는 연구자의 기본적 윤리규범이나 표준에 대한 인식 그리고 실천에서 그 중요성을 더욱 필요로 하는 환경으로 발전되고 있다. 연구자가 갖는 단순한 연구 데이터의 진실을 넘어 자신의 연구가 적절성과 완벽함을 추구하는 적극적인 자세로 임해야 한다. 연구의 진실성이나 좋은 연구가 갖는 의미는 연구의 시작인 계획에서부터 완성되는 전 과정에서 윤리적인 문제가 없는 것을 의미한다고 볼 수 있다. 사회적 가치와 병행하여 과학적 수단으로 완성된 연구는 윤리적 연구의 기본적인 선행 요건이므로 과학성과 윤리성은 상호지지적이라 할 수 있을 것이다.

2) 연구윤리위원회

연구의 전개과정에서 나타날 수 있는 윤리적인 문제를 말하는 연구윤리는 출판, 즉 완성된 글로서 제시되는 출판윤리까지 포함하는 광범위한 용어로 사용된다. 사회복지연구에서 우선 고려할 윤리적인 문제는 인간에 대한 생명윤리로 연구주제, 연구대상, 비교대상 설정, 연구자료의 수집방법 등이 연구윤리에 합당하여야 하며 해당 연구와 관련된 연구윤리위원회(Institutional Review Board, IRB)의 심의를 시작으로 연구종료까지 연구윤리위원회의 윤리적 감독하에 연구가 진행되어야 한다. 연구윤리위원회의 연구윤리 규정은 학회나 개별 대학뿐만 아니라 기관생명윤리위원회(http://www.irb.or.kr/)와 2019년 2월 한국연구재단 연구윤리위원회 발족 등에서 보는 것처럼 점차 강화되고 있다.

또한 연구자의 학술지 투고와 함께 학술지의 편집인은 논문출간 전 투고된 논문이 연구윤리 준수에 대한 확인의 책임이 있다. 연구윤리를 위반한 연구결과는 논문의 가치 상실과 함께 학문을 오염시키는 범죄행위로 취급되며, 그 범주는 날조(fabrication), 변조(falsification), 표절(plagiarism)을 들 수 있다.

날조는 존재하지 않는 데이터나 허위 연구결과 등을 만들어 내는 행위이며, 변조는 연구대상이나 과정을 조작하여 데이터를 임의로 변형과 삭제를 통해 연구내용과 결과의 왜곡을 초래하는 행위를 의미한다. 표절은 다른 연구자의 아이디어, 연구방법, 결과 또는 문장 등을 적절한 인용 없이 활용하는 행위를 말한다. 표절의 대상은 아이디어와 본문으로 구분되며, 타인의 아이디어와 본문을 인용하는 경우에는 적절한 인용 원칙을 준수하여야 한다. 인용 누락 등의 표절은 출판윤리에 포함된다. 출판윤리는 연구결과의 출판과정에서 발생되는 윤리문제로, 이중게재가 가장 대표적으로 나타나고 있으며, 연구 참여 없이 저자 됨, 심사과정에서의 이해관계 등에 의한 내용 등이 포함된다.

연구 참여자는 연구 윤리에 대한 위반 행위가 발생하지 않도록 예방과 자기점검의 노력이 요구된다. 연구 윤리에 대한 지침은 연구대상자뿐만 아니라 연구자를 함께 보호하는 장치로서, 이를 준수하는 과정은 궁극적으로 학문발전에 부합하는 것으로 볼 수 있다.

요 약

- 전통은 우리가 살고 있는 사회에서 확고하게 지식으로 구성된 문화를 의미한다.
- 권위는 잘못된 지식으로 결론이 나기도 한다.
- 상식은 개인적인 경험이나 다른 사람의 경험을 활용하여 체계화된다.
- 과학적 지식은 표준화된 방법을 따르면 결론이 동일하다.
- 연역적 방법은 일반적인 이론으로부터 가설을 설정한 후 특수한 것으로 추론을 한다.
- 귀납적 방법은 특수한 현상에서 경험적 관찰과 체계적 반복으로 일반적 이론을 이끌어 낸다.
- 사회복지의 윤리적 문제는 연구를 위한 내용이 사회적 윤리에 타당해야 한다는 것이다.
- 연구윤리위원회(IRB)와 같은 연구 윤리가 점차 강조되고 있다.

핵심어 사회현상과 정보, 과학적 방법, 연역적 방법, 귀납적 방법, 연구윤리, 연구윤리위원회

연습문제

01 다음 중 특성이 다른 것을 고르시오.

① 전통
② 권위
③ 상식과 직관
④ 대중매체
⑤ 과학적 방법

02 지식의 일상적 관찰에서 발생될 수 있는 비과학적 문제가 아닌 것은?

① 부정확한 관찰
② 과도한 일반화
③ 선택적 관찰
④ 재생가능성
⑤ 비논리적 추론

03 과학적 지식의 특성을 포함하고 있는 것은?

① 재생가능성, 경험가능성, 객관성
② 재생가능성, 꾸며진 정보, 객관성
③ 경험가능성, 사후발생적 가설, 비논리적 추론
④ 상식과 직관, 직관, 권위
⑤ 재생가능성, 객관성, 선택적 관찰

04 다음 중 설명이 부적절한 것을 고르시오.

① 과학적 연구는 논리적이다.
② 과학적 연구는 결정론적이다.
③ 과학적 연구는 특수한 것을 추구한다.
④ 과학적 연구는 간결한 것을 추구한다.
⑤ 과학적 연구는 잠정적이다.

05 **"과학의 진보는 패러다임의 교체라는 혁명을 통해 진행된다"라고 주장한 사람은?**

① 플라톤 ② 쿤
③ 포퍼 ④ 아리스토텔레스
⑤ 아들러

06 **다음 중 연구윤리로서 적절한 것은?**

① 연구대상의 수단화
② 연구대상자에게 육체적, 정신적, 물질적 피해를 주는 경우
③ 연구대상자의 연구 참여 후의 승인
④ 연구대상자의 익명성과 비밀보장
⑤ 사후적 가설로 연구를 완료하는 행위

07 **연구대상자의 신분을 보호하는 방법으로 (   )과 (   )이 있다.**

08 **연구대상자가 설명을 충분하게 인지하지 못하거나 특수한 상황일 경우에도 본인 및 (   )의 승인을 반드시 받아야 한다.**

09 **연구윤리의 위반은 연구결과의 문제를 발생하여 논문의 가치 상실과 함께 함께 학문을 오염시키는 범죄행위로 인식되는데 그 범주는 무엇인가?**

① 날조, 변조, 표절
② 날조, 피해, 변조
③ 날조, 변조, 피해
④ 피해, 변조, 표절
⑤ 복사, 피해, 변조

10 다음 중 연구윤리 위반이 아닌 것은?

① 데이터나 허위 연구결과를 만들어 내는 행위
② 연구내용과 결과의 왜곡을 초래하는 행위
③ 다른 연구자의 연구방법, 결과 등을 인용하여 활용하는 행위
④ 다른 연구자의 아이디어를 제대로 인용하지 않고 활용하는 행위
⑤ 출판과정에서의 이중게재

Answer 정답

1. ⑤ 2. ④ 3. ① 4. ③ 5. ② 6. ④ 7. 익명성과 비밀보장 8. 보호자
9. ① 10. ③

CHAPTER 02

사회조사방법의 개념

사회복지조사론이 사회복지의 다른 과목과 달리 어려움을 경험하게 되는 가장 큰 이유 중 하나는 일상생활에서 잘 사용하지 않는 조사 및 통계 관련 용어들이 등장하기 때문이다. 특히 이러한 용어들은 외국어가 한국어로 번역되는 과정에서 어려워지기도 한다. 이 장에서는 사회조사방법을 공부하기 위해 반드시 선행하여 이해해야 하는 중요 용어들의 의미를 파악해 보고자 한다.

▌학습목표▐

1. 개념 및 변수들의 개념과 종류들을 이해한다.
2. 개념화와 조작화의 과정과 내용을 이해한다.
3. 이론과 가설 및 표본추출 관련 용어를 이해한다.

제1절 개념 및 변수

1. 개념

개념(concept)은 특정 집단에서 의사소통을 위해 특정한 사물이나 현상의 속성을 나타내는 추상적인 관념이다.

개념을 통해 세상을 이해할 수 있게 된다는 점에서 개념은 상당히 중요한 의미를 가진다. 흔하게 지칭하는 모든 사물이나 현상은 개념을 활용하기 때문이다. 개념은 어떠한 사물이나 현상을 나타내고자 하는 추상적인 작업의 결과물이다. 예를 들어, 사람들은 대부분 나의 이익보다는 다른 사람의 이익을 더 꾀하는 마음을 적게 또는 많게 가지고 있을 것이다. 이러한 마음을 '이타심'이라는 개념으로 표현하여 지칭한다. 이처럼 일상에서 보여지는 사물이나 현상에 대한 지칭은 개념으로 가능하다. 빈곤, 평등, 장애, 청소년, 아동, 수급자 등 모두 개념인 것이다. 이러한 개념은 이론을 구성하기 위한 가장 기본적인 요소들이며, 시간(과거와 현재)과 공간(국가나 지역 간)에 따라서도 그 의미는 달라질 수 있다는 특징을 가진다.

2. 변수

일상생활에서 종종 사용하는 '변수가 있다'라는 표현이 있다. 이때 변수(variable)는 변화가능성을 의미한다. 즉, 어떤 일의 결과가 한 가지 경우로만 나타나는 것이 아니라 다양한 경우의 수로 나타날 확률이 존재할 수 있다는 말이기 때문이다. 따라서 모든 개념들이 변수가 되는 것은 아니다. 변수는 두 개 이상의 구분된 변화가능성이라는 속성 또는 변수값을 갖고 있는 개념만을 의미한다. 예를 들어, 성별은 변수가 될 수 있다. 성별은 남성이라는 경우의 수와 여성이라는 경우의 수를 가질 수 있다. 학력 역시 변수가 될 수 있다. 초졸, 중졸, 고졸, 대졸, 대학원 이상 등의 둘 이상의 변수값을 명확하게 갖추고 있기 때문이다. 색상 역시 빨간색, 주황색, 노란색, 초록색, 파란색 등의 여러 값을 가지고 있어 변수로 볼 수 있지만, '초록색'은 그 속성이 하나의 속성만을 가지고 있으므로 변수로 볼 수 없다. 이처럼 변수란 두 개 이상의 값을 갖는 개념을 의미한다.

변수는 속성이나 기능적 관점에 따라 다양하게 분류될 수 있다. 구체적으로 살펴보면 다음과 같다.

1) 속성에 따른 분류

변수가 어떠한 속성을 가졌는가에 따라 명목변수, 서열변수, 등간변수, 비율변수로 구분할 수 있다. 이 구분은 제4장 측정과 척도에서 구체적으로 다룰 예정이다. 여기에서는 변수의 속성을 크게 범주형(비연속형)과 연속형 2가지로 분류하여 설명하고자 한다. 범주형 변수 또는 비연속형 변수는 명목변수와 서열변수에 해당하며, 등간변수와 비율변수는 연속형 변수로 분류된다. 이에 대해서 구체적으로 살펴보면 다음과 같다.

(1) 범주형 또는 비연속형 변수

먼저 범주형 또는 비연속형 변수란 속성이 서로 다른 몇 개의 범주로 구분되는 변수를 의미한다. 예를 들어, 성별이라는 변수는 남자, 여자로 구분될 수 있으므로 범주형 또는 비연속형 변수에 포함된다. 학력이라는 변수 역시 초등학교 졸업, 중학교 졸업, 고등학교 졸업, 대학교 졸업, 대학원 졸업 등과 같이 구분된 몇 개의 범주로 구분된다. 종교라는 변수 역시 천주교, 기독교, 불교 등과 같이 속성들이 구분 가능하다. 주로 객관식 형태의 문항들과 같이 일정한 응답의 카테고리를 갖추고 있는 형태의 변수들이 이에 해당한다고 보면 되겠다. 이에 해당하는 변수에는 제4장 측정과 척도에서 구체적으로 배우게 될 명목변수와 서열변수가 있다.

(2) 연속형 변수

연속형 변수란 속성이 서로 다른 몇 개의 범주로 구분되는 것이 아니라 연속적으로 값이 존재하는 변수를 의미한다. 예를 들어, 자원봉사 경력은 몇 개월이나 되는지를 주관식의 형태 문항으로 측정한다면 응답은 구분된 몇 개의 범주 내에서 존재하는 것이 아니라 0개월에서부터 수십 개월까지 연속적으로 값이 존재할 수 있을 것이다. 이러한 변수를 연속형 변수라고 한다. 또 몸무게라는 변수 역시 주관식 문항으로 물어본다면 그 응답 역시 연속적으로 다양하게 나타날 수 있다. 이처럼 응답의 카테고리가 제한적으로 존재하지 않고 다양한 수치상의 응답이 연속적으로 제시되어 응답될 수 있는 변수를 연속형 변수라고 한다. 이에 해당하는 변수는 제4장에서 배울 등간변수와 비율변수가 있다.

2) 기능에 따른 분류

변수들이 가지고 있는 기능에 따라서는 독립변수, 종속변수, 제3의 변수 등이 있다. 이에 대해서 구체적으로 살펴보면 다음과 같다.

(1) 독립변수

연구문제나 가설은 주로 인과관계형태로 표현되기 마련이다. 인과관계는 원인이 되는 변수와 결과가 되는 변수 간의 관계를 의미한다. 이때 원인에 해당하는 변수를 독립변수(independent variable)라 한다. 즉, 어떠한 변수의 발생 원인에 해당하는 변수를 독립변수라고 한다. 예를 들어, 우울증이 알코올중독에 영향을 미치는가에 대한 연구를 수행한다고 하자. 이 연구는 결국 우울증이 원인이 되어 알코올중독이라는 결과가 나타날지 여부에 대한 연구문제를 설정하였기 때문에 이 연구문제에서 원인에 해당하는 변수인 우울증을 독립변수로 볼 수 있다.

(2) 종속변수

인과관계에서 원인에 해당하는 변수를 독립변수라 한다면 결과에 해당하는 변수를 종속변수(dependent variable)라고 한다. 즉, 독립변수의 영향으로 나타나는 결과가 되는 변수를 종속변수라고 한다. 앞선 예시에서 나타난 우울증이 알코올중독에 영향을 미치는가에 대한 연구 수행에서 알코올중독은 우울증에 영향을 받아 나타나는 변화이기 때문에 알코올중독이 종속변수가 된다.

(3) 독립변수와 종속변수의 관계

인과관계는 원인과 결과의 관계이지만, 다른 말로 독립변수와 종속변수의 관계로 볼 수도 있다. 이 둘의 관계는 2가지 특징이 있다. 첫째, 독립변수와 종속변수의 관계는 비대칭적 관계이다. 즉, 독립변수와 종속변수는 동일한 양의 영향력을 상호 주고받는 관계가 아니라 종속변수는 독립변수에게 영향을 받기만 할 뿐 독립변수에게 영향을 미치지는 않는다. 둘째, 인과관계, 즉 독립변수와 종속변수의 관계에는 방향성이 존재한다. 독립변수가 증가할 때 종속변수도 증가하고, 독립변수가 감소할 때 종속변수도 감소하는 경우 두 변수의 변화방향이 서로 같다고 볼 수 있다. 이때 이 둘의 관계를 정(+)적 관계라고 표현한다. 예를 들어, 소득수준 (독립변수)과 생활만족도(종속변수)의 관계를 살펴보자. 소득수준이 높아진다면 생활만족도도 높아질 것이고, 소득수준이 낮아지면 생활만족도도 낮아질 것이다. 이처럼 독립변수와 종속변수의 변화방향이 같은 방향으로 움직인다면 이 둘의 관계는 정적관계로 볼 수 있다. 반대로 독립변수가 증가할 때 종속변수는 감소하고, 독립변수가 감소할 때 종속변수는 증가하여 두 변수가 서로 반대방향으로 변화한다면 이 둘의 관계를 부(-)적 관계라고 표현한다. 예를 들어, 스트레스(독립변수)와 생활만족도(종속변수)의 관계를 보자. 스트레스가 증가하면 생활만족도는 감소한다. 반대로 스트레스가 감소하면 생활만존도는 증가할 것이다. 이처럼 독립변수와 종속변수의 변화방향이 반대로 움직인다면 이 둘의 관계는 부적관계라고 할 수 있다.

(4) 통제변수

어떤 경우에는 독립변수가 종속변수에 영향을 미치지 않았음에도 불구하고 영향을 미치는 것처럼 보이는 경우가 있다. 따라서 독립변수와 종속변수의 관계가 진짜 인과관계가 있는지 아니면 가식적 관계인지를 가리기 위해 일반적으로 통제변수(control variable)를 활용하게 된다. 통제변수란 독립변수와 종속변수의 인과관계에 영향을 미치는 변수로 두 변수 간의 관계를 더 정확하게 파악하기 위해서 두 변수 간의 관계에 영향을 미칠 수 있는 제3의 변수를 사용하여 통제하는 것을 의미한다. 변수들 간의 관계는 제3의 변수의 영향력을 제거하지 않고서는 독립변수와 종속변수의 진정한 인과관계를 규명하기 어려워진다. 예를 들어, 어르신 의료서비스 제공횟수와 사망률의 관계를 살펴보자. 일반적으로 어르신 의료서비스를 제공받는 횟수가 증가할수록 어르신들 사망률은 높아지는 것처럼 보인다. 그러나 의료서비스를 받은 횟수가 원인이 되어 어르신들의 사망률을 높인 것은 아니다. 이는 질병의 심각성이라는 제3의 변수를 고려해야만 이 두 변수의 진정한 관계를 파악할 수 있다. 즉, 사회복지사는 질병의 심각성이 높은 어르신들에게 서비스를 제공하게 되어 있고, 질병의 심각성이 높기 때문에 사망가능성도 높은 것이다. 즉, 질병의 심각성이라는 제3의 변수의 영향력의 조건을 고려하여(통제할 때) 의료서비스 제공횟수와 사망률의 진정한 관계를 알 수 있게 된다(김진숙, 2011). 이처럼 두 변수 간의 인과관계를 정확하게 파악하여 결론을 도출하기 위해서 다양한 상황을 통제하기 위해 사용되는 변수를 통제변수라 한다.

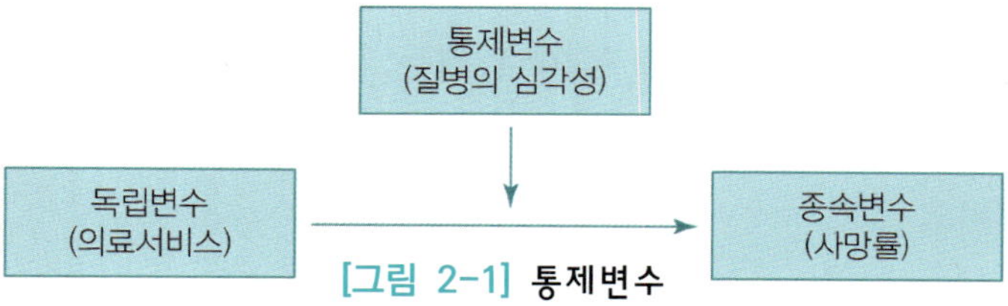

[그림 2-1] **통제변수**

(5) 매개변수

매개변수란 독립변수와 종속변수의 관계를 더 잘 설명해 주기 위한 변수로 독립변수의 영향을 받아 종속변수에 영향을 미치는 매개자의 역할을 하는 변수를 의미한다. 예를 들어, 생활스트레스가 인터넷중독에 영향을 미친다는 가설이 있을 때, 생활스트레스는 독립변수, 인터넷중독은 종속변수가 될 것이다. 그런데 이 관계를 우울이 더 잘 설명해 줄 수 있다. 즉, 생활스트레스가 많은 경우 우울 정도가 높아질 수 있고, 높아진 우울로 인해 인터넷중독에 더 심취하게 된다는 것이다. 이때 우울은 매개변수가 된다. 즉, 생활스트레스가 인터넷중독에 영향을 미치지만 중간에 우울을 높여 인터넷중독에 영향을 미치게 된다고 한다면 더 구체적이고 명확한 설명이 가능해진다.

[그림 2-2] 매개변수

(6) 조절변수

조절변수란 독립변수와 종속변수의 관계의 정도나 방향을 조절하는 변수를 의미한다. 일상생활에 비유하자면 가스레인지를 켜면 불이 나오고 그 불의 세기를 조절하는 버튼이 있는 것처럼, 선풍기를 켜면 선풍기의 날개가 돌아가고 그 돌아가는 세기를 조절하는 버튼이 있는 것처럼 독립변수와 종속변수가 어떤 관계가 있는 경우 그 영향력의 크기를 더 강하게 또는 약하게 만들거나 그 관계의 방향을 정적 또는 부적으로 변화하게 하는 역할을 하는 변수가 바로 조절변수라고 이해하면 된다. 예를 들어 지역사회 거주기간은 지역사회 응집력에 정적인 영향을 미친다. 그런데 지역사회 주민의 연령에 높거나 또는 낮을 경우 거주기간이 지역사회 응집력에 미치는 영향력이 더 강하거나 더 약하다면 연령은 거주기간과 지역사회응집력의 관계를 조절하는 조절변수라고 볼 수 있다.

제2절 개념화와 조작화

사회과학은 자연과학과 달리 물리적인 환경이나 대상의 표면적인 특성을 측정하기보다는 사회의 현상 또는 인간의 내면적인 측면 등을 측정하는 경우가 많다. 따라서 사회과학은 무엇보다 연구자가 무엇을 측정할 것인지 측정하고자 하는 개념을 명확하게 하고, 이를 측정 가능한 형태로 구체화하여 측정해야 한다. 사회과학에서의 일련의 측정 과정은 개념화와 조작화라는 개념을 통해 설명이 가능하다. 여기에서는 측정을 설명하기 위한 핵심 개념인 개념화 또는 개념적 정의와 조작화 또는 조작적 정의를 파악해 보고자 한다.

1. 개념화

사회현상, 연구대상이나 사물의 속성을 측정하기 위해서 우리는 우리가 측정하고자 하는 사회현상 또는 연구대상이나 사물의 속성을 무엇이라고 부를지 정의하는 작업이 필요하다. 이를 개념화(conceptualization)라고 부른다. 즉, 사회현상이나 연구대상이 되는 사람 또는 사물의 속성에 대해서 명목적 또는 사전적으로 내린 개념정의를 개념화 또는 개념적 정의라고 한다. 예를 들어, 보자. 한 연구자가 청소년들이 음주와 흡연을 하고, 가출을 하고, 학교에는 나가지 않으며, 폭력이나 욕설을 하는 사회현상의 정도가 얼마나 되는지 측정하고자 한다. 측정을 위해서 연구자는 측정하고자 하는 명확한 개념과 범위가 필요하다. 따라서 연구자는 자신이 측정하고자 하는 사회현상을 무엇이라고 할지 우선 정의할 필요가 있다. 청소년들의 음주, 흡연, 가출, 폭력 등을 나타내는 현상은 사전적으로 '비행'이라 정의할 수 있을 것이다. 따라서 연구자는 본인이 측정하고자 하는 사회현상을 '청소년의 비행'으로 개념화 또는 개념적 정의라고 할 수 있다.

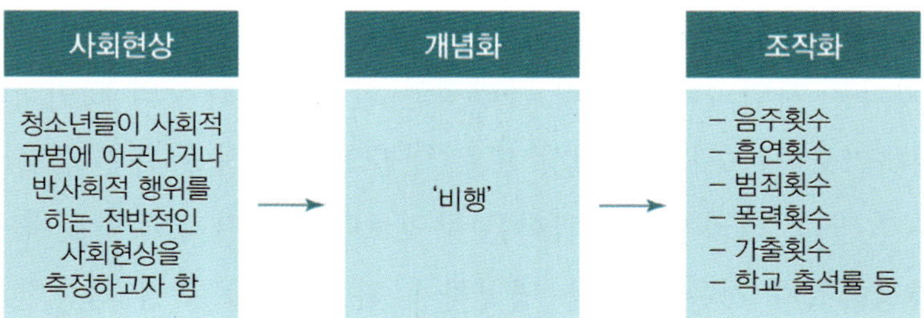

[그림 2-3] **개념화와 조작화**

2. 조작화

사회현상을 사전적으로 정의했다고 해서 곧바로 측정이 가능한 것은 아니다. 일반적으로 개념화되어 있는 단어는 추상적인 경우가 많기 때문이다. 따라서 측정을 위해서는 추상적인 개념적 정의를 구체적으로 측정 가능한 지표로 변환하여 다시 정의할 필요가 있는데, 이를 조작화(operationalization) 또는 조작적 정의라고 한다. 예를 들면, 앞서 개념 정의한 청소년의 비행 정도를 측정한다고 할 때, 연구대상인 청소년들에게 성별이나 나이 등을 물어보고 측정한다면 그 개념들은 매우 구체적이기 때문에 바로 측정이 가능할 것이다. 그러나 비행 정도는 곧바로 측정하여 응답을 이끌어 낼 수 없다. 비행은 매우 추상적인 용어이기 때문이다. 따라서 청소년들에게 비행 정도를 측정하기 위해서는 바로 측정이 가능한 구체적인 수준으로 정의할 필요가 있다. 즉, 비행을 측정하기 위해 하루 평균 흡연량을 물어본다거나, 음주량을 물어본다거나, 가출횟수, 학교 결석률, 타인에게 폭력을 행사한 경험 및 횟수, 범죄 전과나 훈방 조치를 받은 횟수 등으로 구체적으로 변환하여 물어본다면 측정이 가능할 것이다. 이처럼 질문을 통해 개념적 정의를 실제로 관찰할 수 있고, 측정 가능한 수준으로 전환시키는 것을 조작화 또는 조작적 정의라고 한다.

제3절 문제형성

1. 연구주제의 선택

연구의 시작은 연구주제의 선택에서 시작한다. 좋은 연구주제를 선택하는 것은 쉬운 일이 아니다. 연구주제 선택은 처음부터 구체적인 연구주제를 찾으려고 애쓰기보다 넓은 범위의 연구주제를 선택하여 점차 구체적 연구주제로 좁혀가는 것이 상대적으로 쉽다.

연구주제 선택에 영향을 미치는 요인은 다음과 같다.

첫째, 연구자의 개인적 관심사이다. 연구주제는 연구자 개인의 관심영역이 무엇인지에 영향을 받는다. 특정 수업, 경험이나 가치관, 개인적 배경 등의 다양한 개인적 사항들이 연구의 영역이나 범주를 결정짓는 데 영향을 미칠 수 있다.

둘째, 사회적 문제의 심각성과 중요성 등이 영향을 미칠 수 있다. 관심분야나 전공분야와 관련된 특정 심각한 문제는 이를 어떻게 해결해야 할지에 대한 연구주제로 연결될 수 있다. 4차 산업혁명의 등장이나 1인 가구의 증가, 저출산 고령화 등의 사회문제는 이와 관련된 연구가 활발하게 이루어지는 데 영향을 미친다. 아울러 사회적 기여도가 높은 주제 등을 선정하는 것도 중요하다.

셋째, 정치적 과정의 결과에 의해서도 연구주제가 형성될 수 있다. 과학과 연구는 가치중립적이나 연구주제의 선택까지 가치중립적이지 않다. 자원의 할당과 분배를 둘러싼 사회적 의사결정 과정에서 정치적 힘과 이해관계 등은 연구비의 분배로 이어지며 특정 분야의 연구발전에 영향을 미칠 수 있다. 정부 정책 또는 선거공약에 의해 특정 분야의 육성이 발표된다면 관련 연구에 연구비가 활발하게 투자되면서 연구의 진행도 빨라질 수 있고 다양한 연구가 이루어질 수도 있다.

이러한 점을 고려하여 관심영역과 관련된 이론 및 선행연구들을 충실하게 검토하여 이미 밝혀진 것은 무엇인지, 앞으로 검증이 필요한 것은 무엇인지, 선행연구들의 장점이나 단점은 무엇인지를 검토하여 구체적이고 세부적인 새로운 연구주제를 형성할 수 있다.

2. 연구문제의 설정

연구주제가 형성되었다면 더 나아가 구체적 연구문제를 설정하는 작업이 요구된다. 관심 있는 연구주제와 관련된 구체적 연구문제를 형성하는 작업은 어려운 과제이다. 연구주제와 관련된 다양한 국내외 연구들을 검토해 보는 과정을 통해 기존에 연구가 이루어지지 않았으면서도 관련 분야의 연구에 기여할 수 있고, 학문적으로도 의미가 있는 구체적 연구문제의 형성은 연구자의 많은 노력이 투입되는 작업이기도 하다.

어떠한 연구문제가 좋은 연구문제라고 이야기하기는 어렵지만 2가지 특성을 가지고 있는 것이 좋다. 첫째, 변수에 대한 정의가 구체적이고 확실한 연구문제이다. 추상적 연구문제보다는 구체적 연구문제가 좋다. '빈곤이 아동에게 미치는 영향'을 연구한다면 언뜻 보기에는 좋은 연구주제 같지만 매우 추상적 문제임을 알 수 있다. '빈곤'은 구체적으로 어떤 것을 말하는 것인지, 상대적 빈곤인지 주관적 빈곤인지, 절대적 빈곤인지, 소득을 말하는 것인지 상황을 말하는 것인지, 정부의 기준을 말하는 것인지, 구체적이지 않다. '아동'에게 미치는 영향도 마찬가지이다. '아동'의 어떤 측면에 영향을 미치는지를 구체적으로 알 수 없다. 심리적 영향력인지, 신체적 영향력인지, 사회적 영향력인지 등에 대해서 구체적으로 설정된 것이 없다. 이와 같이 추상적 연구는 바람직한 연구라고 볼 수 없으므로 구체적 수준으로 연구문제를 형성하는 것이 중요하다. 예를 들어, '빈곤이 아동에게 미치는 영향'을 연구하기보다는 '가구소득이 아동의 자아존중감에 미치는 영향'이 더 구체적인 연구문제로 설정될 수 있겠다. 둘째, 측정가능성이 있어야 한다. 도덕적·이론적 논쟁이나 쟁점이 될 수 있는 연구문제들은 연구를 통해 답을 찾아내거나 증명이 어려운 경우들이 있다. 따라서 연구를 통해 직접 측정하여 답이 무엇인지를 명확하게 파악해낼 수 있는 연구문제 형성이 바람직하다.

3. 연구의 실현가능성

좋은 연구주제를 선정하여 구체적 연구문제를 형성하였다고 하더라도 연구자가 해당 연구를 수행할 수 있는 능력이 없다거나, 윤리적으로 큰 문제가 발생할 수 있다거나, 아주 오랜 기간에 걸쳐 검증이 요구되다거나, 천문학적인 비용이 예상된다거나, 자료의 수집가능성이 없다거나 한다면 해당 연구는 가능하지 않을 수 있다. 따라서 연구자는 설정된 연구가 실현가능한지에 대한 부분을 진지하게 고민해야 하며, 다양한 동료연구자나 전문가들의 자문을 통해 연구의 실현가능성을 따져보는 노력이 요구된다.

제4절 이론과 가설

1. 이론의 개념 및 기능

1) 이론

이론(theory)은 학자들에 따라 다양한 의미로 사용된다. 사실 관계에 대한 논리적 차원의 설명이라는 의미로도 사용되며, 이와 유사하게 경험적 검증을 거친 설명이라고도 이해된다. 또한 일상적으로는 현실과 거리가

면 추상적이고 사변적인 설명이라는 의미로도 사용되기도 한다. 이러한 정의들을 종합해 보면, 이론은 경험적인 검증을 통해 확인된 사실에 대한 서술이라는 의미로 볼 수 있다.

김환준(2004)은 이론이 3가지 특징을 가지고 있다고 보았다. 첫째, 이론은 현실적으로 존재하는 사실적 관계에 대한 설명이라고 보았다. 둘째, 이론은 구체적이고 다양한 현상들을 추상적인 언어로 종합한 것이며, 셋째, 이론은 어떠한 현상이 왜 나타나게 되었는지를 밝혀내는 것을 특징으로 한다고 제시하였다.

2) 이론의 기능

경험적으로 무수한 검증과정을 통해 형성된 이론은 현상에 대한 설명이라는 본질적인 기능 외에도 조사연구와 사회복지실천의 길잡이가 되며 다음과 같은 기능을 한다(김환준, 2004; 채구묵, 2005).

첫째, 이론은 연구 주제 선정을 위한 좋은 아이디어를 제공해줄 수 있다. 즉, 이론은 관심 영역의 사실 간의 원리와 법칙을 인식하게 하여, 조사연구를 수행하려는 연구자에게 주제에 대해서 어떻게 접근할지, 그 주제와 관련된 중요연구문제들을 어떠한 것들이 있는지, 어떤 주제를 어떤 방향으로 나아갈지에 대한 안내 역할을 해 줄 수 있다.

둘째, 이론은 구체적인 연구문제 형성에 도움을 제공한다. 이론은 구체적인 연구가설을 세우는 데 필요한 변수들 간의 관계의 근거를 제시해 주기 때문에 연구문제 설정에 도움이 된다.

셋째, 이론은 새로운 이론 개발에 도움을 제공한다. 이론은 사물과 현상의 관계를 다른 관점에서도 볼 수 있는 시각을 제시해 준다. 예를 들어, 고전경제학으로 설명하기 어려운 대량실업 문제가 발생하자 이 원인을 다른 관점에서 탐구한 케인즈는 고용, 이자율, 화폐의 관계를 토대로 거시경제이론을 정립한 바 있다. 프로이드의 정신분석이론이 없었다면, 이를 연구한 에릭슨의 심리사회이론 역시 나타나지 않았을지도 모른다. 이처럼 이론은 다른 새로운 이론 개발의 관점을 제공해 준다.

넷째, 이론은 실증적인 검증결과가 누적됨에 따라 확증적인 이론으로 자리 잡기도 하고, 수정·보완되어 더 넓은 범위로 확대·적용되는 과정을 통해 발전한다. 이론은 실증적인 검증 과정을 통해 정교화되고 다양해진다. 추상적으로 정립된 이론들이 나타나면 많은 연구자들을 통해 이 이론이 과연 타당한지에 대해 경험적인 연구와 실증자료를 통한 검증이 이루어진다. 동시에 기존 이론에서의 한계를 수정·보완하며 발전된다. 즉, 검증과정을 통해 이론과 배치되는 현상이 나타나게 되면 어떠한 이유 때문에 이러한 현상이 나타나는지 밝혀내는 과정을 통해 새로운 이론이 생기거나 기존의 이론들이 보다 정교화된다.

이처럼 이론은 현상을 볼 수 있는 시각을 제공하고, 이를 통해 새로운 연구의 지침을 제공하며, 이렇게 형성된 새로운 이론은 또 검증과정을 통해 정교화되어 발전한다. 이러한 과정들을 통해 이론은 과학적 지식의 축적과 발전에 기여한다.

2. 가설의 개념과 특성

1) 가설

가설(hypothesis)이란 어떤 현상을 설명하거나 그 현상과 관계된 변수들 간의 관계를 설명하기 위해 개념과 개념 간의 관계, 변수와 변수와의 관계를 가상적으로 서술한 진술을 의미한다. 즉, 변수들 간의 관계가 어떻게 나타날 것인지에 대해 연구자가 가지는 잠정적인 가정을 의미한다. 연구자가 예측하는 변수들 간의 관계를 잠정적으로 진술했다고 해서 모든 진술이 가설이 되는 것은 아니다. 가설은 둘 또는 그 이상의 변수들 간의 관계에 대한 진술이 명확해야 하고, 변수들 간의 관련성뿐만 아니라 관계의 방향성(정적인지 또는 부적인지)도 제시할 수 있어야 하며, 무엇보다 구체적으로 조작화되어 측정 가능해야 한다. 예를 들어, 학력과 소득수준과의 관계를 연구한다고 하면, 이 두 변수 간의 관계를 가설을 세워봄으로써 연구를 명확하게 할 수 있다. 즉, '학력이 높을수록 소득이 높을 것이다'라고 연구를 구체화해 볼 수 있다.

연구는 결국 가설을 얼마나 적절하게 구성하였는가에 달려 있기 때문에 연구에서 중요한 부분이다. 가설은 그냥 얻어지는 것이 아니라 연구주제와 관련된 이론 또는 관련 연구논문을 많이 읽어보는 과정을 통해서 아이디어를 얻을 수 있다. 또한 다른 사람의 논문을 읽는 과정에서 그 논문과 비슷한 관점 또는 다른 관점에서 다양하게 해당 연구주제를 분석해 봄으로써 새로운 아이디어를 얻을 수 있을 것이다. 마찬가지로 연구주제와 관련된 사회현상을 관찰하고 경험하고 분석해 보는 과정을 통해서 연구주제에 해당하는 가설을 세울 수 있는 아이디어를 얻을 수 있을 것이다. 결국 개인의 다양한 관점과 사고를 통한 연구가설 아이디어는 많은 문헌검토와 선행연구의 고찰 및 현장에 대한 통찰력을 통해 얻을 수 있다.

2) 가설의 특성

좋은 연구가설을 구성하기 위해서는 다음과 같은 사항을 고려하고 평가할 수 있어야 한다(채구묵, 2005).

첫째, 가설은 연구자가 얻고자 하는 답을 구하기 위한 연구문제에서 출발한다. 가설은 연구문제를 잘 해결할 수 있도록 검증 가능한 수준에서 구성되어야 한다.

둘째, 가설은 이론적 근거에 기반해야 한다. 가설은 연구주제를 조사 가능하도록 조작화한 것이므로 이론적인 근거에 기반하여 제시되어야 한다.

셋째, 가설은 경험적으로 검증이 가능해야 한다. 가설은 직접적으로 측정이 가능한 변수를 활용하여 경험적이고 구체적으로 검증 가능할 수 있도록 구성되어야 한다.

넷째, 가설은 간단 명료해야 한다. 가설은 인과관계형식으로 독립변수와 종속변수의 관계를 간단명료하게 기술하는 것이 바람직하다.

다섯째, 가설은 하나의 독립변수와 하나의 종속변수의 관계로 기술한다. 검증은 하나의 관계마다 가설이 채택될지 기각될지를 결정하기 때문에 다양한 변수 간의 복합적인 관계를 검증하는 방식으로 가설을 기입하기보다는 하나의 독립변수와 하나의 종속변수로 기술하는 것이 검증하기 좋다.

여섯째, 가설은 되도록 특수한 분야에만 적용될 특수한 가설을 설정하기보다는 보통 널리 쓰일 수 있는 넓은 적용범위를 갖는 것이 좋다. 적용범위가 넓은 가설을 세울수록 가설검증의 결과를 통해 획득될 지식의 발전에도 기여하고 사회적 활용의 가치가 커지기 때문이다.

일곱째, 너무 진부하거나 결과가 쉽게 예상되는 당연한 관계를 가설로 세우는 것은 좋지 않다.

이와 같은 사항을 고려하여 가설을 작성하되, 가설을 적절하게 서술했는지를 평가하기 위한 기준은 다음과 같다(김진숙, 2011).

첫째, 진술이 명료한가(가설의 구체성)?

둘째, 변수 간 서술된 관계가 구체적이고 실증적으로 검증할 수 있는가

(가설의 측정가능성)?

셋째, 확률적 속성을 갖고 있는가(검증결과의 다양성)?

넷째, 연구자의 편견이 배제되어 가치중립적인가(가설의 중립성)?

다섯째, 이론적 체계와 일치하는가(이론적 근거)?

등이 있다. 그 밖에 순환론의 오류(독립변수와 종속변수에 사실상 같은 의미의 변수를 설정했을 때 나타나는 인과관계의 오류)를 범하고 있지는 않은지 등을 고려하는 것이 바람직하다.

3. 가설의 종류

가설은 크게 두 종류로 구분된다. 영가설(null hypothesis)과 연구가설(research hypothesis)이 그것이다. 영가설과 연구가설은 서로 상반된 진술을 하고 있는 가설이다. 따라서 영가설과 연구가설은 동시에 성립할 수 없다. 연구자는 가설을 세울 경우 영가설과 연구가설을 동시에 수립하여야 하며, 경험적인 연구조사 분석결과를 통해 과연 연구가설이 채택되고, 영가설이 기각되는지, 영가설이 채택되고 연구가설이 기각되는지를 가려내야 한다. 구체적으로 영가설과 연구가설은 어떻게 수립해야 하는지를 살펴보면 다음과 같다.

1) 영가설(귀무가설)

영가설은 귀무가설이라고도 부른다. 영가설은 가설에 설정되어 있는 독립변수와 종속변수 간의 '관계가 없다', '차이가 없다'는 형태의 진술을 제시하는 가설을 말한다. 영가설의 예시를 보면 다음과 같다. 연령과 질병의 관계로 영가설을 설정한다고 하면, '연령에 따라 질병 유무에 차이가 있다'로 설정할 수 있다. 이처럼 두 변수 간의 '관계가 없다'거나 '차이가 없다', 두 변수 간의 관계가 '같다'와 같은 형태로 진술되는 가설을 영가설이라고 볼 수 있다.

대부분의 연구자들은 두 변수 간의 관계가 있거나, 차이가 있다는 것을 규명하거나 두 변수 간의 차이점을 규명하려고 한다. 그러나 영가설은 연구자가 원하는 내용과 반대되는 내용으로 가설을 제시하고 있다. 즉, 이 가설이 채택되지 않고 기각됨으로써 연구자의 가설이 맞다는 것을 검증하게 해 주는 기준 가설이기도 하다. 다시 말해 차이가 있다는 점을 증명하는 것보다, 차이가 없다는 점이 사실이 아님을 증명함으로써 차이가 있다는 것을 반증하는 것이 더 쉬울 수 있다. 위의 예로 다시 말하자면, '연령에 따라 질병유무는 차이가 있을 것이다'를 증명하는 것보다 '연령에 따라 질병유무에 차이가 없을 것이다'라는 가설이 틀렸다는 것을 증명함으로써 '연령에 따라 질병유무에 차이가 있다'는 점을 증명하는 것이 더 쉽고 유리할 수 있으므로 가설을 설정할 때 영가설을 기준 가설로 설정한다.

2) 연구가설(대립가설)

연구가설은 대립가설이라고도 부른다. 연구가설은 영가설과 반대 또는 대립되는 가설이다. 또한 연구자가 증명하고자 하는 가설로써, 연구문제를 근거로 연구자가 설정한 독립변수와 종속변수 간의 '관계가 있다' 또는 '차이가 있다', '다르다'는 형태의 진술을 제시하는 가설이다. 앞서 제시한 연령과 질병유무라는 변수로 연구가설을 설정하자면, '연령에 따라 질병유무에 차이가 없다'라는 형태로 진술되는 가설이라고 볼 수 있다.

이처럼 연구가설과 영가설은 서로 상반된 진술을 하고 있으므로 동시에 성립할 수 없으며, 통계분석결과를 통해 연구가설이 채택되면, 자연스럽게 영가설이 기각되고, 영가설이 채택되면, 연구가설이 기각된다. 연구가설을 증명하고자 하는 연구자는 연구가설이 참임을 증명하거나, 영가설이 거짓임을 증명함으로써 연구가설을 지지할 수 있게 된다.

제5절 모집단과 표본

연구와 관련된 개념 및 측정도구와 방법들이 결정되면, 누구를 대상으로 연구를 진행할 것인지 결정해야 한다. 즉, 연구대상을 어떻게 선정할지를 결정해야 하는데, 연구대상 전체를 대상으로 하는 전수조사를 실시하는 경우와 연구대상 전체 중 일부를 선정하여 조사하는 표본조사로 나눌 수 있다. 이를 이해하기 위해서는 모집단과 표본의 개념을 파악할 필요가 있다.

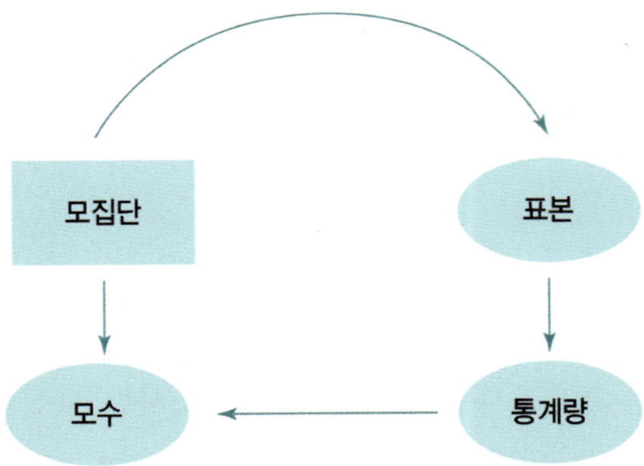

[그림 2-4] **표본조사의 원리**

1. 모집단

모집단(population)은 연구대상 전체를 의미한다. 대부분의 연구는 연구대상자가 존재하기 마련이다. 이들 대상 전체 집단을 모집단이라고 부른다. 예를 들어, 서울시 사회복지사의 직무만족도에 관한 연구를 수행할 경우 이 연구의 모집단은 서울시에서 근무하는 전체 모든 사회복지사가 된다. 또 서초구 국민기초생활보장수급자의 생활실태에 관한 연구를 수행할 경우 이 연구의 모집단은 서초구에 거주하는 국민기초생활보장수급자 전체가 된다. 이처럼 우리가 알고자 하는 집단 전체를 모집단이라고 한다.

정확한 모집단의 특성을 추정해 내기 위해서는 모집단 전체를 조사하는 전수조사가 가장 바람직할 것이다. 그러나 모집단 전체를 다 조사하는 것은 현실적으로 불가능한 경우도 많다. 일반적으로 모집단은 그 규모가 큰 경우가 많아 전수조사를 수행할 경우 많은 시간과 비용이 소요될 수 있다. 또한 전수조사를 수행하려고 해도 모집단 전체의 명단(sampling frame)을 확보하지 못하는 경우도 많다. 예를 들어, 영등포구의 노숙자를 대상으로 연구를 수행한다고 할 경우 모집단은 영등포에 거주하는 전체 노숙자가 된다. 현재 이들 영등포구의 노숙자 수는 명확하게 존재하겠지만 이들 전체의 명단을 확보할 수 없으므로 전수조사는 불가능하다. 구체적인 논의는 표본추출 부분에서 구체적으로 다루고자 한다.

2. 표본

연구대상 전체 집단인 모집단 전체를 조사하는 전수조사를 수행하기 어려운 경우에는 표본조사를 실시한다. 표본조사는 모집단을 가장 잘 대표할 수 있는 모집단의 일부를 표본으로 선정하여 이들 표본을 조사한 결과를 토대로 모집단 전체의 값을 추정하는 조사방법을 의미한다. 이때 모집단으로부터 선택된 일부를 표본(sample)이라고 한다. 예를 들어, 서울시 사회복지사의 복지인식을 조사한다고 하자. 이때 모집단 전체인 서울시에 근무하는 사회복지사를 대상으로 전수조사할 경우 많은 비용과 시간이 들어간다. 따라서 표본조사를 실시할 수 있다. 이를 위해 서울시를 구별로 구분하여, 서울시 내 각 구에서 50명씩을 무작위로 표본추출하고 표본의 값으로 전체 서울시 사회복지사의 복지인식 정도를 추정해 내는 방법을 사용할 수 있다.

표본조사는 얼마나 모집단을 가장 잘 대표할 수 있는 표본을 추출하는가가 핵심이다. 모집단 전체를 조사하는 것이 아니라 이 중 일부인 표본을 조사함에 따라 표본조사 결과는 전수조사에 비해 상대적으로 높은 오차를 가진다. 따라서 이 오차를 줄이도록 연구자들은 노력해야 한다. 표본추출오차를 줄이기 위해서는 가급적 모집단으로부터 표본을 많이 뽑는 것이 좋으며, 과학적인 표본추출방법들을 사용하여 표본을 선정함으로써 편향되지 않고, 모집단을 잘 대표할 수 있는 표본이 선정될 수 있어야 한다.

제6절 문헌검토

연구를 수행하는 시작과 끝의 모든 과정에서 가장 중요한 과정이 바로 문헌검토(literaure review)이다. 문헌검토는 연구주제나 문제와 밀접하게 관련되어 있는 다양한 선행연구들을 충실하게 검토하는 과정을 말한다. 선행연구는 개념의 측정, 연구설계, 표본추출, 실증자료의 수집과 분석 등과 같이 연구의 모든 과정에서 연구자가 마주하게 되는 문제들에 대한 근거나 실마리를 제공해 준다. 문헌검토를 통해 선행연구의 문제점과 한계를 면밀하게 분석하고 새로운 연구가 필요한 분야를 찾아내는 노력이 연구자에게 필요하다.

요 약

- 두 개 이상의 속성값을 갖는 개념을 변수라고 한다.
- 변수는 측정수준에 따라 연속형 변수와 비연속형 변수로 나눠지며, 연속형 변수는 등간, 비율 수준의 변수를 의미하고, 비연속형 변수는 명목, 서열 변수를 의미한다.
- 변수는 기능에 따라 변수들 간의 인과관계 설정에서 원인에 해당하는 변수를 독립변수라고 하고, 결과에 해당하는 변수를 종속변수라고 한다. 또한 독립변수와 종속변수에 둘 다 영향을 미치는 변수를 통제변수, 독립변수와 종속변수 간의 관계를 매개하여 더 잘 설명해 주는 매개변수가 있다.
- 연구주제를 형성하고, 연구문제를 구체화한 이후 연구의 실현가능성을 고려해야 한다.
- 측정을 위해서는 측정하고자 하는 사회현상을 무엇이라고 부를지 사전적으로 정의하는 작업이 필요한데, 이를 개념화 또는 개념적 정의라고 한다. 개념화되어 있는 단어는 추상적이므로 바로 측정이 어려워 측정 가능한 형태로 변환하여 정의해 주는 작업이 필요한데, 이를 조작화 또는 조작적 정의라고 한다.
- 이론은 경험적으로 검증된 진술을 의미하며, 이론을 통해 사회현상을 설명하거나, 새로운 이론을 만들어내는 등 과학적 지식에 기여한다.
- 가설은 변수들 간의 검증되지 않은 진술로 2가지 형태로 진술된다. 하나는 변수들 간의 관계가 없다 또는 차이가 없다는 방식으로 기술되는 영가설(귀무가설)이고, 다른 하나는 변수들 간의 관계가 있다 또는 차이가 있다는 방식으로 기술되는 연구가설(대립가설)이다.
- 모집단은 연구대상 전체집단을 의미하며, 모집단 전체를 조사하기 어려운 경우 모집단을 대표할 수 있는 표본을 뽑아 표본의 값으로 모집단의 값을 추정한다.
- 문헌검토란 선행연구들을 충실하게 검토하는 작업을 의미하며, 연구의 전 과정에서 이루어져야 하는 중요한 작업이다.

핵심어 연속형 변수, 비연속형 변수, 독립변수, 종속변수, 개념화, 조작화, 영가설, 연구가설, 모집단, 표본, 연구문제 형성, 문헌검토

연습문제

01 다음 중 가설에 대한 설명으로 틀린 것은?

① 가설은 이론에서 도출할 수 있다.
② 가설은 검증 가능한 개념을 추상적으로 표현한 것이다.
③ 가설은 하나의 명제로서 형태나 구조에서 이론과 같다.
④ 연구가설은 경험을 통하여 검정 가능한 것이어야 한다.
⑤ 영가설은 연구가설을 통계적으로 검정하기 위해 필요하다.

02 다음 중 조작적 정의에 대한 예로 틀린 것은?

① 신앙심 - 종교의식 참여빈도
② 빈곤 - 물질적 결핍 상태
③ 성별 - 남녀
④ 서비스 만족도 - 이용횟수
⑤ 소득 - 월____원

03 다음 중 표본추출이 되는 기준으로 연구대상 전체집단을 의미하는 용어는 무엇인가?

① 표본
② 표본오차
③ 모집단
④ 통계치
⑤ 모수

04 다음 연구주제에서 독립변수는 무엇인가?

> **연구주제**
> : 부모의 양육태도가 청소년의 사회성에 미치는 영향에 관한 연구

① 부모
② 청소년의 사회성
③ 부모의 양육태도와 청소년의 사회성
④ 부모의 양육태도
⑤ 사회성에 미치는 영향

05 **측정하고자 하는 사회현상에 대한 사전적 명목적 정의를 무엇이라고 하는가?**

① 측정화 ② 개념정리
③ 조작화 ④ 구체화
⑤ 개념화

06 **경험적으로 무수한 검증과정을 통해 확인된 사실을 서술한 것을 무엇이라고 하는가?**

① 이론 ② 명제 ③ 가설
④ 통계치 ⑤ 모수

07 **독립변수와 종속변수의 관계를 더 잘 설명해 주기 위한 변수로 독립변수의 영향을 받아 종속변수에 영향을 미치는 역할을 하는 변수를 무엇이라고 하는가?**

① 내생변수 ② 통제변수 ③ 매개변수
④ 조절변수 ⑤ 외생변수

08 **어떠한 사물이나 현상을 나타내고자 하는 추상적인 작업의 결과물을 무엇이라고 하는가?**

① 이론 ② 명제 ③ 가설
④ 통계치 ⑤ 개념

09 **변수의 속성에 따른 분류에 해당하는 것을 모두 고르시오.**

① 등간 ② 서열 ③ 범주(비연속)
④ 연속 ⑤ 비율

10 연구의 전 과정에 걸쳐 선행연구를 충실하게 검토하는 작업을 무엇이라 고 하는가?

① 주제형성
② 문헌검토
③ 연구검토
④ 선행검토
⑤ 측정

Answer 정답

1. ② 2. ② 3. ③ 4. ④ 5. ⑤ 6. ① 7. ③ 8. ⑤ 9. ③, ④ 10. ②

CHAPTER

03

사회조사방법의 유형과 과정

사회복지와 관련된 연구를 수행하기 위해서는 사회조사의 방법에는 어떠한 종류가 있는지 파악하는 것이 필요하다. 아울러 그러한 연구들을 수행하는 절차에 대한 이해가 필요하다. 이 장에서는 사회조사의 다양한 방법론에 대해서 학습하고, 체계적으로 사회조사를 수행하기 위한 과정들을 이해한다.

▌학습목표▐

1. 사회조사방법의 다양한 유형들을 이해한다.
2. 사회조사연구의 절차와 방법에 대해서 이해한다.
3. 사회조사연구 계획서 작성과정에 대해 이해한다.

제1절 사회조사방법의 유형

사회조사방법의 유형은 무엇을 기준으로 사회조사방법을 분류하는가에 따라 다양하게 제시될 수 있다. 일반적으로 사회조사방법의 유형은 크게 3가지 유형을 기준으로 분류하고 있다. 첫째, 연구의 목적에 따른 분류, 둘째, 시간적 차원에 따른 분류, 셋째, 자료의 특성에 따른 분류가 그것이다. 여기에서는 사회조사방법의 유형을 이러한 3가지 기준에 따라 어떠한 방식으로 분류되는지를 살펴보고자 한다.

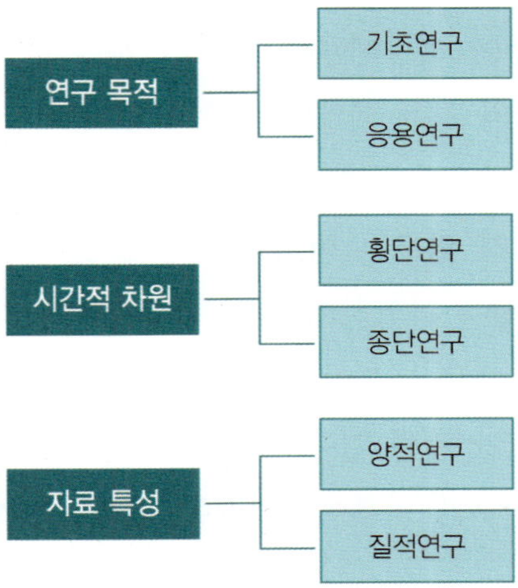

[그림 3-1] 사회조사방법의 유형

1. 연구목적에 따른 분류

사회조사방법은 연구목적에 따라 2가지 유형으로 분류될 수 있다.

1) 기초연구

기초연구(basic research)란 순수하게 지식축적 그 자체를 목적으로 하는 연구를 의미한다. 이러한 의미에서 기초연구는 순수연구라고도 한다. 구체적으로 기초연구의 종류는 다음 3가지로 분류된다.

(1) 탐색적 연구

탐색이라는 용어가 의미하는 바와 같이 탐색적 연구(exploratory research)는 비교적 잘 알려져 있지 않은 새로운 분야의 연구를 의미한다. 일반적으로 어떠한 연구의 실행가능성을 알아보고자 할 때 수행되는 경우가 많다. 2009년 스마트폰이 세상에 등장하기 이전에는 스마트폰중독에 관한 연구가 없었다. 한국의 경우 세계에서 유래 없이 빠른 속도로 스마트폰이 보급되었기 때문에 세계에서 가장 먼저 스마트폰중독에 관한 연구가 등장하게 되었다. 탐색적 연구는 이처럼 이전에 잘 알려져 있지 않았던 새로운 분야나 연구대상을 파악하기 위한 연구를 말한다. 탐색적 연구는 잘 알려져 있지 않았던 새로운 분야에 대한 연구의 초석을 제공한다는 점에서 큰 의미를 가지지만 관련 연구가 활발하게 이루어지지 않았기 때문에 깊이 있는 수준의 연구가 이루어지기에는 한계가 있다.

(2) 기술적 연구

기술적 연구(descriptive research)는 사회현상을 정확하게 기술하거나 묘사하기 위한 목적을 가진 연구를 의미한다. 즉, 특정 사회현상이나 사건, 집단이나 지역 특성 등에 대해서 있는 그대로를 정확하게 보여주거나 기술하고자 하는 연구를 말한다. 예를 들면, 보건복지부에서 정기적으로 실시하는 '자살실태조사'와 같은 연구를 들 수 있다. 자살실태조사 보고서를 살펴보면 우리나라 국민들의 자살률, 자살원인, 자살위험도, 자살에 대한 국민들의 인식 등을 있는 그대로 보여주고 있다. 또한 우리나라 통계청에서 실시하고 있는 각종 사회통계결과 역시 인구수, 남녀의 비율, 인구분포 등을 있는 그대로 기술하고 있다는 점에서 기술적 연구로 분류할 수 있다.

(3) 설명적 연구

설명적 연구(explanatory research)는 사회현상이 발생되는 원인이 무엇인지를 밝히기 위한 목적을 가진 연구를 의미한다. 즉, 어떤 현상이 왜 발생하는지에 대한 질문에 대한 대답으로 인과관계를 규명하기 위한 연구들이 여기에 해당한다. 예를 들어, 2009년 이후 기존에 존재하지 않았던 새로운 분야인 스마트폰중독에 관한 연구가 실시되어 탐색적 연구들이 나타나게 되었고, 이후 우리나라 청소년들의 스마트폰중독 실태와 현황을 파악하기 위한 기술적 연구가 진행되어왔다. 또한 이후에는 스마트폰중독을 일으키는 원인이 무엇인지 또는 스마트폰중독은 어떠한 부정적 결과를 야기하는 원인이 되는지를 규명하기 위한 설명적 연구가 진행되고 있다. 따라서 설명적 연구는 기초연구의 3가지 분류 중 가장 높은 수준의 연구라고 할 수 있다. 결국 과학의 궁극적 목적은 어떠한 현상의 원인을 파악하기 위한 것이고, 원인을 파악함으로써 미래에 대한 예측과 현재 상황에 대한 통제가 가능하다는 점에서 설명적 연구는 의미가 있다. 물론 설명적 연구의 수행은 탐색적 연구와 기술적 연구가 충실하게 이루어져야 가능하다.

2) 응용연구

응용연구(applied research)란 연구의 목적이 단순하게 지식축적 그 자체에 있는 것이 아니라 실용적 문제를 해결하는 데 초점이 맞추어진 연구를 의미한다. 즉, 연구를 통해 얻어진 지식을 특정한 문제를 해결하기 위한 용도로 응용 또는 활용하기 위한 목적을 가진 연구라고 볼 수 있다. 따라서 연구의 실용적 측면을 강조한다. 예를 들어, 사회복지분야의 경우 지역사회복지관 욕구조사를 응용연구로 볼 수 있다. 대부분의 사회복지기관은 1년에 1회 지역사회 욕구조사를 실시한다. 욕구조사를 통해 지역사회나 사회복지대상자의 가장 시급히 해결해야 할 욕구들을 파악할 수 있는데, 욕구조사는 단순히 이들 사회복지대상자의 욕구를 알기 위한 목적으로 실시하는 것은 아니다. 욕구조사 결과로 들어난 시급히 해결해야 할 욕구 또는 문제 등의 현안에 대응하기 위한 사회복지서비스 또는 프로그램을 개발하고 적용하는데 중요한 기초자료로 활용하기 위한 목적으로 수행한다. 프로그램 평가도 하나의 응용연구라고 볼 수 있다. 프로그램에 대한 평가를 통해 프로그램의 장점 또는 단점을 단순히 알기 위해서 평가를 실시하는 것은 아니다. 프로그램 평가를 통해 나타난 장점은 추후 프로그램 운영에 더 잘 드러날 수 있도록 하고, 단점은 보완함으로써 프로그램이 본연의 목적 달성에 충분한 역할을 할 수 있도록 하기 위한 차원에서 수행하고 있다. 이러한 예에서 살펴보듯 응용연구는 순수하게 지식축적을 위한 차원에서 수행되는 연구가 아니라 연구 결과의 실용성에 보다 초점을 두고 있다.

2. 연구의 시간적 차원에 따른 분류

연구를 수행하는 과정에서 조사를 몇 번 수행하느냐와 같은 시간적 차원에 따라서도 연구를 분류해 볼 수 있다. 시간적 차원에 따라서는 크게 횡단연구와 종단연구로 나뉜다.

1) 횡단연구

횡단연구(cross-sectional study)는 특정한 어느 한 시점에 수집된 자료를 분석하여 수행된 연구를 의미한다. 횡단연구는 하나의 고정된 시점에서 사회현상의 한 단면을 구체적으로 조사 분석하여 보여준다는 점에서 가장 많이 수행되는 사회조사 연구의 형태로 볼 수 있다. 횡단연구는 특정 시점에 우리나라 국민들의 복지인식을 조사한다거나, 저소득층의 생활실태를 조사하는 등의 연구들을 예로 들 수 있다. 이처럼 횡단연구는 조사를 1회만 실시한다는 점에서 간단하고 비용도 적게 든다. 그러나 조사대상이나 현상이 시간에 따라 변화함에 따른 역동성은 정확하게 포착하기 어렵다는 점에서 한계를 가진다.

2) 종단연구

종단연구(longitudinal study)는 횡단연구와는 달리 시간의 흐름에 따라 지속적 혹은 반복적으로 동일한 현상 또는 대상이나 집단을 조사하여 수행하는 연구이다. 따라서 여러 번에 걸쳐 시점에 따라 조사대상의 변화를 추적하여 역동적인 변화를 분석할 수 있다.

종단연구는 다시 세부적으로 3가지로 분류될 수 있다. 즉, 시간이 흐름에 따라 반복적으로 조사한다는 점에서 공통점이 있으나, 시간이 흐름에 따라 반복적으로 조사할 때마다 연구대상 전체 집단인 모집단과 그 일부인 표본이 매번 같아지느냐 달라지느냐에 따라 차이가 난다. 구체적인 내용은 다음과 같다.

(1) 추세연구: 추이연구 또는 시계열연구

추세연구(trend study)는 특정 연구대상의 변화를 여러 시기를 두고 관찰한다. 즉, 시간이 흐름에 따라 각 시기별 연구대상의 특성이 어떻게 변화되었는지를 비교해 보는 연구이다. 따라서 시간이 흐름에 따라 반복적으로 조사할 때마다 모집단과 표본이 계속 달라지는 특징을 가진다. 예를 들어, 1990년부터 매 10년마다 초등학교 6학년 학생들의 키의 변화에 대한 추세연구를 살펴보면 표 3-1과 같다. 1990년 1차 조사에서 모집단은 1990년 이 당시의 초등학교 6학년 학생 전체 집단일 것이다. 또한 이들 중 표본을 1,000명을 뽑아 조사한 평균키 값을 조사한다. 이후 10년 뒤 2차 조사에서는 2000년 초등학교 6학년 학생들이 연구의 모집단이 되며, 이들 중 1,000명을 표본으로 뽑아 평균키를 조사한다. 따라서 추세연구에서는 1차 조사에서의 모집단과 2차 조사에서의 모집단은 같은 집단이 아니며, 1차 조사에 참여한 표본과 2차 조사에 참여한 표본 역시 같지 않다. 이처럼 시간의 흐름에 따라 반복적으로 조사할 때마다 모집단과 표본이 계속 바뀌는 연구를 추세연구라고 한다.

〈표 3-1〉 **추세연구 예시**

조사시기	모집단		표본	평균키
1990년	90년도 전체 초6년	→	1,000명	120cm
	≠		≠	
2000년	00년도 전체 초6년	→	1,000명	125cm
	≠		≠	
2010년	10년도 전체 초6년	→	1,000명	130cm

(2) 동류집단연구: 동년배연구 또는 코호트 연구

동류집단연구(cohort study)는 특정 경험을 같이 한 세대나 집단의 변화 경향을 여러 시기를 두고 관찰하여 비교하는 연구를 의미한다. 따라서 시간이 흐름에 따라 반복적으로 조사할 때마다 연구대상 전체집단인 모집단은 계속 같다. 그러나 모집단에서 뽑힌 표본은 조사할 때마다 달라진다. 예를 들어, 매 10년마다 90학번들의 복지의식에 관한 변화를 비교하기 위한 연구를 살펴보면 표 3-2와 같다. 1990년 1차 조사에서 모집단은 1990년에 대학에 입학한 학생 전체인 90학번일 것이다. 90학번 전체 학생을 다 조사하기 어려우므로 이 중 1,000명을 표본추출하여 복지의식을 조사한다. 이후 10년 뒤 2차 조사에서도 역시 모집단은 1990년에 대학에 입학한 학생 전체인 90학번일 것이다. 이 중 1,000명을 표본으로 뽑아 복지의식을 조사할 텐데 이때 표본으로 선정된 사람들은 1차 조사에서 선정된 표본과 동일한 대상자라고 볼 수 없다. 이처럼 시간의 흐름에 따라 반복적으로 조사할 때마다 모집단은 계속 같고, 표본만 바뀌는 종단연구를 동류집단연구라고 한다.

〈표 3-2〉 **동류집단연구 예시**

조사시기	모집단		표본	복지의식
1990년	90학번 전체	→	1,000명	5점
	‖		≠	
2000년	90학번 전체	→	1,000명	5.5점
	‖		≠	
2010년	90학번 전체	→	1,000명	6점

(3) 패널연구

패널연구(panel study)는 동일한 경험을 한 집단의 특정 대상자들을 선정하여, 여러 시기를 두고 이들의 변화 경향을 추적 연구하는 것을 의미한다. 따라서 시간이 흐름에 따라 반복적으로 조사할 때마다 연구대상 전체 집단인 모집단도 같으며, 모집단에서 뽑힌 표본 역시 같은 대상자를 계속 조사하게 된다. 즉, 동일한 대상자가 시간이 흐름에 따라 어떻게 변화하는지를 추적하여 연구한다고 보면 이해가 쉬울 수 있다. 예를 들어, 앞서 설명한 매 10년마다 90학번들의 복지의식에 관한 변화를 비교하기 위한 연구를 패널연구로 수행한다면 표 3-3과 같다. 1990년 1차 조사에서 모집단은 1990년에 대학에 입학한 학생 전체인 90학번일 것이다. 90학번 전체 학생을 다 조사하기 어려우므로 이 중 1,000명을 표본추출하여 복지의식을 조사한다. 단 1차 조사의 조사대상자 표본 1,000명과 계약을 통해 10년 뒤 2차 조사에도 참여할 수 있도록 연락체계를 유지한다. 이후 10년 뒤 2차 조사에서는 1차 조사에 참여했던 대상을 다시 조사하고, 3차 조사 역시 같은 대상자를 반복해서 조사한다. 이처럼 시간의 흐름에 따라 반복적으로 조사할 때마다 모집단과 표본이 계속 같아 동일인의 변화를 추적하는 연구를 패널연구라고 한다.

〈표 3-3〉 패널연구 예시

조사시기	모집단		표본	복지의식
1990년	90학번 전체	→	1,000명	5점
	‖		‖	
2000년	90학번 전체	→	1,000명	5.4점
	‖		‖	
2010년	90학번 전체	→	1,000명	5.9점

패널연구는 앞서 설명한 동류집단연구와는 달리 동일한 연구대상이 시간에 따라 어떠한 경향으로 변화하는지 가장 정확하고 세밀하게 파악할 수 있다는 점에서 장점을 갖는다. 다만 패널연구는 그 특성상 조사수행에 있어서 몇 가지 단점을 갖고 있다. 무엇보다 시간이 흐름에 따라 조사대상자의 상실이 나타난다. 1차 조사에 참여한 조사대상자들이 사망, 조사거부, 이사, 연락 두절 등이 자연스럽게 나타남에 따라 시간이 지날수록 조사대상자의 수가 줄어든다. 때문에 대부분의 패널연구는 초기에 표본을 되도록 많이 선정한다. 또한 패널연구는 시간과 많은 비용이 들어간다는 점에서 주로 공공기관 차원에서 진행되는 경우가 많다.

종단연구는 시간이 흐름에 따라 반복해서 조사한다는 점에서 추세연구, 동류집단연구, 패널연구 모두 동일하다. 다만 세 종류의 종단연구는 시간이 흐름에 따라 반복적으로 조사할 때마다 모집단과 표본이 같아지느냐 달라지느냐에 따라 구분된다. 이러한 관점에서 추세연구는 시간이 흐름에 따라 반복해서 조사할 때마다 모집단과 표본이 달라지는 연구이며, 동류집단 연구는 시간이 흐름에 따라 반복적으로 조사연구할 때마다 모집단은 계속 같아지지만 모집단에서 뽑힌 표본은 조사할 때마다 달라지는 연구를 말한다. 마지막으로 패널연구는 시간이 흐름에 따라 반복적으로 조사할 때마다 모집단과 표본이 계속 같은 연구를 의미한다. 종단연구의 세 종류를 보다 명확하게 구분하여 이해를 도모하기 위해 표 3-4와 같이 제시하고자 한다.

〈표 3-4〉 종단연구 종류의 구분 방법

	모집단	표본
추세연구	≠	≠
동류집단연구	=	≠
패널연구	=	=

3. 자료특성에 따른 분류

연구에 사용 또는 수집되는 자료의 특성에 따라서 양적 연구와 질적 연구로 구분된다.

1) 양적 연구

양적 연구(quantitative study)란 다수의 연구대상자들로부터 주로 수치화된 자료를 수집하여 분석하는 연구들을 의미한다. 이러한 양적 연구는 크게 4가지 정도로 분류될 수 있다. 설문조사, 실험연구, 2차분석, 내용분석이 그것이다. 양적 연구의 종류에 대해서 구체적으로 살펴보자.

(1) 설문조사

일반적으로 많이 활용되고 있는 설문조사(survey)는 구조화된 설문지를 이용하여 조사대상자의 인식이나 반응을 파악하는 방법이 있고, 또는 조사대상자와 면접을 통해 자료를 기입하여 얻어내는 방법을 의미한다. 특히 설문조사에 가장 많이 활용되는 설문지 조사는 설문지의 각 문항이 현상을 수치화하여 측정한다는 점에서 양적 연구의 속성을 갖는다. 예를 들어, 설문지상에서 성별에 대한 측정은 남자는 (1)로, 여자는 (2)로 수치화하여 측정하는 것이 일반적이며, 학력의 경우도 초졸은 (1), 중졸은 (2), 고졸은 (3) 등의 방식으로 수치화되어 측정된다. 따라서 설문조사는 대다수의 연구대상으로부터 주로 수치화된 자료를 수집하여 평균적인 경향 또는 인과관계 등을 검증한다는 점에서 양적 연구로 볼 수 있다.

(2) 실험연구

실험연구(experiment study)는 비슷한 특성의 연구대상자 두 집단을 통일한 조건에 두고(이를 통제라고 함) 한 집단에만 처치 또는 치료를 하고, 다른 집단에는 하지 않는다. 이후 집단의 변화를 살펴봄으로써 처치 또는 치료의 효과를 검증하는 연구방법이다. 이러한 실험연구는 인과관계를 명확하게 검증하는 데 초점을 두고 있으며, 처치 또는 치료를 제공하기 전과 이후의 변화를 수치화된 자료를 통해 특정해 낸다는 점에서 양적 연구로 분류한다. 예를 들어, A복지관에서 수행하는 알코올중독치료프로그램의 효과성을 살펴보기 위해 실험을 실시한다. 비슷한 수준의 알코올중독자 20명을 두 집단으로 분류한 후 알코올 섭취량을 측정하고, 이후 한 집단에는 치료프로그램을 실시하고 다른 한 집단에는 실시하지 않는다. 프로그램을 마친 이후 알코올 섭취량을 다시 측정하여 치료 프로그램을 실시한 집단과 실시하지 않은 집단의 변화를 비교해 봄으로써 치료프로그램이 효과적이었는지 검증해 볼 수 있다.

(3) 내용분석

내용분석(content analysis)이란 인간이 만든 문서나 자료(책, 신문, 영화, 뉴스, 노래가사 등)를 체계적으로 분석하는 연구방법이다. 다만 내용분석은 이러한 자료들의 내용을 심층적으로 분석한다기보다는 자료 내에서 특정 단어나 주제가 얼마나 자주 등장하는지를 수치화하여 제시하는 연구를 의미한다. 예를 들어, 2015년부터 2020년까지 매년 ○○신문에서 "복지"라는 단어가 몇 번 출현하였는지를 세어봄으로써 언론에서 복지가 언제 얼마나 주목받았는지의 경향성을 볼 수 있다.

(4) 2차 자료분석 - 기존 통계 자료 활용

2차 자료분석(existing statistics)이란 연구자가 직접 수집한 정보를 기초하여 연구를 수행하는 것이 아니라 타 기관이나 타인 또는 이전에 수행된 조사 자료를 토대로 재분석한 연구를 의미한다. 예를 들어, 공공기관에서 구축한 데이터를 연구에 활용하는 경우가 있다. 즉, 장애인고용촉진공단에서 매년 장애인 5,000여 명을 대상으로 장애인경제활동실태를 조사하고 조사된 정보 데이터를 일반에게 공개한다. 이때 공개된 데이터를 구입하거나 또는 적법한 절차를 통해 수령할 수 있다. 이후 해당 데이터를 여러 통계 기법을 통해 다양한 방식으로 재분석하여 연구자의 목적에 맞는 연구결과를 도출할 수 있다. 이때 이 연구물이 2차 분석을 통한 연구이다.

2) 질적 연구

질적 연구(qualitative study)란 비교적 소수의 연구대상자들로부터 수치화된 자료가 아니라 언어, 행동, 태도, 표정 등의 의미를 깊이 있게 해석하고 분석하여 파악하는 연구들을 의미한다.

(1) 현장연구

일반적으로 많이 활용되는 질적 연구방법 중 하나인 현장연구(field sturdy)는 연구자가 가진 대략적인 연구주제 또는 아이디어를 토대로 해당 연구의 대상이나 환경을 조사현장에서 직접 자세하게 관찰하여 그 의미를 탐색하고 기록하고 해석하는 연구를 의미한다. 따라서 연구자는 연구의 결론에 대한 가설을 미리 구성하여 이를 검증하는 연역적 과정을 통한 연구방식이라기보다는 현장에서의 직접적인 관찰(직접적 관찰, 공식 및 비공식적 인터뷰, 경험) 등을 통해 얻은 자세하고 구체적인 정보들을 주의 깊게 해석해 보는 과정에서 지식과 정보를 획득하는 귀납적 방식의 연구라고 볼 수 있다. 예를 들어, 남극 펭귄의 행동에 관한 의미를 파악하는 연구를 한다거나, 인류문명의 혜택이 닿지 않는 아마존 오지의 부락마을의 삶에 관한 연구를 한다고 한다면, 이는 연구자들이 책상에 앉아 그들의 삶을 이해하기 어렵다. 이들의 삶에 직접 뛰어들어 관찰하고 기록하고 해석하는 과정을 통해서 우리는 그 행동과 삶의 의미를 파악할 수 있을 것이다. 사회복지의 예를 들어보자. 최저생계비 이하의 빈곤계층의 삶의 의미에 관하여 연구를 한다고 한다면, 직접 최저생계비 이하의 빈곤계층과 함께 일정 기간 이상을 생활하면서 직접 관찰하고, 인터뷰하는 등 정보를 매일 상세하고 기록하고 이를 깊이 있게 해석하는 과정을 통해 이들의 삶의 의미를 파악해 볼 수 있을 것이다. 이러한 연구를 현장연구라고 볼 수 있다.

(2) 역사비교연구

역사비교연구(historical-comparative sturdy)란 연구자가 특정한 과거의 한 시대 또는 여러 시대를 다양한 자료와 문헌들을 토대로 비교·분석함으로써 해당 시대의 사회현상이나 사건을 정교하게 해석해 나가는 연구조사방법을 의미한다. 이를 위해 연구자는 연구 주제를 형성하고, 연구에 필요한 해당 시대의 관련 다양한 문서기록과 자료들, 예를 들어, 관련 문서, 도서, 신문, 사진 등을 수집하여 분석하거나, 해당 사건의 관련자나 후손들을 직접 만나 인터뷰를 하거나, 해당 사건의 현장을 관찰하는 등의 과정을 통해 수집된 정보들을 심층적으로 비교·분석 및 해석한다. 이를 통해 과거 시대 또는 다양한 문화에 걸쳐 나타나는 사회현상의 측면을 조사한다.

제2절 사회복지조사연구의 절차 및 방법

사회복지 조사연구의 종류는 기준에 따라 다양하게 나뉘어 있으며, 어떠한 연구를 수행할지는 연구자가 연구의 주제와 의도를 가장 잘 보여줄 수 있는가에 대한 고민으로 선택될 수 있다. 연구의 주제와 종류는 다양하지만 연구의 수행은 일련의 단계와 절차에 따라 이루어진다. 일반적으로 연구문제가 형성되면 이를 해결하기 위한 적절한 연구방법을 설계하고, 정해진 연구방법에 따라 자료를 수집한 후, 수집된 자료를 분석하고 해석하여 보고서를 만들어 공표하는 단계를 거치게 된다. 이러한 연구단계는 학자에 따라 연구종류에 따라 약간의 차이는 있을 수 있지만 그림 3-2에서와 같이 기본적인 흐름은 크게 6단계의 절차로 정리될 수 있다. 이를 토대로 각 단계마다의 구체적인 방법들을 살펴보면 다음과 같다.

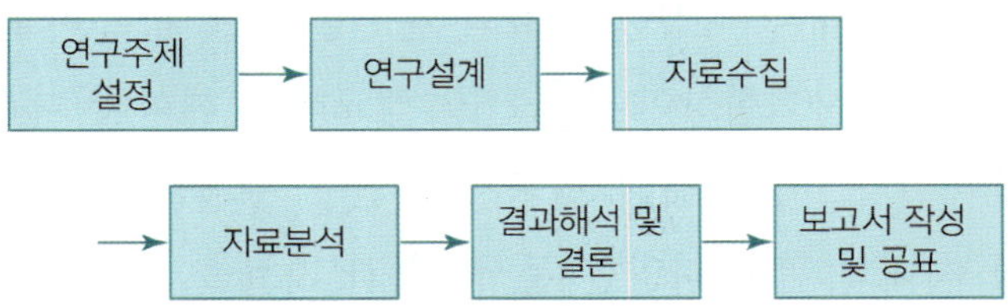

[그림 3-2] 사회복지연구의 절차

1. 연구주제 설정

모든 연구는 연구주제의 선정에서 시작한다. 특히 연구주제는 연구자가 답을 구하고자 하는 관심분야에 대한 질문으로부터 시작한다. 또한 연구자의 사회적 직업적 배경이나 연구를 할 당시의 관련 분야의 사회적 이슈나 학문적 이슈 등의 영향을 받아 선정되기도 한다. 특히 사회복지연구의 주 대상은 여성, 장애인, 노인, 빈곤층과 같은 사회의 비주류층을 대상으로 하는 연구가 다수이기 때문에 사회적으로 주목을 받지 못하는 경우가 많다. 이들의 사회적 문제를 잘 들어내 보일 수 있는 연구주제를 선택하는 것이 필요하다. 연구에 대한 관심분야가 정해지면 문헌검토를 통해 연구범위를 점차 좁혀나가는 과정에서 구체적으로 검증 가능한 수준의 주제가 작성된다. 즉, 연구주제를 구체적으로 설정하기 위해서는 연구주제와 관련된 선행연구들을 검토하는 작업이 매우 중요하다.

어떠한 연구주제가 좋은 연구주제라고 언급하기는 어려우나 경험적으로 검증이 어렵고 과학적이지 않은 연구질문이나, 추상적이고 모호하거나 일반적인 특성을 지니는 질문들은 좋은 연구주제라고 하기 어렵다. 즉, 구체적이고 측정가능하고 명확한 연구주제가 바람직한 연구주제라고 볼 수 있다.

연구주제를 설정함에 있어서 한 가지 더 고려해야 할 사항은 바로 연구의 실현가능성이다. 아무리 연구주제가 사회적 학문적으로 의미가 있고 구체적으로 증명이 가능한 연구라고 하더라도 연구자가 이를 수행할 역량이 되지 않거나, 천문학적인 비용 또는 시간의 투입이 요구되거나 비윤리적이거나, 측정 자체가 어렵다거나 하는 등의 실현가능성이 떨어진다면 이를 수행하기는 어렵기 때문이다.

2. 연구설계

연구설계 단계는 연구의 전반적인 계획을 구성하는 단계를 의미한다. 즉, 이 단계는 선정된 연구주제를 검증하기 위한 가장 적합한 방법들을 선택하는 단계로 볼 수 있다. 연구방법들 중 연구주제에 적합한 연구방법은 무엇일지, 그러한 연구방법의 수행에 필요한 자료들은 어떠한 방식으로 수집할지, 자료의 수집과정과 방법 및 절차는 어떠한 방식이 타당할지, 조사대상자는 어떻게 선정하여 어떠한 방식으로 조사할지, 조사대상자를 어떠한 측정도구로 측정할지, 수집된 자료들은 어떠한 방식으로 분석할지 등을 구체적으로 결정하는 단계를 연구설계의 단계라고 볼 수 있다.

3. 자료수집

연구설계가 끝이 나면 연구자는 계획된 연구설계에 따라 자료수집을 실시한다. 예를 들어, 양적 연구를 실시할 경우 선정된 조사대상자를 대상으로 실제 설문조사를 진행하여 자료를 수집한다. 수집된 자료는 SPSS와 같은 통계프로그램에 수치화된 형태로 입력된다. 질적 연구의 경우 조사대상을 찾아 직접 관찰하거나 면접을 실시하여 녹음이나 촬영의 방식을 통해 기록하는 방식으로 자료를 수집할 수도 있다. 구체적인 연구방법론에 따라 자료수집방법에는 차이가 있으나 연구자는 객관적인 연구결과를 도출하기 위해 신중하게 자료에 대한 검증과 확인 과정을 통해 검증된 방식으로 자료를 수집해야 한다.

4. 자료분석

연구자는 수집된 자료를 자신의 연구목적과 자료의 특성을 고려하여 연구주제를 검증하기 위한 자료분석에 들어간다. 자료분석 단계는 SPSS나 SAS 등과 같은 통계프로그램들이 주로 활용되며, 이를 통해 조사대상의 실태나 현황을 있는 그대로 보여주기 위한 기술통계분석(빈도분석, 기술분석, 다중응답분석 등)이나 연구자가 검증하고자 하는 가설검증을 위한 추리통계분석(평균비교분석, 상관관계분석, 회귀분석 등)이 필요에 따라 실시될 수 있다. 질적 연구의 경우에도 인터뷰가 녹음된 또는 촬영된 자료들을 전체 기록을 하고 이를 일목요연하게 정리하고 분석하는 작업이 필요하다. 이처럼 수집된 자료들을 연구목적에 맞게 결과를 도출하는 과정을 자료분석 단계라고 할 수 있다.

5. 결과 해석 및 결론

수집된 자료를 분석한 연구결과가 어떠한 의미인지 해석하는 작업이 필요하다. 즉, 자료를 분석하여 나타난 결과를 통해 사회현상을 설명하거나, 가설의 채택 여부 등을 결정할 수 있다. 예를 들어, 스트레스와 생활만족도가 부적 인과관계가 있다고 자료분석결과가 나타났다면, 이를 근거로 스트레스가 높아질수록 생활만족도는 낮아진다는 해석이 가능하다.

연구결과를 해석한 후 이를 토대로 결론에서는 이러한 연구결과가 기존의 연구와 비교할 때 어떠한 차이가 있는지 제시할 필요가 있으며, 연구결과를 기초할 때 어떠한 실천적 또는 정책적 함의가 있는지 제시하고, 본 연구의 한계와 후속연구를 위한 제언 등을 구체적으로 제시해야 한다.

6. 보고서 작성 및 공표

마지막 단계는 연구의 전 과정을 포함한 연구 보고서를 작성해야 한다.

연구보고서 역시 연구마다 다소 차이는 있을 수 있으나 기본적으로 연구의 필요성, 이론적 배경, 연구방법(연구모형, 연구대상, 측정도구, 자료분석방법), 연구결과, 결론 및 제언, 참고문헌 등의 순서로 제시된다. 이를 통해 연구자는 자신의 연구를 보다 잘 이해할 수 있으며, 보고서 작성을 통해 타인에게도 연구결과를 이해시키고, 지식을 공유할 수 있을 것이다.

연구 보고서가 완성되고 체계적인 과정을 통해 심사되고 타당성이 입증되게 되면 공식적으로 공표되어 일반에게 공개된다. 이는 다른 연구의 기초자료로 사용될 것이다.

제3절 사회복지조사 연구계획서 작성

연구계획서는 사회복지현장이나 학계에서 작성하는 경우가 많다. 특히 사회복지현장에서는 여러 재단에 연구계획서를 제출하여 사업운영을 위한 예산을 확보하기 위해 작성하는 경우가 많으며, 학계에서도 역시 연구비를 지원받거나, 석박사 학위 논문 등을 쓰기 위해 작성하는 경우도 많다. 이처럼 연구의 목적과 형식에 관계없이 연구를 수행하기에 앞서 앞으로 어떠한 방식으로 연구를 진행할지에 대한 방향성을 제시하는 것이 연구계획서의 역할이며, 대부분 제3자를 통한 연구계획서의 승인을 통해 연구가 구체적으로 진행된다. 따라서 연구계획서는 연구의 전반적인 설계도라고 볼 수 있다.

1. 연구계획서의 내용

연구계획서의 구성과 내용은 연구계획서를 요청하는 기관이나 학교에 따라 다양한 형식을 가질 수 있으나 큰 틀에 있어서의 차이는 없으며, 대체로 다음과 같은 사항들을 포함하고 있다.

1) 문제제기 및 연구목적

연구계획서에서 가장 중요한 부분 중 하나는 바로 이 연구가 왜 필요한지를 설득력 있게 제시하는 것이다. 왜 이 연구주제를 선정했는지에 대한 논리적 근거와 중요성을 설명하고 이 연구의 실천적·학문적 가치를 보여준다. 이를 위해서는 연구자가 무엇을 하려고 하는지에 대한 연구목적을 분명하고 구체적으로 제시하는 것이 필요하다.

2) 기존 문헌 검토

연구계획서를 제시할 때에는 해당 연구와 관련된 다양한 문헌들을 검토하는 작업이 선행되어야 한다. 다양한 선행연구들을 검토해 봄으로써 연구자가 주장하고자 하는 논리의 근거를 마련한다거나, 연구의 필요성을 강조하는 등 수행하고자 하는 연구에 도움이 될 만한 자료들을 정리한다. 이 과정은 되도록 연구와 관련성, 적합성이 높은 선행연구들을 검색하는 것이 관건이다.

3) 연구방법

(1) 연구대상 및 범위

연구주제에 따라 연구대상과 범위는 다르다. 자료수집을 위해서는 연구대상이 누구인지, 이들을 어떻게 접근할 것이며, 표본은 어떻게 선정할 것인지, 그 가능성은 어떠한지에 대해 명확하게 서술하는 것이 필요하다.

(2) 측정

연구대상과 범위가 정해지면 이들에게 무엇을 어떻게 측정할 것이고, 그 측정에 필요한 도구는 무엇이며, 얼마나 신뢰도와 타당도가 있는 도구인지를 적절하게 보여주는 것이 필요하다.

(3) 자료수집 및 분석방법

어떻게 조사할 것인지와 관련된 것으로 설문조사, 실험 또는 직접관찰을 통해 자료를 수집할지 등 적절한 자료수집의 방법과 절차에 대해 구체적으로 기술하는 것이 필요하다. 또한 이렇게 수집된 자료들을 어떠한 통계방법이나 질적 연구방법들을 활용할지에 대해서도 타당하고 적절한 기술이 필요하다.

4) 연구일정

모든 연구들은 연구의 각 단계가 어떠한 계획을 통해 어떻게 진행되고 있는지를 확인하는 것이 필요하다. 따라서 연구단계에 대한 일정을 계획하여 구성하는 것이 필요하다.

5) 예산

연구는 반드시 비용이 들어가기 때문에 소요되는 예산 역시 계획해야 한다. 특히 외부의 지원을 받는 연구의 경우 연구비용이 어떻게 소요될 것인지에 대해 명확하고 구체적으로 제시할 필요가 있다.

요 약

- 연구의 종류는 목적에 따라 기초연구와 응용연구로 분류되며, 이 중 기초연구는 순수하게 지식축적 그 자체만을 목적으로 하는 연구로 탐색적 연구, 기술적 연구, 설명적 연구로 나뉜다.
- 연구의 종류는 시간적 차원에 따라 특정 시점에 한차례 조사연구하고 종료되는 횡단연구와 시간의 흐름에 따라 반복적으로 조사연구하는 종단연구로 구분되는데, 이중 종단연구는 추세연구, 동류집단연구, 패널연구로 나뉘며, 이 연구들을 구분하는 가장 큰 기준은 시간의 흐름에 따라 반복적으로 연구조사할 때마다 모집단과 표본이 달라지느냐 같아지느냐이다.
- 연구는 자료특성에 따라 양적 연구와 질적 연구로 구분된다.
- 사회복지연구조사의 과정은 크게 6단계로 분류될 수 있으며, 연구주제설정, 연구설계, 자료수집, 자료분석, 결과해석, 보고서작성 및 공표의 순이 일반적인 과정이다.
- 연구계획서의 작성은 문제제기 및 연구목적, 선행연구의 검토, 연구방법, 연구일정 및 소요예산이 필수적으로 구성되어 있어야 한다.

핵심어 기초연구, 응용연구, 횡단연구, 종단연구, 양적 연구, 질적 연구

연습문제

01 **"국민기초생활보장 수급자가 경제적 자활을 성취하는데 어떤 원인이 영향을 미치는가에 관한 연구"는 어떤 유형의 연구인가?**

① 응용연구
② 기술적 연구
③ 설명적 연구
④ 사례연구
⑤ 탐색적 연구

02 **다음 중 종단연구에 따른 분류가 아닌 것은?**

① 동류집단연구
② 사례연구
③ 패널연구
④ 추세연구
⑤ 현장연구

03 **시간의 흐름에 따라 반복해서 측정하는 연구분류 중 하나로 시간의 흐름에 따라 연구대상인 모집단 자체가 변화하는 연구방법은 무엇인가?**

① 패널연구
② 동류집단연구
③ 추세연구
④ 현장연구
⑤ 사례연구

04 **다음 중 올바른 연구조사의 과정은 무엇인가?**

① 연구주제-연구설계-자료수집-결과공표-결과해석-결과분석
② 연구주제-연구설계-결과분석-결과공표-결과해석-자료수집
③ 연구주제-연구설계-자료수집-결과분석-결과해석-결과공표
④ 연구주제-연구설계-자료수집-결과해석-결과분석-결과공표
⑤ 연구주제-자료수집-연구설계-결과분석-결과해석-결과공표

05 **다음 중 비교적 많은 수의 연구대상으로부터 주로 수치화된 자료를 수집하여 분석하는 연구에 해당하지 않는 것은?**

① 설문조사
② 내용분석
③ 2차 자료분석
④ 실험연구
⑤ 현장연구

06 **순수하게 지식축적 그 자체만을 목적으로 하는 연구를 무엇이라고 하는가?**

① 기초연구
② 응용연구
③ 종단연구
④ 사례연구
⑤ 지식연구

07 **정부기관 등이 구축한 자료를 활용하여 연구를 수행하면 이는 어떤 연구라고 할 수 있는가?**

① 설문조사
② 내용분석
③ 2차 자료분석
④ 실험연구
⑤ 현장연구

08 **사회복지현장에서 실시되는 욕구조사나 프로그램 개발과 평가는 다음 중 어떤 연구에 해당하는가?**

① 기초연구
② 응용연구
③ 종단연구
④ 사례연구
⑤ 지식연구

09 **질적 연구방법 중 하나로 연구자가 가진 대략적 연구주제를 토대로 해당 연구의 대상이나 환경을 조사현장에서 직접 자세하게 관찰하여 그 의미를 탐색하고 기록 및 해석하는 연구를 무엇이라고 하는가?**

① 설문조사　② 내용분석
③ 2차 자료분석　④ 실험연구
⑤ 현장연구

10 **다음 중 연구계획서의 내용에 일반적으로 포함되지 않는 내용은?**

① 연구방법　② 연구발표
③ 문제제기 및 연구목적　④ 연구일정
⑤ 예산

Answer 정답

1. ③ 2. ⑤ 3. ③ 4. ③ 5. ⑤ 6. ① 7. ③ 8. ② 9. ⑤ 10. ②

CHAPTER

04

측정과 척도

저울이 사람이나 사물의 무게를 측정하는 도구라면 사회복지조사는 무엇을 인간행동과 심리 그리고 사회현상도 측정할 수 있다. 다만, 조사주체이면서 조사대상인 인간은 직접적으로 본인의 심리상태에 대한 질문을 통해, 우울감이나 행복 수준을 측정할 수도 있다. 그런데 측정 결과가 조사자마다 다른 결과가 나온다면 활용도가 낮을 것이다. 측정이 객관성, 재현성을 확보하기 위해 요구되는 신뢰도와 타당도의 개념을 이해하고, 좋은 척도의 요건들을 이해해야 한다. 이 장은 사회복지조사의 기본이 되는 척도의 요건과 종류에 대해 학습한다.

▌학습목표▐

1. 측정도구가 무엇인지 이해한다.
2. 신뢰도와 타당도의 개념과 종류, 관계에 대해 이해한다.
3. 척도의 종류에 대해 이해하고 작성할 수 있다.

제1절 측정의 개념과 수준

1. 측정의 개념

측정을 가장 단순하게 생각하면 자나 저울로 길이나 무게를 재고 그 값을 기록하는 과정이나 행위를 떠올리면 된다. 사회과학은 연구대상이 사람이나 사회이다. 측정의 대상은 사람의 심리적 상태나 개념들을 포함하고 있다는 점에서 차이가 있다. 예를 들어, 우울 수준을 측정한다는 말은 우울증이 심한 사람과 간헐적으로 약하게 나타나는 사람을 구분하거나 우울의 정도를 수치를 나타낸다는 것을 말한다.

측정이란 일정한 규칙에 따라 상징 기호를 부여하는 과정이나 행위를 말한다. 관점에 따라 측정을 검사, 평가라고도 한다. 상징 기호는 숫자가 주로 사용되며, 종종 문자를 사용하기도 한다. 길이와 무게를 측정할 때 자와 저울을 사용한다. 측정이라는 개념을 확장한다면 어떤 사람이 남성인지, 여성인지를 아는 것도 측정이라고 할 수 있다. 남성이라면 1, 여성이라면 2라고 기록지에 적을 때, 우리는 성별을 측정하였다고 한다. 혹자들은 남성은 M, 여성은 F로 표기하기도 한다. 숫자와 문자는 어떠한 측정수준을 지칭하는 추상물이라는 의미에서 상징 기호에 해당한다.

측정은 대상이 아니라 대상의 특정한 속성(항목)에 상징(수치나 문자)을 부여하는 행위이다. 사람이 170cm가 아니라, 사람에게 소속되어 있는 키라는 속성에 170(cm)라는 속성값을 부여한다. 조사대상의 속성에 대해 측정치가 하나만 부여되는 규칙을 구조동일성(isomorphism)이라고 한다.

측정방법은 인간의 오감을 이용하는 경우도 있지만 반복측정하여도 같은 값이 나오거나 누구나 측정하여도 같은 값이 산출되도록 측정도구를 이용하기도 한다. 저울, 시계, 현미경, 천체망원경이 측정도구의 하나이다. 그런데 사회과학의 측정 대상은 인간의 욕구나 감정을 소재로 조사를 수행하게 된다. 이 경우 조사대상 응답자에게 본인의 욕구나 감정을 직접적으로 질문하는 형태로 구성된 설문지, 조사표의 질문을 통해 측정이 이루어진다. 이때 질문이 측정도구의 역할을 하게 된다. 다만 질문을 신뢰도와 타당도가 높게 구성하기 위한 노력들이 요구된다.

2. 측정 수준

1) 척도의 유형

측정 수준에 따라 명목척도, 서열척도, 등간척도, 비율척도로 구분된다. 또한 척도에 의해 측정된 변수들을 각각 명목변수, 서열변수, 등간변수, 비율변수로 부른다. 또한 명목변수와 서열변수는 범주형(categorical) 변수, 불연속변수, 질적변수로 불리며, 등간변수나 비율변수는 연속형(continuous) 변수, 연속변수, 양적변수로 불린다. 측정 수준은 속성값 간의 관계나 특성을 통해 구분한다.

(1) 명목척도

명목(normal)척도는 관측치의 속성값이 단순히 이름이 부여(명목)되었다고 붙여진 이름이다. 가장 원초적인 자료의 형태라고 볼 수 있다. 속성값을 통해 구분한다는 데 의미가 있다. 모든 측정수준은 명목수준으로 전환이 가능하다. 예를 들어, 성별, 결혼 상태, 종교 등이 대표적인 명목척도이다. 명목척도는 속성값들 간에 사칙연산 결과에 의미를 부여하기 어려울 뿐만 아니라, 속성값들의 순서를 바꾼다고 하더라도 의미상의 변동이 발생하지 않는 특징이 있다.

Q. 귀하의 결혼상태는?
① 미혼　② 기혼　③ 이혼　④ 재혼　⑤ 사별

(2) 서열척도

서열(ordinal)척도는 척도의 속성값이 정도의 의미를 가지나 간격이 일정하다고 보장하기 어렵다. 서열척도는 순서척도라고도 불린다. 응답 범주에 부여된 숫자는 상대적인 서열을 의미할 뿐 범주간 간격이 일정하지 않다. 예를 들어, 주관적 건강상태, 장애등급, 리커트 척도 등 다수의 척도들이 서열척도이다.

Q. 귀하의 소득 계층은 어디에 속한다고 생각하십니까?
① 하층　② 중하층　③ 중상층　④ 상층

(3) 등간척도

등간(interval)척도는 구간척도라고도 부른다. 응답 범주에 부여된 숫자들은 서열척도의 속성인 서열을 나타내면서, 응답 범주에 부여된 숫자들 간의 간격이 일정한 특징이 있다. 예를 들어, 지능지수 IQ 등이 등간척도이다.

Q. 귀하의 IQ는? ______________

(4) 비율척도

비율(ratio)척도가 등간척도와 구분되는 가장 큰 특징은 '0'이 절대 0의 의미를 갖는다. 절대 0이란 '존재하지 않는다', '없다'라는 의미를 갖는 0을 말한다. 예를 들어, 키 0cm, 몸무게 0kg이란 각각 존재하지 않는다는 것을 의미한다. 반면 온도 0℃는 온도가 1℃보다 더 춥다는 것을 의미할 뿐 '온도가 없다'는 것을 의미하지 않는다. 온도는 등간척도이다.

2) 측정수준과 분석기법

하나의 척도의 측정수준을 구분하는 것은 자료분석의 기본이 된다. 또한 측정 수준별 척도 간의 관계를 이해하는 것도 분석을 수행하기 위해 반드시 이해해야 하며 그 관계는 다음과 같이 요약할 수 있다.

〈표 4-1〉 측정수준별 특성

구분	측정수준	의미	=	〈, 〉	+, −	×, ÷
범주형	명목변수	범주의 구분	○			
	서열변수	서열	○	○		
연속형	등간변수	일정한 간격	○	○	○	
	비율변수	0의 의미	○	○	○	○

측정 수준에 따른 분류는 통계기법의 선택을 위한 중요한 기준 중의 하나가 된다.

하나의 범주형 변수에 대한 현황을 파악하고자 할 경우 빈도분석(freqency analysis)이 사용된다. 그러나 하나의 연속형 변수의 수준을 분석할 때는 평균이나 표준편차를 활용한 기술적 통계량(descriptive statistics)이 활용된다.

두 변수를 분석하고자 할 때, 목적과 변수의 수준에 따라 통계기법을 달리하는데 대표적인 통계기법은 표 4-2와 같다. 이에 대응하여 분석목적이 같으나 측정수준을 달리하는 경우 이에 대응하는 분석기법은 사회복지자료분석론 교재를 참고하기 바란다.

〈표 4-2〉 **측정수준별 통계기법**

구분	분석목적	독립변수	종속변수	통계기법
일변량 분석	현황	범주형		빈도분석
	수준	연속형		기술적 통계량
이변량 분석	차이 비교	범주형	범주형	교차분석
		범주형(2개)	연속형	t검증
		범주형(3개 이상)	연속형	변량분석
	관계	연속형	연속형	상관관계분석
다변량 분석	영향	연속형	연속형	회귀분석
		연속형	범주형(2개)	로지스틱 회귀분석

3) 측정수준의 활용

측정수준은 사용하는 통계기법이 제한되기 때문에 가능하다면 정보량이 많은 비율척도, 등간척도, 서열척도, 명목척도 순으로 사용해야 한다.

측정수준을 활용할 때 고려해야 할 세 가지 사항을 살펴보고자 한다.

(1) 목적

조사자들이 질문지를 만드는 방식들은 큰 차이를 나타내지 않는다. 예를 들어, 성별에 대한 속성값은 남과 여로 조사되며 각각 1과 2로 코딩되는 경우가 많다. 그러나 조사목적에 따라 남성성과 여성성을 동시에 가지고 있는 양성이 중요하게 다루어져야 하는 경우도 있을 수 있으며, 동물은 암수동체를 별도로 구분해야 하는 경우도 있을 수 있다.

(2) 질문 형태

측정수준은 변수명에 의해 결정되는 것이 아니며, 속성값의 측정 형태에 따라 구분된다. 예를 들어, 나이는 속성값을 달리 측정할 수 있다. 나이를 개방형으로 질문할 때는 비율척도이지만, 속성값의 측정 형태에 따라 명목척도, 서열척도, 등간척도로도 분류될 수 있다. 표 4-3과 같이 나이에 대한 자료수집(질문) 형태에 따라 측정수준이 다를 수 있다. 대부분 Q1의 방식이 가장 좋은 질문 형태이지만 Q1의 질문 형태가 다수의 무응답이 발생할 것으로 예상된다면 다른 형태들을 고려해야 한다.

〈표 4-3〉 **나이의 측정수준**

질문 형태	응답	측정수준
Q1. 귀하의 나이는?	만 _____ 세	비율척도
Q2. 귀하의 나이는?	① 20대 ② 30대 ③ 40대 ④ 50대	등간척도
Q3. 귀하의 나이는?	① 18세 미만 ② 18~65세 미만 ③ 65세 이상	서열척도
Q4. 귀하는 만 19세 이상입니까?	① 예 ② 아니오	명목척도

제2절 척도의 개념과 구성

1. 척도의 개념

척도는 측정하기 위한 도구나 기준을 말한다. 척도는 측정도구, 검사도구라고도 한다. 측정 대상은 사물일 수도 있고 추상적인 개념일 수도 있다. 척도는 조사를 통해 피조사자가 가지고 있고 주관적·객관적 정보를 체계적으로 수집하는 데 활용된다. 피조사자는 가지고 있는 정보의 형태는 질적 정보나 양적 정보를 얻는 데 있다.

척도에 대한 가장 큰 오해는 여러 개의 문항이 결합되어 있는 항목들의 집합으로 척도를 협소하게 이해하는 것이다. 척도는 단일 문항으로 구성될 수도 있고, 조사자 자체가 척도가 될 수도 있다. 중요한 점은 측정의 목적을 효율적으로 달성할 수 있는지에 대한 것이다.

사회과학의 연구대상은 인간의 심리적 현상과 추상적인 사회적 현상도 포함하고 있다. 이러한 개념들을 측정하기 위해 자주 활용되는 방법은 응답자가 직접 질문하는 방식이다. 만약 조사대상이 인간이라면 직접 질문하는 것도 하나의 훌륭한 측정방법일 수 있다. 여기에서 응답자가 묻되, 잘 질문하여 조사자가 필요한 정보를 수집할 수 있는 방법들을 소개하도록 하겠다.

2. 척도의 구성

1) 비교형 척도와 절대형 척도

비교형 척도는 두 개 또는 세 개 이상의 대상을 비교하는 형태의 척도로 쌍비교 척도(paired comparison scale)와 순위서열 척도(rank-order scale)로 구분된다. 두 개 간의 대상을 비교하는 척도인 쌍비교 척도는 "어느 것을 더 선호하는가?"의 형태로 질문이 구성되며, 순위서열 척도는 세 개 이상의 대상을 "선호 순서대로 나열하시오"의 형태로 질문이 구성된다. 절대형 척도는 선택 항목 중에서 하나만 선택하는 형태의 척도를 지칭한다.

2) 평정 척도

평정 척도는 평점 척도라고도 부른다. 수준 정보를 가장 쉬운 방법으로 습득하는 방법이 평정 척도이다. 수준의 상태를 단일 항목으로 조사하는 것이 특징이다.

대표적인 평정 척도로 '주관적 건강상태'가 있다. 주관적 건강상태는 응답자가 스스로의 건강상태를 주관적으로 평가하는 단일문항 척도이다. 이 척도는 실제 건강을 잘 측정해낸다.

〈표 4-4〉 주관적 건강상태에 대한 평정 척도

Q. 귀하의 건강상태는 어떠하신지요?		
① 매우 건강	② 건강한 편	③ 보통
④ 건강하지 않은 편	⑤ 매우 건강하지 않음	

3) 의미차별 척도: 서스톤 척도

서스톤 척도는 태도가 여러 차원이나 관심을 포함하고 있을 때 핵심 태도를 측정하기 위해 1928년 서스톤(Thurstone)이 개발한 척도이다. 이 척도는 대체로 12~46개 정도의 문항으로 구성된다. 척도에 포함된 각 문항은 척도를 통하여 측정하려는 변인의 양적 연속선상에서 다른 문항들과 중첩되지 않게 특정한 위치에 놓이게 되며, 문항이 놓이는 위치가 바로 그 문항의 척도치가 된다. 각 문항의 척도치는 실제로 그 척도를 실시할 집단과 유사한 특성을 지니고 있다고 판단하는 일련의 판단자들 간 판단의 일치 정도에 따라 결정된다. 다시 말해서, 서스톤 척도는 항목을 다수 만든 후 다수의 평가자에게 문항에 대해 점수나 범주로 나누고 각 문항의 점수를 부과한 후, 중위값을 각 문항의 척도값으로 부여한다.

서스톤 척도의 장점은 비교적 적은 수의 문항으로도 신뢰도가 높고, 응답자가 간단히 응답할 수 있다. 그리고 개발과정에서 극단적인 의견을 배제하므로 평가의 공정성을 높일 수 있다. 그러나 다수의 평가 인력이 동원되므로 시간과 비용이 많이 들고, 전문가가 아닌 평가자로 인해 오류가 발생할 수 있다.

〈표 4-5〉 **장례갈등에 관한 서스톤 척도**

질문문항 (자신의 집안, 가족을 생각하지 말고 객관적인 판단으로...)	갈등의 소지가							배점
	전혀 없다	많이 없다	조금 없다	보통이다	조금 크다	많이 크다	매우 크다	
1. 가족의 화합을 위해서 각자의 종교를 양보한다.								[1.55]
2. 각자 자기의 종교보다 고인의 종교를 우선한다.								[2.30]
3. 종교보다는 집안의 관습에 따른다.								[3.10]
4. 고인을 실제로 모시던 사람의 의견이나 종교에 따른다.								[3.70]
5. 자신의 종교보다 장자의 종교에 따른다.								[4.30]
6. 고인의 종교와 장자의 종교가 다르다.								[5.13]
7. 종교가 달라서 가족 간의 논쟁이 있다.								[5.90]
8. 자신의 종교를 강력하게 주장하는 가족들이 있다.								[6.28]

출처: 황유성(2011).

참고: 의미차별척도(semantic differenctial scales)

의미차별척도는 의미분화척도(의미변별척도)라고도 하며, 어떤 개념의 의미를 여러 차원에서 측정하여 태도의 변화를 좀 더 정확하게 파악하기 위해 고안되었다. 평가대상이 되는 현상, 사물 등 특정 개념에 내포된 의미를 파악하기 위해 당해 개념을 여러 차원으로 세분화하여 평가하며, 주로 마케팅 분야에서 활용되는 척도법이다.

- 특징 : 첫째, 몇 개의 차원에 따른 양극화된 형용사들을 짝지어서 5점 내지 7점 척도로 구성된 문항으로 구성한다. 둘째, 평가와 능력, 활동 요인의 각 차원에서 측정대상인 특정 개념의 의미를 파악할 수 있어야 한다. 셋째, 평가하는 개념에 따라 적절한 차원을 새로이 구성하여 작성할 수 있기 때문에 다양한 분야의 설문조사에서 널리 활용된다.

4) 총화척도: 리커트 척도

리커트(Likert) 척도는 조사자가 응답자의 의견이나 태도의 강도에 대한 다수의 항목에 대한 응답자의 반응들의 평점을 총화하여 척도값을 산출하는 척도이다. 간편하고 자료수집 비용이 저렴하여 활용도가 높다. 이 척도는 문항들 간의 상관성을 전제하며 범주들 간의 간격이 일정하다고 간주한다. 특히 서스톤 척도와 달리 응답자가 자신에 대해 평가하는 자기기입식 방식을 채택한다.

장점은 자기기입식으로 작성되므로 시간이나 비용이 저렴하며, 조사대상자들의 응답에 따라 통계적으로 처리를 하여 조사자의 주관이나 편견이 배제된다. 또한 통계적으로 신뢰성을 향상시킬 수 있다.

단점은 응답 범주 간 간격이 일정하지 않아 서열 척도이다. 조사자의 주관이 배제되는 대신 응답자가 임의적으로 작성할 수 있다.

〈표 4-6〉 우울(CESD-11)에 대한 리커트 척도

	극히 드물다 (일주일에 1일 이하)	가끔 있었다 (일주일에 2~3일간)	종종 있었다 (일주일에 4~5일간)	대부분 그랬다 (일주일에 6일 이상)
	①	②	③	④
1. 먹고 싶지 않고 식욕이 없다.	[0점]	[1점]	[2점]	[3점]
2. 비교적 잘 지냈다. 〈역〉	[3점]	[2점]	[1점]	[0점]
3. 상당히 우울했다.	[0점]	[1점]	[2점]	[3점]
4. 모든 일들이 힘들게 느껴졌다.	[0점]	[1점]	[2점]	[3점]
5. 잠을 설쳤다(잠을 잘 이루지 못했다).	[0점]	[1점]	[2점]	[3점]
6. 세상에 홀로 있는 듯한 외로움을 느꼈다.	[0점]	[1점]	[2점]	[3점]
7. 큰 불만 없이 생활했다. 〈역〉	[3점]	[2점]	[1점]	[0점]
8. 사람들이 나에게 차갑게 대하는 것 같았다.	[0점]	[1점]	[2점]	[3점]
9. 마음이 슬펐다.	[0점]	[1점]	[2점]	[3점]
10. 사람들이 나를 싫어하는 것 같았다.	[0점]	[1점]	[2점]	[3점]
11. 도무지 뭘 해 나갈 엄두가 나지 않았다.	[0점]	[1점]	[2점]	[3점]

주: 〈역〉 역문항, [0점]은 채점 점수

5) 누적 척도: 거트만 척도

거트만 척도(Guttman, 1994)는 하위문항 수준에서 일정한 서열이 형성되도록 척도를 구성한 척도이며, 척도분석법(scale analysis)이라고도 한다. 거트만 척도는 항목들의 적합성을 검증하여 단일 차원성을 구성 여부를 확인하기 위해 개발되었다.

거트만 척도는 누적 척도로 상위 항목에 '예'라고 답한다면 그 하위 항목들은 모두 '예'라고 답하게 될 것이 기대된다.

〈표 4-7〉 **정치참여도에 대한 거트만 척도**

	예/아니오
① 당신은 정치 포스터를 붙였는가?	
② 당신은 동료와 정치에 대한 이야기를 한 일이 있는가?	
③ 당신은 정당에 가입할 만한 사람들을 설득시키고자 한 일이 있는가?	
④ 당신은 공개적인 정치집회에 출석한 일이 있는가?	
⑤ 당신은 정당에 헌금한 일이 있는가?	
⑥ 당신은 정치상의 토론을 하는 것을 좋아하는가?	
⑦ 당신은 자신이 정치에 대해서 상당히 알고 있다고 생각하는가?	
⑧ 당신은 1993년의 선거에 투표하였는가?	
⑨ 당신은 1998년의 선거에 투표하였는가?	

출처: Duverger(1964).

6) 누적 척도: 보가더스 척도(사회적거리 척도)

보가더스(Bogardus) 척도는 거트만 척도를 응용하여 서로 다른 집단에 대한 사회심리적 거리감을 측정하는 척도이다. 보가더스 척도는 거트만 척도의 특수한 예로서 이주민에 대해 느끼는 거리감을 통해 사회적 거리를 추정하고자 할 때 사용되었고 보가더스 사회적 거리척도(Bogardus social distance scale)라고 부르며, 점수가 적을수록 사회적 거리감이 낮다고 평가한다.

사회심리적 거리는 순차적으로 포함(nested) 관계를 형성하고 있다고 가정한다. 예를 들어, '이웃으로 같이 지낸다'에 ○ 표하고, '친구로 사귄다'에 X 표하였다면, 당연히 '같은 직장에서 일한다'나 '우리나라의 국민으로 받아들인다'에 ○ 표할 것으로 기대되며, 반대로 '결혼하여 가족으로 받아들인다'는 X 표할 것으로 기대된다. 이러한 특성을 가진 척도를 누적 척도라 한다.

이 도구는 이론과 달리 포함 관계를 형성한다고 확정할 수 있는 경우가 많지 않아 활용도는 높지 않다.

〈표 4-8〉 **보가더스 척도**

문항	중국인	일본인	미국인
1. 결혼하여 가족으로 받아들인다.			
2. 친구로 사귄다.			
3. 이웃으로 같이 지낸다.			
4. 같은 직장에서 일한다.			
5. 우리나라의 국민으로 받아들인다.			
6. 우리나라의 방문객으로만 받아들인다.			
7. 우리나라에서 추방한다.			

3. 척도의 개발 절차

유용한 척도가 존재하지 않는다면 척도를 개발해야 한다. 척도는 척도 정의, 척도 설계, 예비 척도 구성, 내용타당도 검증, 조사, 문항분석과 안내서 작성 과정을 통해 개발된다.

첫 단계는 척도를 정의하는 단계이다. 이 단계는 문헌 조사나 개념에 대해 잘 알거나 전문가와의 인터뷰 등을 통해 개념을 파악한다. 또한 개발하고자 하는 척도의 개념적 구성요소, 관련성이 높거나 특별한 관계를 형성하고 있는 개념, 이 개념에 기반하여 개발된 유사 척도에 대한 조사가 이루어져야 한다.

두 번째 단계는 척도를 설계하는 단계이다. 척도의 활용성을 고려하여 활용 목적, 대상을 고려하여 척도의 형태와 항목 수, 채점방식, 응답 범주

수를 결정해야 한다.

세 번째 단계는 예비 척도를 구성한다. 2~5배수로 항목 구성, 응답범주 등을 토대로 예비 척도 항목을 개발한다. 예를 들어, 활용성을 고려하여 10개 문항으로 자기 기입식척도를 만들려면 예비 척도 항목은 20~50개 항목을 작성하여야 한다. 어감이나 역문항 등은 척도 개발 과정 중에 더 적당한 항목이 통계적으로 선별될 수 있다. 개념적 구성요소를 고려하여 제작한다면 적절하게 항목을 배분하여야 한다.

네 번째 단계는 내용타당성을 검증하는 단계이다. 전문가나 응답 대상 집단으로부터 예비 항목의 타당성을 확인하고 수정한다. 내용타당도는 통계적으로 확인할 수 없으므로 항목들이 개념에 부합하는지 면밀히 살펴봐야 한다.

다섯 번째 단계는 내용타당도가 확인된 항목들을 실제 척도를 사용할 조사대상이나 비교대상으로부터 척도를 작성하게 하여 자료를 수집한다.

여섯 번째 단계는 조사된 문항을 통계적으로 분석하여 목표 항목 수를 추출한다. 이때 요인분석이나 신뢰도분석, 상관관계분석 등을 활용하여 설명력이 높은 문항을 선별하고 편파성이 높은 차별기능문항을 제거해야 한다. 척도의 목적이 진단용인 경우 식별력이 높은 문항을 중심으로 구성하고, 절단점을 산출해야 한다.

마지막 단계는 사용된 척도에 대한 안내서를 작성하는 단계이다. 사용대상, 사용 방법, 채점 방법, 주의사항을 포함하여 작성한다. 만약 표준화 척도라면 점수의 의미와 규준 점수표도 제공해야 한다.

〈표 4-9〉 **척도 개발 절차**

절차	절차
1단계: 척도 정의	문헌 조사나 개념에 대해 잘 알거나 전문가와의 인터뷰 등을 통해 개념의 정의, 구성요소 등을 정리
2단계: 척도 설계	활용 목적과 대상, 척도유형, 척도의 형태와 항목 수, 채점방식, 응답범주 형태 결정
3단계: 예비 척도 구성	2~5배수로 항목 구성, 응답범주 등을 토대로 예비 척도 개발
4단계: 내용타당성 검증	전문가나 응답 대상 집단으로부터 예비 항목의 타당성 확인·수정
5단계: 조사	척도 설계와 유사한 조건(대상, 사용 방법)에 따라 조사 시행
6단계: 문항분석	조사된 문항을 분석하여 설계한 목표 항목을 통계적으로 추출
7단계: 안내서 작성	사용 대상, 사용 방법, 채점 방법, 주의사항 등 척도 사용 안내서 제작

척도를 직접 개발하여 사용할 수도 있으나, 척도는 척도의 타당화, 표준화, 단순화하여 활용되기도 한다. 척도의 타당화란 외국 척도의 번안, 번안된 척도를 국내 적용할 수 있도록 변형하는 절차를 말한다. 척도의 표준화는 다양한 상황에서 사용할 수 있도록 측정값의 의미를 부여하는 절차를 말한다. 또한 척도의 단순화란 사용성을 높이기 위해 원척도의 항목 수를 줄이는 절차를 말한다.

제3절 측정 오류

1. 측정 오류의 개념

앞에서 척도를 사용하여 측정을 한다고 설명하였다. 측정은 측정도구나 측정 환경 외에도 다양한 이유로 측정 오류가 개입될 수 있다. 이때 측정할 때 발생하는 오류를 측정 오류라고 한다. 전체적으로 보면 측정 오류는 사례수와 비례해서 증가한다.

그러나 측정 오류를 잘 통제한다면 약간의 측정 오류는 큰 문제가 되지 않는다. 예를 들어, 혈압이 80~120으로 측정되든 82~118로 측정되든 큰 차이라고 볼 수 없다.

또한 측정은 완벽하고 정확한 것은 아니다. 다만 측정에서 발생할 수 있는 오류들이 무엇인지 이해하고 그 오류들을 적절한 수준 이하로 관리하는 것이 더 중요하다. 그러나 정책결정이나 건강검진과 같은 중요한 의사결정의 근거자료로 활용되는 자료에 측정 오류가 과도하게 개입되었다면, 심각한 왜곡을 발생시킬 수 있다.

2. 측정 오류의 종류

1) 체계적 오류

체계적 오류란 변수에 일정하게 영향을 주는 오류로 측정결과가 실제 값보다 모두 높거나 모두 낮게 나타나는 체계적 특성을 보인다. 편향된 경향을 나타내는 오류를 말한다.

체계적 오류는 인구사회학적 특성(성별, 학력, 소득, 종교, 직업, 인종, 사회적 지위, 문화 등)으로 인해 일정한 방향으로 오류가 나타나는 경향이 있다. 또한 무조건 긍정적 또는 부정적 또는 중립적인 개인적인 성향에 따라 나타나는 오류가 나타나기도 한다.

첫째, 인구사회학적 특성으로 인한 오류는 응답자가 고학력일수록 응답문항 중 앞쪽에 있는 답을 선택하는 경향을 의미하는 응답의 선행효과와 응답자가 저학력일수록 응답문항 중 뒤쪽에 있는 답을 선택하는 경향인 응답의 후행효과로 구분할 수 있다.

둘째, 개인적 성향으로 인한 오류는 개인적 성향으로 무조건 긍정적 또는 부정적 또는 중립적인 개인적인 성향에 따라 나타나는 오류를 말한다. 무조건 긍정적인 답변을 하는 관용의 오류, 무조건 부정적인 반응을 나타내는 가혹의 오류, 무조건 중립적인 입장을 표명하는 중앙집중 경향의 오류, 자기 자신과 상반되는 것으로 다른 사람을 평가하려는 대조의 오류, 그리고 측정대상의 한 가지 속성에 강한 인상을 받아 그것으로 전체 속성을 평가하는 데 부당한 영향을 미치는 성향인 후광효과가 여기에 해당된다.

2) 비체계적 오류

비체계적 오류는 일정한 패턴을 가지지 않고 무작위적으로 발생하는 오류를 말하며, 무작위 오류라고 부르기도 한다. 비체계적 오류는 측정대상, 측정과정, 측정수단, 측정자 등에 의해 발생한다.

첫째, 측정자로 인한 오류는 조사원의 신체적·정신적 요인에 의해 발생 되는데, 조사 당일의 건강상태, 기분 이외에 개인의 관심사나 성향에 의해 발생할 수 있는 오류이다. 둘째, 측정 대상자로 인해 오류가 발생하기도 한다. 피조사자의 피로나 불안, 긴장과 같은 신체적·정신적 요인에 의해 발생한다. 셋째, 조사가 이루어지는 장소, 시간, 좌석배치, 조명, 이해관계자의 배석 등 측정 상황에 의해 오류가 발생하기도 한다. 마지막으로 측정도구로 인해 오류가 발생할 수 있는데, 측정도구가 모호하거나 이중적인 의미가 있을 경우, 또는 같은 측정도구가 반복적으로 사용되는 경우에 발생한다.

〈표 4-10〉 **측정 오류와 원인**

구분		오류 원인 (오류 유형)	설명
체계적 오류	인구사회학적 특성	선행효과	고학력일수록 응답문항 중 앞쪽의 선택지를 선택하는 경향
		후행효과	저학력일수록 응답문항 중 뒤쪽의 선택지를 선택하는 경향
	개인적 성향	관용의 오류	무조건 긍정적인 입장
		가혹의 오류	무조건 부정적인 입장
		중앙집중 경향의 오류	무조건 중립적인 입장
		대조의 오류	자기 자신과 상반되는 것으로 다른 사람을 평가하려는 오류
		후광효과	측정대상의 한 가지 속성에 강한 인상을 받아 그것으로 전체 속성을 평가하는 데 부당한 영향을 미치는 성향
비체계적 오류		측정자	건강, 사명감, 기분, 관심사 등과 같은 신체적, 정신적 요인
		측정대상자	긴장, 피로, 불안 등과 같은 신체적, 정신적 요인
		측정 상황	측정장소, 측정시간, 좌석배열, 소음, 조명, 부모참석 등
		측정 도구	측정도구에 대한 사전 교육이 충분하지 않을 때

3. 측정 오류의 축소 방안

측정 오류 중 체계적 오류에 비해 비체계적 오류가 더 쉽게 통제가 가능하다. 특히 비체계적 오류 중 측정자와 측정도구에 의한 오류는 측정대상자나 측정상황보다 통제하기 쉽다. 측정 오류의 축소 방안으로 두 가지를 살펴보면 다음과 같다.

첫째, 오류의 원인이 측정자인 경우 측정자의 측정방식이나 태도의 일관성을 갖도록 조사원교육을 강화하거나 조사 실습을 사전에 이루어지도록 하고 측정자 간 편차를 줄일 수 있도록 명확한 지침이 준비되어야 한다.

둘째, 측정도구는 측정도구의 모호성에서 발생하므로 조사대상자 수준이나 배경지식을 고려하여 개발되어야 하며, 중의적이거나 모호한 질문은 예비조사 등을 통해 걸러낼 수 있다.

제4절 신뢰도와 타당도

1. 신뢰도

신뢰도는 일관성 있게 측정되는 정도 또는 반복 측정하여도 같은 값이 재현되는 정도를 말한다. 어떤 사람의 실제 몸무게가 60kg인데, 어떤 사람의 몸무게를 4시간 간격으로 세 번 측정하였을 때, 9시 70kg, 13시 70kg, 17시 70kg으로 측정한 값이 모두 같은 70kg이었다면, 이 저울(척도)은 신뢰도가 매우 높다고 말할 수 있다. 즉, 신뢰도는 정확성과 관계없이(정확하든 부정확하든) '재현성'에 초점을 둔 개념이다. 만약 매번 차이가 나는 정도가 일정하다면 일정값을 보정(더하거나 빼기) 한다면 정확도를 높일 수 있다는 점에서 유용하다. 일상 용어인 신뢰와 어감에 차이가 있으므로 주의해야 한다.

1) 재검사법(검사-재검사법)

신뢰도는 재현성을 의미한다고 하였다. 만약 3월 시험에서 90점 맞았는데, 4월 시험에서도 90점 나왔다면 척도의 신뢰도가 높다고 할 수 있다. 이렇게 반복 검사하며 유사한 점수가 나온다면 척도의 신뢰도가 높다고 할 수 있다. 재검사법(test-retest method)은 같은 측정도구를 일정 시간 간격을 두고 재측정하여 신뢰도를 파악하는 방법이다. 반복적으로 측정한 점수 간의 상관이 높다면 척도의 신뢰도가 높다고 평가한다.

2) 복수양식법

같은 개념을 측정하는 다른 두 척도가 있는데, 서로 다른 두 척도의 점수가 특정 값이 나온다면 두 척도는 신뢰도가 높다고 말할 수 있다. 재검사법과 원리는 유사하지만 재검사법은 시간적 차이를 같은 척도로 이용하여 반복 측정하는 방법인 반면, 복수양식법(multiple forms techniques)은 같은 시기에 다른 두 척도 값을 비교하여 신뢰도를 평가한다는 점에서 차이가 있다. 두 척도 간 상관관계가 높다면 신뢰도가 높다고 평가한다. 복수양식법은 동형검사법(equivalent-form test)이라고도 한다.

복수양식법에 의한 신뢰도 측정이 이루어지려면 같은 개념을 측정하는 두 개의 척도가 필요하다. 그런데 신뢰도 측정 시간 간격이 짧으면 사전검사의 영향을 발생하며, 기간이 길면 다른 요인에 의해 신뢰도가 다르게 나올 수도 있게 된다. 복수양식법은 다른 항목으로 구성된 동형의 측정도구를 사용하므로 척도의 영향으로 인한 오염(사전검사효과)을 막을 수 있다. 그러나 제작이 쉽지 않고, 제작하더라도 결과값의 차이를 해석하기 어렵다.

3) 반분법

반분법(split-half method)은 하나의 척도를 두 부분으로 나누어서 두 점수의 상관관계를 통해 신뢰도를 분석하는 방법이다. 반분법은 조사가 끝나고 분석하는 시점에서 항목을 둘로 나누어 서로 비교하므로 내적 합치도 계수(coefficient of internal consistency) 또는 동등신뢰도 계수(coefficient of equivalence)라고 부르기도 한다.

반본법은 항목을 어떻게 나누는가에 따라 신뢰도 계수값이 다르게 나타나는 단점이 있다. 일반적으로 전체 길이의 절반을 나누는 계속적 반분법과 기수(홀수) 문항과 우수(짝수) 항목을 묶어서 비교하는 기우수 반분법이 사용된다.

4) 내적일관성 분석법(내적일관성 신뢰도법)

앞의 세 가지 신뢰도는 검사 점수 전체를 대상으로 하는 반면 내적일관성 분석법(internal consistency analysis)은 항목 간의 일관성을 평가하는 방법이다. 예를 들어, IQ검사에서 쉬운 문항에서 어려운 문항 순으로 배치한다면 비슷한 수준의 사람은 어느 수준 이상의 문항부터 답을 하지 못하는 문항이 유사하게 나타날 것이다. 이러한 성질을 이용하여 검사 내 문항 간의 합치도(consistency) 또는 동질성(homogeneity)의 정도를 지수화한 신뢰도이다.

내적일관성 분석법 중 반분법을 확장한 방법이 크론바하 알파(Cronbach's α) 계수이다. 크론바하 알파는 신뢰도 산출방법 중 가장 많이 활용된다. 또한, 이항 응답범주에도 적용될 수 있는 장점이 있다.

2. 타당도

타당도는 측정하려는 개념을 측정하는 정도를 말한다. 타당도는 정확성을 나타낸다.

1) 액면타당도

액면타당도(face validity)는 측정하고자 하는 개념과 측정도구 간의 관계성에 대해 안면타당도 또는 표면타당도라고도 한다.

액면타당도는 피검사자의 판단에 근거하는 타당도로 피검자가 측정하고자 하는 의도를 어느 정도 파악한 정도를 평가하는 타당도이다. 그러나 액면타당도가 너무 낮다는 것은 척도가 소기의 목적을 달성하기 어렵다는 것을 의미하지만 액면타당도가 너무 높다는 것은 피검사자가 척도의 의도를 파악하고 있다면 동기나 태도에 따라 반응하여 정확한 측정을 이루어지기 어려울 수 있다.

예를 들어, 입사에 관한 직무 적성을 검사하기 위한 직무적성검사의 각 문항의 의도를 피검자가 간파하고 있다면 입사를 희망하는 지원자들은 검사의 결과를 고려하여 응답하게 될 것이다. 이러한 이유로 액면타당도는 적절한 수준을 유지하는 것이 바람직하다.

2) 내용타당도

내용타당도(content validity)는 항목들이 측정하고자 하는 전체 내용을 잘 대표하는지를 판단하는 타당도이다. 조사는 측정하고자 하는 개념을 구체적인 문항으로 바꿔서 질문하게 되는데 이 문항들이 측정하고자 하는 개념의 전반적인 내용을 대표성 있는 항목으로 구성되었는지를 평가한다.

액면타당도가 피검사자에 의해 평가된다면 내용타당도는 측정하고자 하는 개념에 대한 지식과 경험이 많은 전문가가 의도한 속성과 구체적 문항과의 관계를 합리적 또는 논리적으로 따져보고 판단한다는 점에서 차이점이 있다.

3) 기준타당도

기준타당도(criterion validity)는 외부의 기준에 의해 평가하는 타당도이다. 기준타당도는 경험적 자료와 비교를 통해 타당도를 도출한다는 점에서 경험적 타당도(empirical validity)로 불리기도 하고 준거타당도라고 부르기도 한다. 또는 기준타당도는 비교 시점에 따라 동시타당도(concurrent validity)와 예측타당도(predictive validity)로 구분된다.

동시타당도는 검사와 함께 기준변수의 자료를 동시에 구하여 서로의 관계를 알아보는 타당도이다. 동시적 타당도라고도 한다. 예를 들어, 현재 혈당 검사는 채혈 방식으로 이루어지고 있는데, 새로운 검사 척도는 비채혈 방식으로 검사하는 방법이 개발되었고, 실제 혈당 검사와 상관관계가 높다면 새로운 비채혈 방식의 척도는 동시타당도가 높다고 할 수 있다.

예측타당도는 측정하고자 하는 바를 미래에 확인이 가능할 때 사용할 수 있는 타당도이다. 현재 측정한 결과 값이 높다면 미래의 특정한 행위나 결과의 달성도가 높을 때 예측타당도가 높아야 한다. 미래에 일어난 행위나 결과값과 비교하여 상관도가 높다면 척도의 타당도가 높다고 평가한다. 예를 들어, 수학능력시험은 대학생이 대학 수업을 잘 수행할 수 있는 정도(수학능력)를 평가하는 시험이다. 만약 수학능력시험이 제대로 만들어졌다면 수학능력시험 고득점자가 대학 수업을 잘 수행한다면(대학 성적도 높다면) 예측타당도가 높다고 말할 수 있다. 그런데, 측정도구를 만들 당시에 바로 확인이 어렵고 이 수학능력시험을 치른 고등학생이 대학생이 되어야 척도의 타당도를 확인할 수 있다. 즉, 척도의 타당성을 미래에 확인 가능하다는 측면에서 예측타당도라 부른다.

4) 구성타당도

구성타당도(construct validity)는 측정하고자 하는 이론적 구성개념을 반영하고 있는지에 대한 타당도 평가방법을 말한다. 구성타당도는 구인타당도, 구조적 타당도라고 부르기도 한다. 구성타당도는 기준타당도와 같이 조사 사후에 통계적 처리를 통해 확인이 가능하다. 그러나 기준타당도는 타당도 평가기준이 측정한 도구의 외부에서 찾아지는 것인데 반해 구성타당도는 측정도구 내부에서 찾아질 수 있고, 그 기준이 이론이라는 데 차이점이 있다.

구성타당도는 연령에 따른 점수 분포, 요인분석, 내적합치도 방법, 상관관계분석 등이 사용된다.

구성성타당도는 타당도 확인하는 기준에 따라 수렴타당도와 판별타당도로 나눌 수 있다. 수렴타당도는 이론적으로 관계가 있는 변수와는 높은 상관을 보여야 한다는 시각에서 접근하는 타당도이다. 반대로, 판별타당도는 이론적으로 관계가 없는 변수와는 상관이 없거나 낮아야 한다는 시각에서 접근한다.

〈표 4-11〉 **타당도의 종류와 검증방법**

구분		타당도 평가기준		검증방법
액면타당도		피검자		피검자에 의한 주관적 평가
내용타당도		전문가 판단		전문가에 의한 주관적 평가
기준 타당도	동시타당도	외부 (기준)	현재	현재 알 수 있는 외부 기준과의 상관
	예측타당도		미래	미래 알 수 있는 외부 기준과의 상관
구성 타당도	수렴타당도	이론 (개념)	유사성	유사개념과의 수렴적 상관 또는 요인구조
	판별타당도		이질성	이질개념과의 판별적 상관 또는 요인구조

3. 신뢰도와 타당도의 관계

타당도가 높다면 신뢰도도 높다. 그러나 신뢰도가 높다고 해서 반드시 타당도가 높은 것은 아니다. 정확성을 의미하는 타당도가 높으면 재현성도 높다. 다시 말해, 타당도가 높다는 말은 신뢰도도 높다는 것을 의미한다. 그러나 신뢰도가 높다고 하더라도 타당도가 높다는 보장은 없다. 이를 신뢰도는 타당도에 대한 필요조건이라고 말하기도 한다.

척도(측정도구)의 신뢰도와 타당도의 관계를 도식하면 그림 4-1과 같다. 신뢰도와 타당도는 정도의 개념이므로 타원형 안을 신뢰도가 높거나 타당도가 높은 영역으로 간주하자. 신뢰도의 특수한 예가 타당도라 볼 수 있다. 타당도가 있다면 신뢰도도 있다. 그러나 신뢰도가 있다고 하더라도 타당도가 낮은 영역이 있을 수 있다(음영부분).

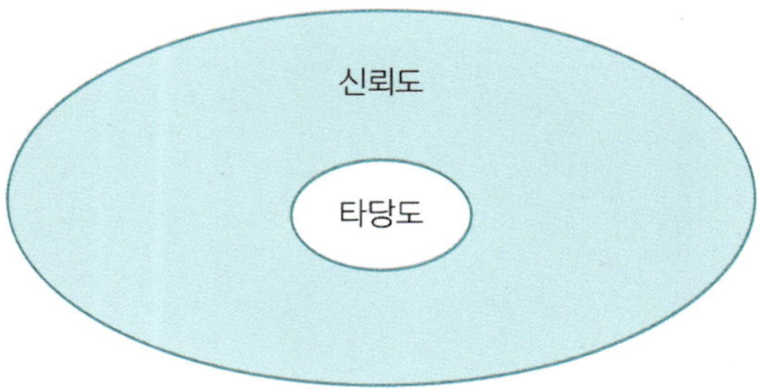

[그림 4-1] **신뢰도와 타당도의 관계**

요 약

- 측정이란 일정한 규칙에 따라 상징 기호를 부여하는 과정이나 행위를 말한다.
- 속성값이 범주들을 분류하는 의미 측정 수준은 속성값들 간의 관계나 특성에 따라 명목척도, 서열척도, 등간척도, 비율척도로 구분된다.
- 절대 0의 의미에 따라 비율척도와 등간척도로 구분된다.
- 척도는 단일 문항은 평정 척도, 개념 간 주관적 느낌을 묻는 의미차별 척도(서스톤 척도), 응답자의 반응 평점을 총화하는 총화척도(리커트 척도), 문항들을 서열로 재배치한 누적 척도(거트만 척도)와 집단 간 거리감을 측정하는 보가더스 척도로 구성할 수 있다.
- 측정 과정상에 발생하는 측정 오류는 변수에 일정하고 체계적으로 발생하는 체계적 오류와 무작위적으로 발생하는 비체계적 오류로 나눌 수 있다.
- 신뢰도는 반복 측정하여도 같은 값이 재현되는 정도(재현성)로 정의된다.
- 타당도는 측정하고자 하는 바를 측정하는 정도(정확성)로 정의된다.
- 신뢰도 측정방법은 재검사법, 복수양식법, 반분법, 내적일관성 분석법이 있다.
- 타당도는 평가기준에 따라 액면타당도, 내용타당도, 기준타당도, 구성타당도로 구분된다.
- 외부의 기준에 의해 평가되는 기준타당도는 비교 시점에 따라 현재인 경우 동시타당도, 미래인 경우 예측타당도로 나뉜다.
- 이론적 구성개념의 반영도를 평가하는 구성타당도는 유사성을 평가하는 수렴타당도와 이질성을 측정하는 판별타당도로 구분된다.
- 타당도가 높으면 신뢰도도 높으나, 신뢰도가 높다고 해서 타당도가 반드시 높은 것은 아니다.

핵심어 측정, 명목척도, 서열척도, 등간척도, 비율척도, 신뢰도, 타당도

연습문제

01 일정한 규칙에 따라 상징 기호를 부여하는 행위나 과정을 무엇이라고 하는가?

① 측정 ② 조사
③ 관찰 ④ 기록
⑤ 코딩

02 주요 개념에 대한 연결이 잘못 된 것은?

① 신뢰도: 반복 측정하여도 같은 값이 재현되는 정도(재현성)
② 타당도: 측정하고자 하는 바를 측정하는 정도(정확성)
③ 구성타당도: 이론적 구성개념을 반영도를 측정하는 타당도
④ 기준타당도: 외부의 기준에 의해 평가하는 타당도
⑤ 비체계적 오류: 작위적으로 발생하는 오류

03 다음은 무엇에 대한 설명인가?

> 조사자가 응답자의 의견이나 태도의 강도에 대한 다수의 항목에 대한 응답자의 반응들의 평점을 총화하여 척도값을 산출하는 척도이다. 간편하고 자료수집 비용이 저렴하여 활용도가 높다.

① 평정 척도 ② 서스톤 척도 ③ 리커트 척도
④ 거트만 척도 ⑤ 보가더스 척도

04 다음 중 신뢰도 측정 방법이 아닌 것은?

① 재검사법 ② 복수양식법
③ 반분법 ④ 반복추정법
⑤ 내적일관성법

05 타당도와 신뢰도에 대한 설명이 잘못된 것은?

① 타당도가 있으면 신뢰도가 있다.
② 신뢰도가 높다고 하더라도 타당도가 높은 것은 아니다.
③ 신뢰도는 타당도의 필요충분관계이다.
④ 타당도는 신뢰도에 대한 충분관계이다.
⑤ 신뢰도가 낮으면 타당도도 낮다.

06 다음 변수의 수준은?

Q. 귀하의 나이는?
① 18세 이하　　② 19세 이상

① 명목변수　　② 서열변수
③ 등간변수　　④ 비율변수
⑤ 절대변수

07 다음 변수의 수준은?

Q. 가구 월평균 소득은 얼마나 됩니까? ______원

① 명목변수　　② 서열변수
③ 등간변수　　④ 비율변수
⑤ 절대변수

08 다음 변수의 수준은?

Q. 귀하의 나이는?
① 10대　② 20대　③ 30대　④ 40대　⑤ 50대

① 명목변수　　② 서열변수
③ 등간변수　　④ 비율변수
⑤ 절대변수

09 측정도구의 신뢰도에 관한 설명으로 옳은 것은?

[사회복지사1급 제17회 32번]

① 일관성 또는 안정성으로 표현될 수 있는 개념이다.
② 측정도구가 의도하는 개념의 실질적 의미를 반영하는 정도와 관련이 있다.
③ 검사-재검사 신뢰도는 가장 널리 사용되는 신뢰도 유형이다.
④ 사회적 바람직성 편향은 신뢰도를 낮추는 주요 요인이다.
⑤ 특정 개념을 측정하는 문항수가 많을수록 신뢰도는 낮아진다.

10 다음에서 설명하는 타당도 유형은?

[사회복지사1급 제17회 40번]

최근에 개발된 불안척도를 사용하여 불안으로 치료 중인 집단과 일반인 집단의 불안수준을 측정하였다. 측정 결과 치료집단의 평균이 일반인 집단의 평균보다 통계적으로 유의미하게 높아 불안척도는 두 집단을 잘 구별하였다.

① 액면(face)타당도
② 내용(content)타당도
③ 기준(criterion)타당도
④ 이해(nomological)타당도
⑤ 수렴(convergent)타당도

11 측정 오류에 대한 설명이 틀린 것은?

① 측정할 때 발생하는 오류를 측정 오류라 한다.
② 측정 오류는 사례수가 많을수록 증가한다.
③ 비체계적 오류는 측정자, 대상자, 상황, 도구에 의해 발생한다.
④ 긍정적인 입장을 응답하는 비체계적 오류를 관용의 오류라 한다.
⑤ 저학력일수록 응답문항 중 뒤쪽의 선택지를 선택하는 경향이 있다.

Answer 정답

1. ① 2. ⑤ 3. ③ 4. ④ 5. ③ 6. ① 7. ④ 8. ③ 9. ① 10. ③
11. ④

CHAPTER 05

표본추출

표본추출이론의 핵심은 부분을 통해 전체를 알 수 있다는 점이다. 유권자 3천만 명 중 1,200명만 조사하여 대통령 선거에서 누가 당선될 수 있을지 예측할 수 있게 해 준다. 다만, 3천만 명 중에서 대표성 있게 1,200명을 뽑아야 정확한 예측이 가능하다. 이 장은 표본추출과 관련된 신용어가 다수 등장한다. 표본추출 용어를 숙지하고, 표본추출 유형을 이해하고, 표본추출하는 방법과 장단점을 이해하도록 한다.

▌학습목표▐

1. 표본추출 관련 용어를 이해한다.
2. 표본추출방법들을 숙지하고, 비교할 수 있다.
3. 표본추출할 수 있다.

제1절 표본추출의 개념

1. 표본추출 관련 주요 용어

표본추출 용어들은 표본추출 목적, 절차, 방법을 기술하기 위해 만들어졌다. 이 절은 표븐추출에 대해 설명하기에 앞서 자주 사용되는 표본추출 관련 용어를 정리하였다.

1) 요소와 표본틀

요소(element)는 정보를 수집하는 기본 단위를 말한다. 요소는 일반적으로 사람인 경우가 많지만 가구나 기관, 지역사회, 국가도 요소가 될 수 있다. 요소는 뒤에서 다룰 모집단이나 표본을 이루는 기본 단위가 되며, 표본틀의 항목과 일대일 대응관계에 있다. 모집단을 구성하는 모든 요소를 전대상(전수, universe)이라 한다.

확률표본추출은 모집단 명부에서 무작위로 뽑는 과정을 거치게 된다. 이때 모집단을 구성하는 요소들의 명부를 표본틀(sampling frame)이라고 한다. 표본틀은 보통 일련번호, 이름, 전화번호, 주소로 구성된다. 표본틀은 방문조사에 필요한 정보 목록이라고 말할 수 있다.

2) 표본추출단위와 관찰 단위

표본추출단위(sampling unit)는 표본을 뽑는 단위를, 관찰 단위(observation unit)는 조사가 이루어지는 단위를 말한다. 표본추출단위와 관찰 단위는 대체로 일치하지만 일치하지 않을 수 있다.

사업체를 조사할 경우, 표본추출단위는 사업체이지만, 조사 내용에 대한 응답은 전체적인 운영에 대해 파악하고 있는 사업체에 소속된 직원이 하게 된다. 이 경우 관찰 단위는 사업체 직원이다.

3) 모집단과 표본

모집단(population)은 조사대상이 되는 요소들의 집합을 말한다. 조사를 통해 알고자 하는 집단이 모집단이다. 모집단은 요소들의 합으로 구성된다. 표본(sample)은 연구대상 중 조사대상이 되는 일부 요소들로 구성된 부분집합을 말한다. 모집단을 알기 위해 모든 요소를 조사하지 않고 일부를 통해 전체를 파악하고자 하는 이유는 비용과 시간을 절약하는 데 있지만, 형광등의 수명 조사와 같이 모집단 전체를 조사하는 것이 불가능한 경우도 있다. 만약 형광등의 수명을 모두 조사하면 팔 수 있는 형광등이 없기 때문이다.

4) 전수조사와 표본조사

모집단을 구성하는 모든 요소를 추출하는 조사를 전수조사라 하고, 모집단을 구성하는 일부 요소만을 추출하는 경우를 표본조사라 한다. 대표적인 전수조사는 인구주택총조사가 있으며 국가행정통계는 전수조사를 기반으로 작성되는 경우가 많다.

일반적으로 표본조사는 비용 절감을 하면서 모집단을 추정하기 위해 시행된다. 소규모 모집단, 행정 보고, 또는 기본 조사들은 추정을 하지 않고 전수조사가 수행된다.

〈표 5-1〉 **전수조사 및 표본조사 대응 용어**

구분	전수 관련 용어	표본 관련 용어
조사명	전수조사	표본조사
조사대상	모집단	표본
통계량	모수(모평균, 모표준편차)	통계치(표본평균, 표본표준편차)

5) 모수와 통계치

모집단의 특성을 요약하여 기술한 수치를 모수(모수치, 모치수, parameter)라 하고, 표본의 특성을 요약하여 기술한 수치를 통계치(statistic)라 한다. 모수와 통계치는 평균과 표본편차가 자주 활용된다. 평균은 중심경향치를, 표본편차는 산포도 상태에 대한 정보를 제공한다. 모수와 통계치의 평균과 표준편차를 구분하기 위해 모수는 모평균(m)와 모표준편차(σ^2), 통계치는 표본평균($\overline{X}$)와 표본표준편차(s^2)로 구분하여 사용한다.

2. 표본추출의 개념

표본추출(sampling)은 모집단의 일부 요소를 뽑는 과정을 말한다. 표본추출은 표집이라고도 부른다. 표본추출은 일부 자료(표본)를 근거를 전체(모집단)를 추정하는 데 목적이 있다.

1) 표본추출이론

표본추출이론은 부분으로 전체를 파악할 수 있다고 주장한다. 모집단에서 일부 요소만을 추출하였는데 어떻게 전체를 알 수 있을까. 표본추출이론은 모집단에서 표본을 잘 추출하였다면, 표본의 평균과 모집단의 평균은 일치한다고 주장한다. 이는 중심극한정리(central limit theorem, CLT)로 설명된다. 표본추출을 무한정 반복하였을 때, 각각의 표본으로부터 계산된 통계치의 분포를 표본추출분포라 한다. 이 표본추출분포는 표본의 크기가 증가할수록 표본추출분포는 정규분포에 가까워진다(근사한다). 중심극한정리에 따르면 표본의 크기가 일정한 수 이상일 때, 표본추출분포의 표본평균이 모수평균과 일치하고 표본추출분포의 모양이 정규분포를 하게 되는데, 이를 통해 표본의 통계치를 통해 모수를 파악할 수 있게 된다.

2) 표본이 갖추어야 할 바람직한 특성

부분으로 전체를 파악하는 과정을 추정이라 한다. 추정이 제대로 이루어지기 위해서는 모집단을 잘 대표하는 요소들로 구성된 표본이 잘 구성되어야 한다. 대표성을 갖춘 표본이 구성되어야 한다.

이때 표본이 갖추어야 할 바람직한 특성이란 편향되지 않아야 하고, 표본추출분포의 표준오차가 작아야 한다.

3) 표본조사와 전수조사의 표본추출오차와 비표본추출오차

전수조사를 수행하면 모집단의 특성(모수)을 정확하게 파악할 수 있는데 표본조사와 같은 복잡한 방법을 사용하는 것일까? 가장 큰 이유는 비용문제와 관련이 있다. 또한 전수조사가 원천적으로 불가능하거나, 대규모 조사보다 표본조사가 더 유리한 면이 있다. 그리고, 표본조사가 전수조사에 비해 정확성이 증가한다. 다시 말해, 모집단의 규모가 클 경우 조사과정에서 발생하는 비표본추출오차는 표본추출과정에서 발생하는 표본추출오차보다 증가하여 표본의 크기가 일정규모 이상이 되면 표본조사가 전수조사보다 정확성이 높아질 수 있다.

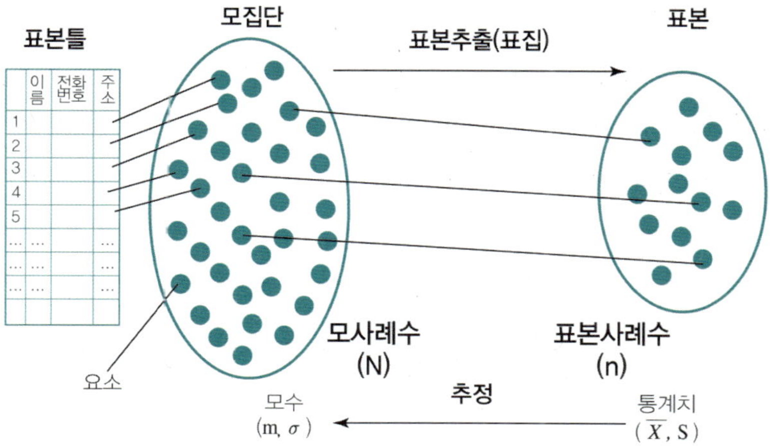

[그림 5-1] 모집단과 표본의 관계

표본추출오차란 표본을 추출하는 과정에서 발생하는 모집단과 표본추출간의 통계적 차이를 말한다. 표본추출오차가 적을수록 정확성 또는 대표성이 높다. 반면 비표본추출오차는 표본추출과 관계없이 나타나는 오차를 말한다.

〈표 5-2〉 전수조사에 비해 표본추출이 갖는 장단점

장 점	단 점
• 저렴한 조사비용 • 자세한 조사 • 신속한 조사 • 정확성 증가(일정규모 이상일 때)	• 대표성 있는 표본선정이 어려움 • 표본조사가 무의미(모집단이 소규모일 때) • 표본추출오차증가(복잡한 표본 설계일 때) • 표본틀 확보되어야 포본조사 가능

4) 확률표본추출과 비확률표본추출

표본추출은 표본이 추출될 확률의 동일성에 따라 확률표본추출과 비확률표본추출로 구분된다. 확률표본추출일 경우에만 표본을 통해 모수 추정이 가능하지만 확률표본추출이 항상 가능한 것은 아니며, 조사목적이나 조사대상에 따라 비확률표본추출이 더 적절한 방법일 수 있다.

표본추출의 목적은 모집단을 추정하는 데 있다. 부분으로 전체를 파악할 수 있다면 많은 시간과 비용을 절감할 수 있다. 부분으로 전체를 잘 파악하기 위해 대표성(representativeness) 있는 표본추출이 요구된다. 표본의 특성이 모집단의 특성과 비슷할수록, 통계치가 모수와 비슷할수록 대표성을 갖게 된다.

〈표 5-3〉 **확률표본추출과 비확률표본추출 비교**

구분	확률표본추출	비확률표본추출
표본추출확률	동일	비동일
대표성	높음	낮음
모수추정	가능	불가능
오차추정	가능	불가능
비용(시간 포함)	고비용	저비용
대표적 유형	단순무작위 표본추출, 체계적 표본추출, 층화표본추출, 군집표본추출	임의표본추출, 유의표본추출, 할당표본추출, 눈덩이표본추출

확률표본추출방법의 장점에도 불구하고 적용하기 어려운 경우가 있다. 첫째, 모집단을 규정하기 어려운 경우가 있을 수 있다. 불법이민자 대상 조사에서 불법이민자의 규모를 추정하는 경우를 예로 들 수 있다. 둘째, 모집단의 명부(표본틀)를 구할 수 없는 경우가 있다. 셋째, 표본틀을 확보하더라도 표본으로 선정된 요소로부터 자료수집이 어려운 경우가 있다. 출장, 이사, 유학이나 응답의 거부 이외에 전염성이 강한 환자 조사와 같이 접근성이 떨어지는 집단은 조사 자체가 어려울 수 있다.

이 경우 비확률표본추출방법을 사용하거나 정부 등 공신력 있는 기관이 대규모로 수행한 2차 자료를 활용하는 방법을 생각해 볼 수 있다.

3. 표본추출절차

일반적인 확률표본추출절차는 모집단 정의, 표본틀 확보, 표본추출방법 결정, 표본추출의 단계를 거치게 된다. 비확률표본추출은 표본틀이 존재하지 않으므로 표본틀 확보 단계가 생략된다. 세부적인 표본추출방법은 표본추출방법에 따라 차이가 있다. 세부적인 표본추출방법은 다음 절 해당 부분에서 다루었다.

제2절 표본추출의 유형

1. 확률표본추출 기본형

표본추출방법은 표본추출될 확률의 동일성에 따라 확률표본추출(probabilistic sampling)과 비확률표본추출(non probabilistic sampling)로 나눌 수 있다. 확률표본추출은 모집단의 모수 추정을 통해 일반화가 가능한 반면, 비확률표본추출은 확률표본추출에 비해 비용과 시간을 절감할 수 있으나 대표성을 확보하기 어려운 표본추출방법이다.

확률표본추출은 네 가지 기본형을 토대로 응용된다. 확률표본추출 기본형 네 가지는 표본을 추출하는 방법에 따라 단순무작위 표본추출(simple random sampling), 체계적 표본추출(systematic random sampling), 층화표본추출(stratified random sampling), 군집표본추출(cluster sampling)로 구분된다.

1) 단순무작위 표본추출

단순무작위 표본추출(simple random sampling)은 난수표(random number table)를 이용하여 무작위 추출하는 방법이다. 절차는 표본틀을 확보하고, 표본크기를 결정한 후, 난수표나 컴퓨터를 이용해서 표본을 선정한다. 과거에는 일정한 패턴이나 반복이 없는 난수로 구성된 표(난수표)를 이용하였으나 최근 엑셀이나 통계패키지 등에 난수표를 자동으로 발생시켜 주는 함수들이 내장되어 있어 쉽게 표본을 선정할 수 있다. 또한 확률표본추출 중 가장 기본적인 표본추출이다. 특히 표본틀 이외의 모집단에 대한 사전정보가 없는 경우 유용하다.

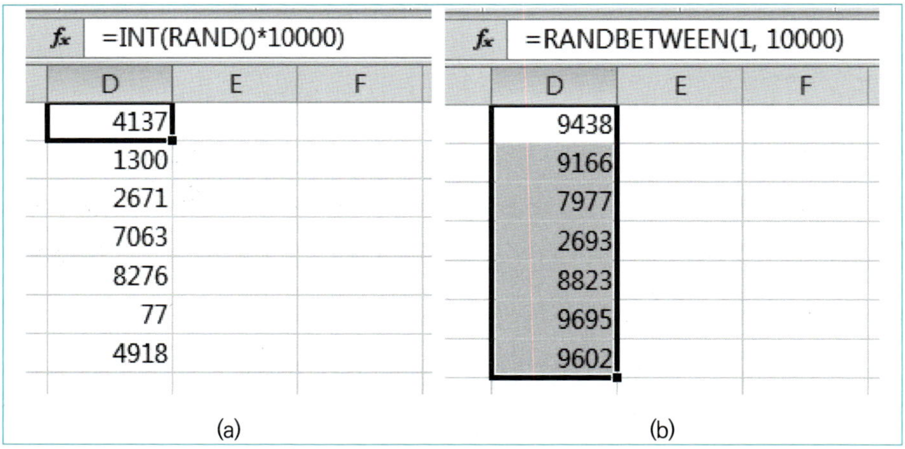

[그림 5-2] 난수 만드는 법

장점은 모집단에 대한 사전 정보가 필요하지 않고, 층화표본추출이나 군집표본추출에 비해 오차의 개입가능성이 낮다. 반면, 다른 확률표본추출방법에 비해 비용이 많이 들고, 규모가 큰 모집단은 표본틀 확보가 쉽지 않아 시행하기 어렵다.

2) 체계적 표본추출

체계적 표본추출(systematic random sampling)은 표본틀에서 일정한 간격으로 표본을 추출하는 표본추출방법이다. 표본틀의 크기에서 통상 추출해야 할 표본으로 나누어준 표본추출간격(sampling interval)으로 추출한다. 다만 맨 처음 사람은 난수표 등을 이용하여 선택한다.

예를 들어, 1,000명으로 구성된 선거인 명부가 있는데, 이 중 200명에서 정부정책에 대한 의견을 묻고자 할 때, 표본추출간격을 매번 50(=1,000/200)번째 되는 사람을 선택하는 방법이다.

이 방법의 장점은 단순무작위 표본추출보다 표본추출이 쉽고 모집단이 클 경우 효과적이며, 주기성이 있는 경우를 제외하고 일반적으로 대표성이 높다.

그러나 단점은 표본틀의 배열의 주기성(periodicity)이 존재하거나 특성이 균일하지 않을 때 표본의 대표성이 낮다. 또한 가구조사와 같이 조사단위를 고려해야 경우 조사단위가 무시될 수 있다.

3) 층화표본추출

층화표본추출(stratified random sampling)은 모집단을 몇 개의 하위집단(층)으로 나누고, 각 층에서 표본을 무작위를 뽑아 추출하는 방법이다. 층화표본추출은 전국조사에서 자주 활용된다. 여론조사와 같이 지역적 특성을 반영하기 위해 시·도별로 인구수에 비례해서 목표표본을 설정하고 추출하는 방식으로 진행된다.

절차는 모집단을 하위집단으로 나누고, 표본의 크기를 결정한 후, 하위집단별로 무작위표본추출을 한다.

층화표본추출의 장점은 중요한 집단을 누락시키지 않고 표본에 포함시킬 수 있다. 또한 층의 특수성을 비교가 가능하기 때문에 하위집단별 특성은 파악하기 쉽다.

단점은 층화를 위해 모집단에 대한 지식과 표본틀이 없을 때 활용하기 어렵다.

층화표본추출은 층별 할당되는 표본크기의 특성에 따라 비례층화표본추출, 비비례층화표본추출, 최적분할 비비례층화표본추출로 구분된다. 비례층화표본추출은 하위집단의 표본크기를 모집단의 표본크기(예: 인구수)에 비례해서 배분하는 층화표본추출방법이다. 비비례층화표본추출은 관심의 초점이 되는 집단에 더 많은 표본크기를 배분하는 층화표본추출방법이다. 예를 들어, 지역복지계획을 수립을 위한 욕구조사를 할 때 저소득층이나 장애인 인구를 다른 유형(아동이나 노인) 인구보다 많이 추출하고자 할 때 사용된다. 최적분할 비비례층화표본추출은 비비례층화표본추출의 특수한 예로써, 동질적인 층은 표본크기를 작게 하고, 이질적인 층은 표본크기를 크게 설정하는 층화표본추출방법이다.

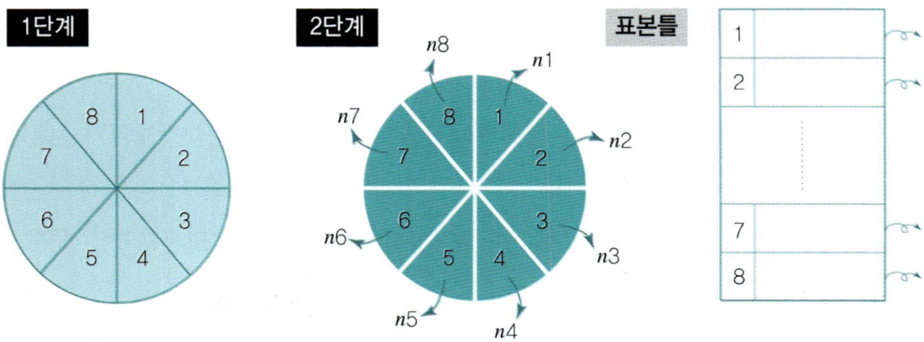

[그림 5-3] 층화표본추출절차

4) 군집표본추출

군집표본추출(cluster sampling)은 모집단을 몇 개의 하위집단(군집)으로 나누고, 먼저 일부의 군집만을 선택하여 해당 군집 내에서 단순무작위 표본추출이나 체계적 표본추출 또는 전수조사하는 방법이다. 집락표본추출이라고 부르기도 한다. 조사단위가 학교와 같이 집단일 경우 한 반의 학생으로부터 조사가 이루어지는 경우 두 개 반의 학생 절반씩 조사하는 것보다 한 개 반 전체 학생을 조사하는 것이 비용이 저렴하고 조사 수행이 쉽다.

군집표본추출의 절차는 모집단을 하위집단으로 분할, 표본추출 하위집단 결정, 선정된 하위집단에서 요소를 전수조사 또는 단순무작위, 체계적 확률표본추출을 한다.

장점은 비용절감효과가 크게 나타나고, 표본틀을 확보하기 어렵거나 일부 표본틀을 확보할 수 없을 때 이용이 가능하다.

단점은 각 군집의 이질성을 확보하기 위한 분류의 기준 설정이 쉽지 않아 다른 확률표본추출방법보다 표본오차가 커지기 쉽다.

군집표본추출은 추출의 횟수에 따라 하위집단을 한 번 추출하는 1단계 군집표본추출과 두 번 이상 추출하는 다단계 군집표본추출, 그리고, 층화표본추출과 혼합된 층화군집표본추출이 있다.

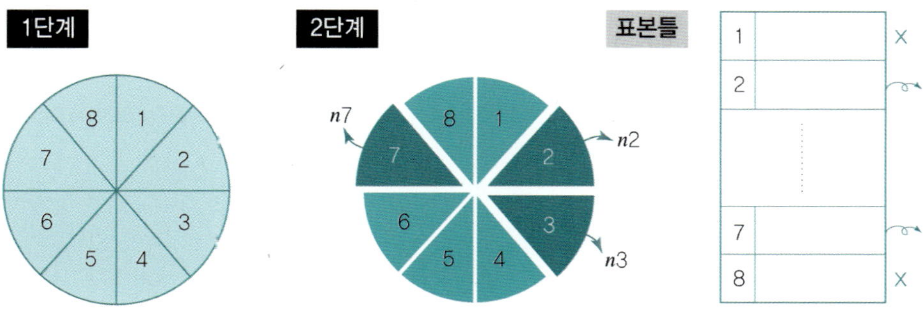

[그림 5-4] 군집표본추출절차

5) 층화표본추출과 군집표본추출 비교

층화표본추출과 군집표본추출은 모집단을 하위집단으로 구분하고, 모집단 정보를 활용하여 표본추출이 이루어진다는 점에서 유사하다. 층화표본추출의 하위집단을 층, 군집표본추출의 하위집단을 군집이라는 용어로 구분하여 사용한다.

몇 가지 측면에서 층화표본추출과 군집표본추출은 차이점이 있다.

첫째, 활용목적의 차이가 있다. 층화표본추출은 군집표본추출에 비해 대표성을 갖도록 모집단에 대한 사전 정보를 활용하여 하위집단에 속한 요소가 골고루 선정될 수 있도록 설계한다. 반면 군집표본추출은 시간을 포함한 비용절감을 위해 사전 정보를 활용하여 추출될 요소가 근거리에 위치하도록 설계한다.

둘째, 추출대상에서 차이가 있다. 층화표본추출은 하위집단을 모두 이용하고 각 하위집단에 속한 요소를 추출하는데 반해, 군집표본추출은 모집단을 하위집단을 나누고 하위집단 중 일부를 추출한다.

셋째, 층화표본추출은 하위집단(층)들이 이질적인 집단에 적합한 반면, 군집표본추출은 하위집단(군집)이 동질적인 경우에 적합하다. 다만, 층화표본추출은 층이 이질적이더라도 층을 구성하는 요소들은 동질적이어야 이상적인 표본추출이 가능하다. 반면, 군집표본추출을 통해 선정된 군집 간에 동질적이더라도 한 군집 내 요소들은 이질적이어야 적합한 표본추출이 된다.

〈표 5-4〉 층화표본추출과 군집표본추출의 차이점

구분	층화표본추출	군집표본추출
적합한 표본추출목적	표본추출오차 축소	비용(시간 포함) 절감
표본선정 대상	모든 하위집단에서 표본선정	추출된 집단에서만 표본선정
하위집단 명칭	층	군집
이상적 하위집단 구성	집단 간 이질, 집단 내 동질	집단 간 동질, 집단 내 이질

2. 비확률표본추출

비확률표본추출은 모집단의 요소가 뽑힐 확률이 동일하지 않는 표본추출방법들을 통칭한다. 표본추출절차에 따라 조사목적이나 추출할 자료의 획득가능성을 고려하여 다양한 형태의 비확률표본추출방법들이 개발되어 있다. 이 중 대표적인 비확률표본추출방법은 임의표본추출, 유의표본추출, 할당표본추출, 눈덩이표본추출 등이 있다.

1) 임의표본추출

임의표본추출(convenience sampling)은 응답 가능한 표본추출을 대상으로 조사자 임의적으로(자기 마음대로) 이루어지는 표본추출방법이다. 편의표본추출이라고도 부른다. 사전 정보가 없는 탐색적 연구에 자주 활용될 수 있다.

이 표본추출방법은 표본추출방법 중에서 가장 비용이 적게 소요되며, 모집단에 대한 사전 정보가 없는 경우에 특히 유용하다. 반면 일반화가 어렵기 때문에 모집단의 특성을 왜곡할 수 있어 해석에 유의해야 한다.

2) 유의표본추출

유의표본추출(judgement sampling)은 조사자의 경험과 지식을 바탕으로 대표성이 높은 요소를 표본으로 선정하는 방법이다. 연구목적 달성에 도움이 될 수 있는 구성요소를 의도적으로 표출한다. 연구자가 모집단 및 구성요소에 대한 풍부한 사전지식이 있을 때 유용하다. 조사자는 모집단을 잘 대표할 것으로 예상되거나 특정 정보가 있을 것으로 판단을 고려하여 대상 집단을 설정하여 추출하는 표본추출방법이다.

유의표본추출은 판단표본추출, 의도적 표본추출 등으로도 불리며 예비조사에 활용도가 높다.

장점은 비용이 적게 들고, 조사자의 사전지식에 의존하여 조사 모집단을 전형적으로 대표하는 사례를 표본으로 선정할 수 있어 비용 효율적이다. 반면, 모집단에 대한 충분한 지식이 없다면 활용하기 어려운 표본추출방법이다.

3) 할당표본추출

할당표본추출(quota sampling)은 모집단의 특성에 따라 몇 개의 하위집단으로 구분하여 표본의 수를 할당하는 표본추출방법이다. 표본이 모집단의 특성을 잘 대표할 수 있도록 모집단의 특성을 잘 반영하는 하위집단별로 표본 수를 배정하며, 최종적인 요소 선정은 표본설계자가 하지 않고 현지조사원이 주도적으로 선정하는 것이 특징이다.

할당표본추출은 모집단을 일정한 기준에 따라 분류한다는 측면에서 층화표본추출과 유사하지만, 할당표본추출은 표본추출이 작위적으로 이루어지는 반면 층화표본추출은 무작위적으로 이루어진다는 차이가 있다.

절차는 모집단 특성을 대표하는 범주를 설정한다. 이에 따라 사례수를 결정하여 할당표를 작성하고, 현지조사원은 할당된 수에 따라 할당표에 따라 작위적으로 선정하여 조사한다.

이 표본추출방법의 장점은 비용이 적게 들고, 비확률표본추출방법 중에서 상대적으로 대표성을 높일 수 있으나, 표본이 모집단에 대해 대표한다고 보기 어렵다.

단점은 모집단 분류에 분류자의 편견이 개입되기 쉽고 현지조사원에 의한 작위적 할당으로 오차가 증가하기 쉽다는 점이다.

4) 눈덩이표본추출

눈덩이표본추출(snowball sampling)은 임의로 선정한 제한된 표본에서 해당되는 사람을 추천받아 다른 표본을 선정하는 과정을 되풀이하는 표본추출방법이다. 누적표본추출 또는 누증표본추출이라고 부르기도 한다. 사회적인 공개를 꺼리거나 비공식적인 조직원들을 조사할 때 활용될 수 있는 표본추출방법이다. 예를 들어, 동성애자 문화를 조사하고자 할 때 동성애자 집단 사이에 상대방이 누구인지 추천받아 조사대상을 확대시켜 나갈 수 있다. 특수한 분야의 전문가 의견조사에 활용된다.

장점은 폐쇄성이 높은 집단을 조사할 때 적용할 수 있다는 것이다.

단점은 대표성에 문제가 있으며 계량화하기에 어렵고 일반적인 조사에 적용하는 것은 비효율적이다.

제3절 표본의 크기와 오차의 종류

1. 표본의 크기

표본의 크기는 사례수를 말한다. 장애인 300명을 대상으로 설문조사하였다면 표본의 크기는 300이다. 일반적으로 표본의 크기가 클수록 모집단에 대한 대표성이 높아지고 함께 조사비용(시간 포함)도 증가한다. 비용을 최소화하면서 대표성을 갖는 최소한의 표본의 크기가 어느 정도 되는지가 주된 관심사이다.

표본의 크기는 대표성과 비용이 가장 중요하게 고려되는 요소이지만 이 외에 몇 가지 요소를 동시에 고려해야 한다.

첫째, [조사목적] 정확한 모수추정이 정확성을 요구할수록 표본이 커야 하며, 때로는 전수조사하는 것이 적절한 경우도 있다.

둘째, [모집단 크기] 모집단 규모가 크다면 더 많은 표본을 요구하지만 비례적으로 커야 하는 것은 아니다.

셋째, [모집단 동질성] 모집단 요소들이 이질적일수록 표본이 커야 한다.

넷째, [분석방법] 사용하고자 하는 분석기법이 요구하는 최소사례 조건을 충족해야 한다.

다섯째, [응답범주] 한 문항의 응답범주 수가 많을수록 표본이 커야 한다.

표본의 크기를 결정하는 방법은 신뢰구간 접근법과 가설검증 접근법 등이 있다(채서일, 2013).

신뢰구간 접근법은 허용오차 d, 신뢰도 계수 Z, 모집단의 표본오차 σ을 이용하여 표본의 크기 n을 결정한다. 허용오차는 모평균과 표본평균 간의 차이를 나타내며, 신뢰도 계수 Z는 신뢰도 수준이 80%일 때 1.28, 95%일 때 1.96, 99%일 때 2.58을 적용한다. 표본오차를 알 수 없을 때는 최대값과 최소값의 차이를 6으로 나눠서 계산한다.

$$n = \frac{Z^2}{d^2} \cdot \sigma^2$$

가설검증 접근법은 제1종오류(α오류) Z_α와 제2종오류(β오류) Z_β, 표본오차를 이용하여 표본의 크기 n을 계산할 수 있다.

$$n = \frac{(Z_\alpha + Z_\beta)^2 \sigma^2}{(\mu_1 - \mu_0)^2}$$

2. 오차의 종류

오차의 발생 원인에 따라 표본추출오차와 비표본추출오차로 구분된다. 표본추출오차는 체계적 오차와 비체계적 오차로 나눌 수 있다. 이 중 체계적 오차와 비체계적 오차는 앞 장에서 다루었으므로 표본추출오차와 비표본추출오차를 중심으로 설명하였다.

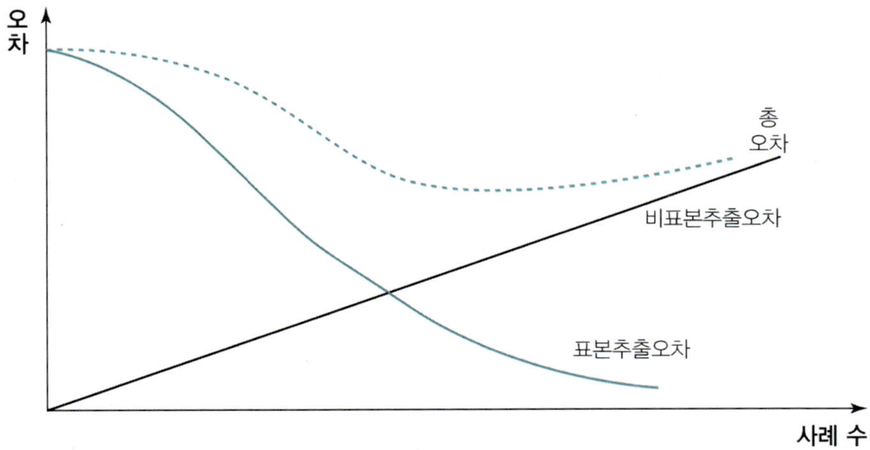

[그림 5-5] **표본추출오차와 비표본추출오차의 관계**

표본추출오차(sampling error)는 표본추출 과정에서 발생하는 오차를 말한다. 표본오차는 대표성이 낮은 요소가 추출되었을 때 발생한다. 반면, 비표본추출오차(non-sampling error)는 표본추출 이외의 과정에서 발생하는 오차로, 총오차에서 표본추출오차를 제외한 오차이다. 비표본추출오차는 자료수집, 자료 편집, 부호화 과정에서 오류가 발생한다.

표본추출오차와 비표본추출오차는 반비례하는 경향이 있다. 표본추출오차는 표본의 크기에 비례해서 증가하고, 비표본추출오차는 사례수에 반비례하는데, 표본추출오차와 비표본추출오차를 합한 총오차는 중간이 잘록한 형태를 갖는다. 총오차를 최소화되는 지점이 적정 사례수라 할 수 있다.

요 약

- 표본추출의 목적은 모집단 추정에 있다.
- 요소가 추출될 확률이 동일한 표본추출방법을 확률표본추출이라 하고, 동일하지 않으면 비확률표본추출이라고 한다.
- 확률표본추출은 단순무작위 표본추출, 체계적 표본추출, 층화표본추출, 군집표본추출이 있다.
- 단순무작위 확률표븐추출은 난수표나 컴퓨터의 난수를 이용하여 추출하는 방식으로 가장 간단하지만 수행에 있어 비용이 많이 든다.
- 체계적 확률표본추출은 일정한 확률표본추출간격에 따라 표본추출하는 방법이지만 모집단이 주기성을 갖는 경우 대표성이 현저하게 떨어질 수 있다.
- 층화표본추출은 하위집단으로 나누고 각 하위집단에서 일정한 비율로 표본을 추출하는 표본추출방법이다. 모집단에 대한 사전 정보를 이용하여 대표성을 높이려고 할 때 이용된다.
- 군집표본추출은 하위집단으로 나누고, 하위집단 중 일부를 선택하여 선정된 하위집단에서 일부 또는 전부의 요소를 추출하는 표본추출방법으로 비용 절감에 주안점을 둘 때 이용된다.
- 층화표본추출은 하위집단 간 이질적이고 집단 내 동질성이 확보될 때 표본추출오차가 줄어들지만, 군집표본추출은 하위집단 간 동질적이고 집단 내 이질적일 때 표본추출오차가 줄어든다.
- 비확률표본추출은 임의표본추출, 유의표본추출, 할당표본추출, 눈덩이표본추출 등이 있다.
- 임의표본추출은 조사자가 마음가는 대로 조사하는 비확률표본추출을 지칭하며, 무작위표본추출은 인위적인 가공을 하지 않는 표본추출인 확률표본추출을 의미한다.
- 유의표본추출은 조사자가 사전 지식을 활용하여 적절한 표본을 선정한다.
- 할당표본추출은 모집단에 대한 정보에 따라 하위집단별로 구획하고 목표 표본이 수집될 때까지 표본추출하는 것이 특징이다.
- 눈덩이표본추출은 폐쇄적 집단 성원의 소개로 표본추출을 확대해 가는 방법이다.

핵심어 확률표본추출, 비확률표본추출, 층화표본추출, 군집표본추출, 할당표본추출, 눈덩이됴본추출

연습문제

01 표본추출 관련 용어에 대한 설명이 잘못된 것은?

① 표본틀: 조사대상이 되는 모집단 목록
② 요소: 조사가 이루어지는 기본 단위
③ 모수: 모집단을 특성을 나타내는 수치
④ 통계치: 표본의 특성을 나타내는 수치
⑤ 표본오차: 표본추출 과정에서 발생하는 오차

02 확률표본추출방법이 아닌 것은?

① 단순무작위 표본추출 ② 할당표본추출 ③ 층화표본추출
④ 군집표본추출 ⑤ 체계적 표본추출

03 어떤 표본추출방법에 대한 설명인가?

> 표본추출하고자 하는 집단을 하위집단으로 나눈 후 각 하위집단 중 일부를 선정하고, 선정된 하위집단에서 전수 또는 단순무작위표본추출방법을 이용하여 추출하면 표집오차가 증가할 수 있는 위험에 비해 조사 비용을 절감할 수 있는 장점을 가진 표본추출방법이다.

① 단순무작위 표본추출 ② 할당표본추출 ③ 층화표본추출
④ 군집표본추출 ⑤ 체계적 표본추출

04 표본조사가 전수조사에 비해 갖는 장점이 아닌 것은?

① 조사 비용을 절감할 수 있다.
② 조사 시간을 단축할 수 있다.
③ 총오차가 줄일 수 있다.
④ 표본추출오차를 축소시킬 수 있다.
⑤ 비표본추출오차도 줄일 수 있다.

05 동성연애집단과 같이 집단 내 교류는 있으나 폐쇄적인 집단을 조사하는 방법으로 가장 적합한 방법은?

① 임의표본추출
② 유의표본추출
③ 할당표본추출
④ 눈덩이표본추출
⑤ 군집표본추출

06 표본추출과정이 올바르게 나열한 것은? [사회복지사1급 제17회 49번]

ㄱ. 모집단 확정
ㄴ. 표본크기 결정
ㄷ. 표본추출
ㄹ. 표본추출방법 결정
ㅁ. 표본추출틀 선정

① ㄱ→ㄹ→ㅁ→ㄷ→ㄴ
② ㄱ→ㅁ→ㄹ→ㄴ→ㄷ
③ ㄴ→ㅁ→ㄱ→ㄹ→ㄷ
④ ㄹ→ㄱ→ㅁ→ㄷ→ㄴ
⑤ ㅁ→ㄱ→ㄹ→ㄴ→ㄷ

07 할당표본추출에 관한 설명으로 옳지 않은 것은? [사회복지사1급 제17회 44번]

① 연구자는 모집단에 대한 사전지식을 가지고 있어야 한다.
② 연구자의 편향적 선정이 이루어질 수 있다.
③ 모집단의 구성요소들이 표본으로 선정될 확률이 동일하지 않다.
④ 표본추출 시 할당틀을 만들어 사용한다.
⑤ 전체 모집단에서 직접 표본을 추출한다.

08 표본의 대표성에 관한 설명으로 옳지 않은 것은? [사회복지사1급 제17회 45번]

① 무작위로 추출된 표본의 크기는 표본의 대표성과 관계가 있다.
② 층화표본추출은 단순무작위 표본추출보다 대표성이 높은 표본을 추출하는 방법으로 알려져 있다.
③ 표본의 대표성은 표본의 질을 판단하는 주요 기준이다.
④ 동일확률선정법으로 추출된 표본은 모집단을 완벽하게 대표한다.
⑤ 모집단의 동질성은 표본의 대표성과 관계가 있다.

09 층화표본추출과 군집표본추출의 차이점에 대한 설명으로 옳지 않은 것은?

① 층화표본추출은 비용 절감이 목적인 반면, 군집표본추출은 표본추출오차 축소가 목적이다.

② 층화표본추출은 하위집단을 층, 군집표본추출은 군집 또는 군이라 부른다.

③ 층화표본추출은 모든 층에서, 군집표본추출은 일부 층에서 표본을 선정한다.

④ 군집표본추출의 군집이 집단 간 동일적, 집단 대 이질적으로 구성되면 이상적이다.

⑤ 전국과 시도별 아동학대현황을 발표할 때 군집표본추출보다 층화표본추출이 적절하다.

10 표본 크기를 결정하는 직접적인 요인과 관련성이 낮은 것은?

① 조사목적

② 조사대상

③ 모집단 동질성

④ 분석방법

⑤ 응답범주

Answer 정답

1. ② 2. ② 3. ④ 4. ⑤ 5. ④ 6. ② 7. ⑤ 8. ④ 9. ① 10. ②

CHAPTER

06

자료수집

사회복지사가 실천현장에서 사회조사를 수행함에 있어 분석의 대상이 되는 자료의 수집과정은 조사결과의 이해와 적용에 결정적인 영향을 미친다는 점에서 매우 중요하다. 이 장에서는 사회조사에서 활용되는 다양한 자료수집방법에 대해 학습한다.

▌학습목표▐

1. 자료의 특성과 유형을 이해한다.
2. 자료수집방법의 내용과 특성을 이해한다.
3. 자료의 처리과정을 이해한다.

제 1 절 자료와 자료수집

연구는 조사를 통해 수집된 자료에 기반하여 결과를 도출한다. 즉 연구의 결과는 자료수집 단계에서 그 성패가 좌우된다고 할 수 있다.

자료(data)란 연구나 가설 검증의 과정에서 활용되는 일체의 정보를 의미한다(김병섭, 2008). 자료는 일반적으로 연구방법에 따라 양적 자료와 질적 자료로 구분되며 자료의 생산 주체의 성격에 따라 1차 자료와 2차 자료로 구분된다.

1. 자료의 구분

1) 양적 자료와 질적 자료

사회과학에서 연구방법은 사회현상에 대한 시각과 견해에 따라 양적 연구와 질적 연구로 대별된다. 자료는 이 같은 연구방법의 구분에 따라 양적 자료와 질적 자료로 나뉜다.

양적 연구(quantitative research)는 자연과학의 연구논리와 기법에 기반하여 사회현상의 원인을 설명하고자 하는 연구방법이다. 여기에서 연구자는 연구대상과 구별되어 존재하며 연구대상에게 영향을 미치지 않고 연구를 진행할 수 있다고 가정한다. 또한 실존하는 객관적인 사실에 대해 표준적이고 과학적인 절차를 사용하고 이 과정에서 연구자의 가치나 이해를 배제함으로써 객관적인 사실로서의 사회현상을 설명하고 일반화하는 것을 목표로 하는 것이 양적 연구의 특징이다. 일반적으로는 계량적이고 집합적인 자료를 통계적으로 분석하여 자료가 가진 의미의 파악을 시도(최성재, 2005)하며, 이에 따라 연구자에 의해 관찰되는 현상은 주로 수(number)와 확률로 계량되어 재해석되는 과정을 거치게 된다.

양적 연구는 효율성, 정확성, 계산가능성 등의 면에서 상대적으로 우수하며 충분한 경험적 관찰과 논리적 추론을 통해 이론을 구축·재확인하고 이를 기반으로 현상을 예측하는 데 있어 그 유용성이 매우 크다고 할 수 있다. 그러나 사회과학 영역에서의 양적 연구는 연구의 대상이 되는 개인의 주관적 상태에 관심을 두지 않음에 따라 현상의 맥락과 본질 및 개인의 개별성을 확인하는 데 일정한 한계를 가진다(강철희·김미옥, 2003). 또한 선행연구가 충분하지 않을 경우 접근이 상대적으로 어려우며 개념을 연구자가 조작적 정의하여 계량하는 연구의 특성상 계량화의 과정에서 문제가 발생될 수 있다.

양적 연구에 기반하여 생산된 자료인 양적 자료는 추상적인 개념을 직접적인 관찰이 가능하도록 하는 조작적 정의 과정을 통해 숫자 등의 수치로 표현되는 경우가 일반적이다.

반면 질적 연구(qualitative research)는 양적 연구가 기반하는 자연과학적 지식체계를 비판한다. 이에 따르면 연구대상은 객관적으로 존재하지 않고 주관적으로 구성된다. 이에 따라 단일한 사실로서의 사회현상은 존재하지 않으며 주관적으로 구성되는 다양한 현실이 공존한다고 이해된다. 질적 연구는 연구대상과 분리되어 영향을 주고받지 않는다는 양적 연구의 가정이 받아들여지지 않으며 이러한 시각에서 사회현상은 그 자체로서 이해되기보다는 그것을 받아들이는 행위자의 가치관 혹은 준거틀에 의해 부여되는 의미로서 이해된다. 연구자는 연구대상과의 상호작용을 통해 깊이 있는 내부적 시각을 갖게 되며 이를 통해 충분한 맥락이나 상황에 대한 깊은 이해를 얻게 된다.

질적 연구의 유용성에 대해 파제트(Padgett, 2008)는 ① 알려지지 않은 주제에 대한 탐색적 접근, ② 민감하고 깊이 있는 주제에 대한 연구, ③ '살아있는 경험'에 대한 확인과 이를 통한 삶에서의 의미 도출, ④ 프로그램과 개입의 인과적 측면이 아닌 그 내면에 대한 이해, ⑤ 양적 연구에서 자료의 분석결과 설명이 한계에 접한 경우 등에서 매우 유용하다고 말하고 있다. 그러나 질적 연구는 연구자의 주관적 가치가 연구를 왜곡시킬 가능성이 상존하며 일반적으로 객관적인 법칙 혹은 이론의 도출 또는 일반화에 있어 유용하지 않다는 한계를 가진다.

계량적 개념으로 표현되는 양적 자료와 달리 질적 자료는 제한적으로 수치로 표현되기도 하지만 질적 연구의 성격에 따라 주로 언어, 행위 또는 상징 등으로 표현된다.

〈표 6-1〉 **양적 연구와 질적 연구의 비교**

	양적 연구	질적 연구
철학	실증주의	해석주의
목적	이론의 검증, 일반화	이론의 개발, 맥락화
관점	외부적	내부적
강조점	반복 가능성(신뢰성)	깊은 이해(타당성)
연구자	연구대상과 분리된 객관적 존재	연구대상과 상호작용하는 가치지향적 존재

2) 1차 자료와 2차 자료

자료는 생산주체의 성격에 따라 1차 자료와 2차 자료로 나뉜다.

연구자가 설문지나 면접, 관찰 등의 방법을 통해 직접 수집하여 취합한 자료를 1차 자료라고 한다. 1차 자료는 연구자가 자신이 수행하고 있는 연구를 고려하여 가장 적합한 형태의 자료를 취합한 것으로 조사목적에 적합하고 정확성이 높다. 다만 독자적인 자료수집과정을 거쳐야 하며 이 때문에 상대적으로 많은 시간과 비용이 소요된다. 또한 특정 연구에 최적화된 자료이기 때문에 이외의 유사한 연구 등에 활용하기 어려운 특징을 가진다.

연구자가 외부 체계(일반적으로 다른 연구자, 조직, 기관)에서 이미 만들어진 자료를 활용하는 경우 이를 2차 자료라 한다. 2차 자료는 공공기관이나 회사 등에서 상대적으로 오랜 기간 동안 많은 사례에 대해 자료를 축적하여 만들어지며, 이 때문에 자료가 매우 방대한 것이 일반적이다. 2차 자료는 이미 구축된 자료를 연구자가 활용하기 때문에 자료수집에 소요되는 시간이나 비용이 상대적으로 저렴하거나 없다. 또한 일반적으로 과학적인 표본추출기준에 따라 자료를 수집하므로 표본추출과정에서의 오류 발생 확률이 적다. 뿐만 아니라 자료의 수집이 대규모로 이루어지는 것이 대부분이라 연구의 일반화에 유리하다는 장점이 있다. 특히 국가 등과 같이 표본추출범위가 매우 커서 자료 확보가 거의 불가능한 경우에 2차 자료는 매우 유용하다고 할 수 있다. 그러나 2차 자료는 연구자가 수집과정에 직접 개입하지 못하여 연구의 목적이나 정의, 분석단위 등에서의 불일치가 발생할 수 있다는 점에서 활용상의 한계가 분명하다.

〈표 6-2〉 1차 자료와 2차 자료의 비교

구분	1차 자료	2차 자료
목적	연구문제해결	공공의 목적을 위한 자료 축적
연구자의 개입 · 통제	가능	불가능
소요비용	많음	적음
소요시간	길다	짧거나 없다

제2절 자료수집방법

연구에 있어 자료수집은 매우 핵심적 과정이다. 이것은 연구의 주된 내용을 생산할 수 있는 원천으로서의 자료가 가진 중요성 때문이기도 하지만 자료수집의 과정이 상당한 수준의 시간, 비용과 노력의 집중을 필요로 하는 특성상 수집된 자료에 문제가 발견될 경우 이를 되돌리기 쉽지 않다는 물리적 한계 때문이기도 하다. 연구자는 자료수집의 단계를 진행하기 전에 충분한 준비와 이론적 검토를 선행하여 자료수집과정에서 나타날 수 있는 오류를 최소화할 필요가 있다.

연구자가 직접 자료를 생산 혹은 수집하는 1차 자료의 경우 자료수집의 방법은 연구대상과의 직접적인 의사소통 여부에 따라 크게 의사소통법과 관찰로 분류된다. 이 중 관찰은 제9장에서 자세히 보기로 하고 이 장은 의사소통을 통한 자료수집의 방법인 설문조사와 면접에 대해 확인한다.

1. 설문조사

설문조사는 서베이(Survey) 연구라고도 불리며 질문지를 이용하여 응답자의 정보를 획득하는 자료수집방법으로 사회과학 영역의 조사와 자료수집에 있어 가장 빈번하게 활용되는 방법이라 할 수 있다. 실험에 기초한 자연과학적 자료수집의 사회과학적 대안으로 활용되는 설문조사는 다양한 지수나 척도를 포함함으로써 자료수집의 과학성을 보완하여 왔으며 최근 대두되는 양적 사회조사에 대한 비판에도 불구하고 그 유용성을 유지하고 있다.

1) 설문조사의 특성과 장단점

설문조사는 모집단의 규모가 직접 관찰이 불가능할 정도로 클 경우에 사회과학자가 활용할 수 있는 최선의 자료수집방법이라 할 수 있다(김진숙, 2011). 특히 실험연구처럼 소규모의 표본에 국한되지 않고 모집단이나 조사의 특성에 따라 상대적으로 큰 규모의 표본을 설문할 수도 있어 일반화에도 유리하다. 또한 한 변수를 여러 문항으로 구성된 척도 등을 통해 면밀히 조사하거나 동시에 여러 가지의 변수를 조사할 수도 있어 연구자의 관심을 분석과정에 실현할 가능성을 확장시키는 장점을 지닌다.

그러나 설문조사는 몇 가지 중요한 한계를 가진다. 먼저, 설문조사는 자료수집과정이 탄력적이지 않다. 즉, 전체 설문집단에 대해 동일한 설문지를 통해 자료를 수집하기 때문에 설문이 개시된 이후 설문 내용을 변경하기 매우 어렵다. 이 같은 특성 때문에 설문조사는 설문과정에서 추가적으로 나타난 표본특성이나 연구자가 고려하지 못한 변수에 대한 대응이 매우 어렵다.

설문조사는 또한 각 질문에 대한 연구자의 의도가 설문 응답자에게 정확히 인식되었다는 확신을 갖기 어렵다는 한계를 가진다. 이것은 설문 응답자들이 각기 독립적인 인식체계를 갖고 있어 동일한 질문에 대한 이해방향이 다를 수 있음에 기인한다.

이와 같은 장단점을 고려할 때 설문조사가 모집단의 특성을 적절히 대표하는 분석결과를 도출하기 위해서는 무엇보다 모집단의 전반적인 특성을 반영할 수 있고 응답자가 연구자의 의도를 명확히 이해할 수 있도록 설문지를 주의 깊게 구성하는 것이 매우 중요하다.

2) 우편설문조사

우편설문조사(mail surveys)는 우편을 통해 응답자에게 설문을 제공하고 결과를 회수하는 방법이다. 대부분의 우편설문은 연구자가 응답자를 대면하지 못하며 이와 같은 이유로 응답자에게 조사의 목적과 중요성을 설명하는 자료를 설문지와 같이 동봉하여 이해를 구하는 것이 일반적이다. 또한 반송봉투를 제공하여 응답자의 부담을 최소화하며 연구자에 따라 응답자의 협조에 대한 선물을 제공하기도 한다.

(1) 장점

우편설문은 연구자가 응답자를 직접 만나 설문내용을 설명하는 단계가 생략된다. 이에 따라 접근이 용이하고 비용 및 절차 면에서 경제적인 장점을 가진다. 우편설문에 대해 제시되는 일반적인 장점은 다음과 같다.

첫째, 접근성이 좋다. 물리적·제도적 조건에 따라 접근이 어려운 대상에 대한 설문이 용이하다.

둘째, 경제적이다. 면접조사 등에 비해 투입되는 인력이 적고 물리적으로 어려운 조건의 응답자에 대한 설문에 있어 경제적이다.

셋째, 응답자의 익명성을 보장한다. 응답자를 직접 대면하지 않으므로 응답자의 심리적 부담이 감소하여 응답률 및 응답내용의 신뢰성을 높일 수 있다.

넷째, 설문과정의 편향성이 없다. 면담과정에서 나타날 수 있는 응답자와 면접자 간의 의사소통 문제와 면접자의 개인적 의견의 영향을 배제할 수 있다.

(2) 단점

연구자가 원거리의 응답자에 대해 우편을 통해 설문을 진행하는 우편설문은 응답자에 대한 연구자의 통제가 불가능함에 따라 회수율이 매우 낮고 설문 문항이 매우 제한적인 것이 일반적이다. 우편설문의 주된 단점은 다음과 같다.

첫째, 회수율이 낮다. 설문의 회수율이 70~90%의 응답률을 보이는 면접조사에 비해 우편조사는 20~40%로 상대적으로 매우 낮은 회수율을 보인다(김영종, 2002; 채구묵, 2001).

둘째, 문항의 제한이 크다. 설문문항이 응답자에게 이해하기 어렵거나 적절치 않은 경우 응답을 거부할 수 있어 설문 구성이 직관적이고 단순한 문항에 제한되는 경향을 보인다.

셋째, 응답자 환경을 통제하기 어렵다. 응답자가 설문을 작성한 환경에 개입하지 못하는 한계에 따라 불성실한 응답이나 제3자에 의한 응답을 방지하지 못한다.

(3) 우편설문의 응답률을 높이기 위한 방안

우편설문에서 적절한 응답률의 확보는 매우 중요한데 이는 낮은 응답률이 응답자와 거부자 간에 명백한 차이에 따른 체계적 오류를 동반할 경우 조사 결과에 대한 모집단 대표성 및 일반화에 부정적인 영향을 미칠 수 있기 때문이다.

우편설문은 응답률을 높이기 위해 다양한 전략이 활용된다. 밀러와 샐카인드(Miller & Salkind, 2002)는 설문의 회수율을 높이기 위해 활용되는 다양한 방법을 표 6-3과 같이 제시하고 있다.

〈표 6-3〉 **설문 회수율을 높이는 방법**

방법	회수율 증가(%)	세부 실행방법
독촉	50	• 1회 이상 설문 독촉 • 특히 전화를 통한 독촉이 효과적임 • 응답자가 설문지를 재요청할 경우 제공하여야 함
후원자 표시	17	• 연구자와 함께 설문을 수행하는 교수나 기관명을 표시 • 응답자에게 익숙하거나 공적인 성격의 기관일 경우 회수율이 높아짐
설문지 길이 조절	22	• 설문지의 길이를 가능한 수준에서 최대한 짧게 작성 • 설문지의 길이가 길수록 응답률이 낮아짐
이타적 의도 홍보	7	• 설문지가 갖는 이타적 성격을 부각시켜야 함 • 응답자가 자신의 행동을 긍정적이라고 느낄 때 설문에 응답할 확률이 높음
설문지 형식	13	• 응답자가 한 눈에 질문의 의도를 파악할 수 있도록 구성 • 일반적으로 객관적 정보를 묻는 문항이 주관적 의견을 묻는 문항에 비해 응답률이 높음

*출처: Miller & Salkind(2002).

3) 전화설문

전화통화로 설문을 진행하는 전화설문(telephone surveys)은 연구자와 응답자가 직접 대면하는 환경이라 할 수 없으나 양자 간 상호작용이 관찰되는 중간적 성격을 가진다.

전화설문은 통신기술 발달에 따른 전화의 보급으로 그 유용성이 확대되어 왔는데, 당시 전화의 소유 여부가 소득수준을 반영함에 따라 표본의 체계적 오류 가능성이 매우 높다는 지적이 있어왔다. 그러나 전화가 매우 보편화되었으며, 이에 따라 현대 전화설문에서 체계적 오류에 대한 지적은 타당하다고 하기 힘들다. 최근 오히려 휴대전화의 급속한 보급으로 유선전화를 주로 활용하는 세대가 특정되는 경향에 따라 각종 여론 조사 등에서 활용되는 유선전화 중심의 임의 전화걸기(random digit dialing, RDD)에 대한 비판이 제기되고 있다.

전화설문은 우편설문과 면접조사의 특성을 동시에 갖는 준대인적(semi-personal) 설문방법으로서(김영종, 2002), 우편설문과 면접조사의 장단점이 동시에 표출된다.

(1) 장점

첫째, 접근이 용이하고 경제적이다. 전화설문은 거리 등 물리적 환경에 대응하기 용이하여 교통비 등의 비용부담이 상대적으로 크지 않다. 또한 응답가능 시간 등 응답자의 상황에 손쉽게 대응할 수 있어 상대적으로 높은 응답률을 확보할 수 있다.

둘째, 정확성이 높다. 일반적으로 전화설문은 자료의 질적인 수준에서 면접과 크게 차이가 나지 않는다고 알려져 있다(김영종, 2002). 이것은 전화설문이 응답자의 상황이나 태도 등을 인지하여 적절히 대응하는 데 있어 우편조사보다 용이하다는 특성에 기인한다.

(2) 단점

첫째, 응답자 통제가 어렵다. 전화설문은 응답자가 설문과정에서 불편함을 느낄 때 통화를 거부하거나 전화를 끊을 수 있어 자료수집에 영향을 줄 수 있다.

둘째, 주제가 제한된다. 전화설문에서 응답자의 설문응답을 유지하기 위해 연구자는 응답자의 의견이나 상황을 고려하지 않을 수 없다. 즉, 전화설문에서는 응답자를 자극할 수 있는 주제가 회피되는 경향이 있다.

셋째, 설문의 신뢰성에 한계가 있다. 전화면접에서는 대면을 통해 수집 가능한 비언어적 표현을 확인할 수 없으며, 이 때문에 설문 내용의 신뢰성과 의미를 파악하는 데 일정한 한계를 갖는다.

4) 온라인 설문

최근 컴퓨터가 보편화되고 다양한 환경에서 인터넷 활용이 가능해지면서 웹(web)이나 이메일을 통한 온라인 설문(online surveys, electronic surveys)의 활용이 확대되고 있다. 구글 등과 같은 대표적인 포털사이트에서 온라인 설문을 간편하게 수행할 수 있도록 다양한 서비스를 제공하고 있어 개별 사용자가 온라인 설문을 수행하는 데 필요한 기술적·경제적 제한이 완화되었기 때문이다.

온라인 설문은 전화설문이나 우편보다 더 간편하고 빠르게 응답자에게 접근할 수 있다는 장점이 있으나 인터넷 환경이 제공되지 않거나 컴퓨터를 이용할 수 없는 계층을 배제할 가능성이 높다는 단점을 가진다. 또한 최근 온라인을 활용한 다양한 설문이 진행되고 있으며, 그 중 일부가 응답자의 의견과 상관없이 시도되어 응답자의 불쾌감을 유발하는 경우도 있다.

온라인 설문은 특정 사이트의 회원데이터를 활용하는 회원조사, 사이트 방문자를 중심으로 설문하는 방문자조사, 이메일리스트를 활용하는 전자우편조사, 가입자 데이터를 활용하는 전자설문조사 등으로 구분된다.

〈표 6-4〉 **온라인 설문조사의 유형**

유형	표본추출틀	설문지 형태	응답 편의
회원조사	회원 DB	웹문서	보통
방문자조사	사이트 방문자	웹문서 / 전자설문	높음
전자우편조사	이메일 리스트	텍스트문서 / 일반문서	보통
전자설문조사	가입자 데이터	전자설문	보통

*자료: 김진숙(2011) 재구성.

2. 면접조사

면접조사(personal interviews)는 연구자 또는 연구자의 조사 의도를 충분히 이해한 면접자가 응답자를 직접 대면하여 설문하는 것으로 가장 일반적으로 사용되는 자료수집방법 중 하나이다(김병섭, 2008). 면접은 사전에 준비된 질문지를 면접자가 읽거나 직접 제시한 후 응답내용을 면접자가 직접 기입하는 방식으로 진행된다. 면접법은 응답자가 설문에 대한 응답뿐만 아니라 비언어적 표현이나 면접자와의 상호작용 등 다양한 정보를 제공할 수 있어 설문조사뿐만 아니라 질적 연구에서도 자주 사용된다(김진숙, 2011).

면접법은 응답자와 대면하는 과정에서 다양한 질문을 사용할 수 있고 응답자의 상황에 탄력적으로 대처할 수 있어 좀 더 정확하고 의미 있는 응답을 얻어낼 수 있다는 장점이 있다. 반면 소요시간과 비용이 상대적으로 많이 발생하며 면접원이 설문 결과에 영향을 미칠 수 있다는 단점이 있다.

1) 면접조사의 종류

면접조사는 면접내용의 구조화 정도에 따라 구조화 면접(standardized interview), 비구조화 면접(unstandardized interview), 반구조화 면접(semi-standardized interview) 등으로 나뉘며(최성재, 2005) 면접 진행방식에 따라 심층면접(in-depth interview)과 초점집단 인터뷰(focus group interview, FGI)로 구분된다.

(1) 구조화 정도에 따른 구분

① 구조화 면접

표준화된 면접양식이라 할 수 있는 구조화 면접(standardized interview)은 사전에 조사에 대한 전반적인 사항을 구체화한 조사표를 작성하여 응답자에게 동일한 질문을 하는 면접방법이다. 조사표는 질문 문항과 내용뿐만 아니라 질문순서나 질문에 대한 표현까지를 규정하게 되며, 이에 따라 조사자가 질문순서나 질문내용을 임의로 변경하는 것은 허용되지 않는다.

구조화 면접은 면접구조에서 나타날 수 있는 설문과정상의 오류를 최소화할 수 있으나 동시에 면접의 융통성과 자율성을 위축시킨다. 구조화 면접의 장점은 다음과 같다.

첫째, 신뢰도가 높다. 면접에서는 면접자의 표현이나 언어에 따라 응답자의 반응이 크게 달라질 수 있으나 구조화된 면접은 이 같은 면접자의 영향을 차단한다. 또한 질문의 순서나 문항설명 등의 오류에 따라 나타나는 반응의 차이 또한 차단한다.

둘째, 부호화 및 이를 통한 자료처리에 용이하다. 동일한 면접환경에 동일한 질문을 사용하기 때문에 응답내용을 통계 처리할 때 나타날 수 있는 오류를 최소화시킨다.

그러나 구조화 면접은 응답자에게 자율적인 환경을 제공하지 못하여 면접이 융통성 있게 수행되지 못하고 응답자의 의도가 정확하지 않은 경우 보충적인 질문을 하기 어렵다.

예시 구조화 면접 질문지의 예

□ 사전설명

최근 어르신들의 자살에 대해 사회적 우려가 큽니다. 저희 기관에서는 어르신들이 어떠한 환경이나 상황에서 자살에 대한 생각을 하시는지 궁금합니다. 이를 위해서 어르신이 생활 중에 겪을 수 있는 어려움들을 여기 적어 보았습니다. 어르신은 이 같은 상황들에서 자살에 대한 생각을 하신 경험이 있으신지, 또한 그러한 생각을 얼마나 자주 하시는지를 말씀하여 주시길 부탁드립니다. 각 항목은 제가 하나하나 읽어드리겠습니다. 어르신께서는 혹시 해당하는 어려움에서 자살을 생각하신 적이 없으시면 '없음'으로 답해 주십시오.

※ 진행사항: ① 경제적 문제 ② 건강문제 ③ 인간관계 문제 등의 순으로 해당 면접지를 어르신께 드린 후 어르신이 면접지의 내용을 충분히 이해하실 수 있도록 곁에서 천천히 각 해당항목을 읽어드리고 경험 여부를 확인한다. 어르신이 이해하시기 어렵다고 말씀하시면 항목의 의미나 간단한 예시를 말씀드리고 다시 설명이 필요한지 되묻는다.

□ **경험항목 (2. 건강문제)**

항목	없음	한두 번	서너 번	다섯 번 이상
내가 건강하지 않다고 느낄 때 병원이 주변에 없을 때 병원이 친절하지 않을 때 병원비와 약값이 없을 때 …				

※ 진행: 어르신께서 모든 항목에 대한 응답을 완료하시면 다음 면접지를 드리면서 "다음은 인간관계에 대한 상황입니다. 같은 방법으로 말씀해 주시면 됩니다"라고 안내하여 드린다.

② 비구조화 면접

구조화 수준이 낮은 면접양식이라 할 수 있는 비구조화 면접(unstandardized interview)은 면접의 주제와 범위만을 설정하고 이외의 질문 내용과 순서 등은 면접자 또는 응답자의 의사에 따라 가변적으로 진행할 수 있는 면접방법이다. 이 방식에서 응답자는 면접이 규정하는 규칙 또는 지시 등에 구애받지 않고 자신의 경험이나 인식, 의견 등을 자유롭게 말할 수 있다. 이 때문에 비구조화 면접에서는 응답자에게서 정보를 획득할 수 있는 면접자의 능력, 지식이나 전문적 기술이 더 중요하다. 일반적으로 비구조화 면접은 주로 탐색적 조사에서 자주 사용된다(김태성 외, 2005).

비구조화 면접의 장점은 다음과 같다.

첫째, 면접 진행이 융통적이다. 면접에 대해 규정된 내용이 최소화됨에 따라 면접원은 면접상황이나 응답자의 반응에 따라 질문을 생략하거나 심층적인 질문을 추가할 수도 있으며, 이를 통해 면접을 유지하고 상대적으로 정확한 정보를 확보할 수 있다.

둘째, 타당도가 높다. 면접자가 자연스러운 분위기를 조성하여 면접을 진행할 경우 응답자는 면접상황에 대한 부담이 감소하여 상대적으로 협력적이고 정확한 설문자료를 제공할 가능성이 높다.

그러나 비구조화 면접은 설문의 방향을 통제하지 않음에 따라 신뢰도가 상대적으로 낮을 수 있으며, 이 때문에 전반적인 설문내용의 자료화가 원활하지 못하다는 단점을 가진다.

예시 비구조화 면접 질문지의 예

□ 면접시 유의사항

어르신들이 자살생각을 갖게 되는 배경상황을 확인할 것. 각 상황은 어르신의 생활영역 뿐 아니라 건강, 가족 · 친구관계 등 개인 · 사회적 특성, 가치관, 삶의 목표 등 관념적 요소 등을 모두 포함하여 종합적으로 검토하고 최대한 많은 위험요소를 확인할 것.

③ 반구조화 면접

구조화 면접과 비구조화 면접이 각각 신뢰도와 타당도 등의 면에서 뚜렷한 장단점을 갖고 있음에 착안하여 두 면접방식을 결합한 것이 반구조화 면접(semi-standardized interview)이라 할 수 있다. 반구조화 면접은 전체 면접에서 핵심적인 내용의 질문을 구조화하고 이외의 질문에 비구조화를 적용하는 방식과 전체 면접에 대해 중간 수준의 구조화를 적용하는 방식으로 구분된다.

> **예시 반구조화 면접 질문지의 예**
>
> **□ 면접 시 유의사항**
>
> 어르신들이 자살생각을 갖게 되는 배경상황을 최대한 많이 확인할 것. 각 문항의 순서를 지켜 진행하되 문항의 내용과 구체적인 설명은 자유롭게 진행하고 어르신이 충분히 이해하실 때까지 보충 설명할 것
>
> 1. 요즘 우리 어르신들이 겪는 어려운 생활환경에 대해 어떻게 생각하시나요?
> (어르신이 답변하시는 방향을 크게 통제하지 말고 어르신이 자신의 의견을 충분히 말씀하실 수 있도록 기다려 줄 것. 어르신의 응답의욕을 높이기 위해 충분히 공감을 표시할 것)
>
> 2. 최근에 뉴스를 보면 어려움에 못 이겨 자살을 생각하시는 어르신들이 적지 않게 계시는 듯 합니다만 어르신은 어떻게 생각하시나요?
> (어르신의 생각이 부정적이거나 잘못된 것이라는 느낌을 갖지 않으시도록 우호적이고 수용적으로 질문하고 어르신께서 불편해 하신다고 느껴지면 질문을 추가하거나 캐묻지 말고 1번 문항으로 돌아갈 것)
>
> 3. 어르신들은 생활하시면서 어떤 어려움이 있으실 때 자살생각을 하실까요?
> ① 경제적 문제　　② 건강문제　　③ 인간관계 문제　　④ 기타

(2) 면접 진행방식에 따른 구분

면접조사는 진행의 방식에 따라 심층면접(in-depth interview)과 초점집단 인터뷰(focus group interview, FGI)으로 구분된다.

① 심층면접

심층면접법(in-depth interview)은 특정 주제에 대해 갖는 신념이나 느낌을 자유롭게 표현하도록 하여 이에 대한 태도나 동기, 가치체계 등을 확인하는

면접방법이다. 일반적으로 연구자나 잘 교육된 면접원이 연구대상 혹은 응답자와 충분한 시간 동안 구조화되지 않은(혹은 반구조화된) 형식의 면접을 진행하며 이 때문에 면접원은 질문의 순서 등에 상관없이 상황에 따라 좀 더 깊이 있고 자유로운 질문을 이어갈 수 있다. 그러나 면접이 잘 구조화되지 않은 조건에서 진행됨에 따라 면접원의 역량에 따라 수집된 자료의 양과 질이 결정되는 경향이 있으며 개인적인 편견이 개입될 가능성도 있다. 또한 상대적으로 많은 비용과 시간이 소요되는 단점을 가진다.

② 초점집단 인터뷰

초점집단 인터뷰(focus group interview, FGI)는 충분한 시간적 여유와 자유로운 형식을 기반으로 진행된다는 점에서 심층면접과 유사한 방법이라 할 수 있다. 다만 초점집단 인터뷰에서는 소규모 집단을 대상으로 한 명 혹은 소수의 진행자(혹은 사회자, moderator)가 주제에 대한 대화와 논의를 이끌어낸다. 진행자와 응답자간 혹은 응답자 집단 내에서의 논의의 진행은 의도적인 상호작용 유도를 통해 면접의 목적이 되는 정보를 활발히 이끌어낼 뿐만 아니라 사전에 고려되지 않았으나 거시적 연구목적에 적합한 추가적 자료의 획득도 가능케 한다.

초점집단 인터뷰는 비교적 적은 비용과 시간을 소모하여 좀 더 폭넓고 정확한 정보를 획득할 수 있다는 장점을 가진다. 특히 일대일 면접에서 응답자들이 편하게 대답할 수 없었던 정보에 대한 접근이 용이하다는 장점도 있다. 반면 이 방법은 진행자가 가진 논의 진행 능력에 전적으로 의존하기 때문에 수집된 자료의 질적 수준에 차이가 있을 수 있고 편견이 개입할 가능성이 높으며 조사과정이 체계적이지 않고 표본이 작기 때문에 결과의 해석이 용이하지 않고 일반화가 어려운 단점이 있다.

2) 면접 수행의 원칙

면접 수행 시에는 면접자의 태도나 외모 등이 응답에 영향을 미칠 수 있으므로 면접의 중립성이 유지될 수 있도록 노력하여야 한다. 이를 위해 배비(Babbie, 2015)와 김진숙(2011)은 면접에 임하는 면접자가 지켜야 할 원칙으로 대부분의 면접에서 적용할 수 있는 일반적인 지침을 제시하고 있는데 그 내용은 다음과 같다.

〈표 6-5〉 **면접의 일반원칙**

• 응답자들이 이질감을 느끼지 않는 외관과 태도 • 설문에 대한 숙달 • 질문지의 표현을 그대로 정확하게 질문하기 • 응답을 정확하게 기록하기(비언어적 반응을 포함) • 분석이 가능하도록 응답에 대해 심층규명 • 면접원과 응답자 간의 친밀한 분위기(rapport) 형성 • 응답자에 대한 진정한 관심을 전달하는 것이 바람직 • 응답자가 편안하게 느끼는 환경 및 분위기를 신속하게 파악

*출처: Rubin & Babbie(2012)와 김진숙(2011) 재구성.

제3절 자료의 처리

자료의 수집과정은 단순히 자료 생산단계에 국한되는 것이 아니다. 분석 단계에 투입되기 이전에 자료를 검토하고 편집하는 과정이 필수적이기 때문이다. 연구자는 수집과정에서 확보된 모든 자료를 통합적 시각에 따라 전반적으로 검토하여 자료가 일관성과 완성도를 나타내도록 정리하여야 한다. 또한 이후 과정에서 연구자가 효율적으로 자료를 검색하거나 이해할 수 있도록 자료의 형태를 최적화해야 한다.

1. 자료 검토

자료는 서로 상이한 원천에서 생산되며 자료수집의 행위자 또한 연구자뿐만 아니라 외부 조사원이 활용될 수 있는데 이러한 자료 생산 상의 특성 때문에 자료의 형태가 동일하지 않은 다양한 방식으로 수집되는 경우가 많다. 이 같은 특성을 고려하여 연구자는 수집된 자료가 적절하고 정확한 형태를 가진 것인지를 검증해야 하며 그렇지 않을 경우 연구에 활용할 수 있도록 자료를 적절히 필터링(filtering)해야 한다.

특히 연구 활용에 적절치 못한 수준의 자료가 분석과정에 포함될 경우 전체 연구의 신뢰도가 낮아지는 등 다양한 부정적 영향을 미칠 수 있다. 채서일(2005)은 분석과정에서 제외해야 하는 자료의 기준을 다음과 같이 제시하고 있다.

- 무응답 항목이 많거나 중요항목이 무응답인 경우
- 질문을 이해하지 못하고 응답한 경우
- 대부분의 문항을 동일한 번호로 응답한 경우
- 설문지의 일부가 훼손 또는 분실된 경우
- 설문지 수집시점이 예정시점보다 지나치게 늦은 경우
- 조사원이 임의로 답한 경우
- 성의 없이 응답하여 내적 일관성이 부족한 경우
- 응답자가 표본으로 적합하지 않은 경우
- 사전에 규정한 인터뷰 절차가 제대로 지켜지지 않은 경우
- 조사원이 무례하게 행동하여 응답에 영향을 미친 경우

2. 자료 편집

수집된 자료는 일정하게 정의된 기준에 따라 재분류 또는 정리되는 편집과정을 거친다. 자료 편집은 자료에 대한 연구자의 이해와 분석과정의 효율성을 높이는 역할을 하기 때문에 연구자는 자료 편집의 과정에 주의를 기울일 필요가 있다.

자료의 편집과정에서 가장 중요하게 여겨야 할 기준은 일관성이라 할 수 있다. 특히 자료수집과정에서 발생한 오류, 즉 응답의 누락이나 적절치 않은 응답을 수정하는 과정에서 연구자는 명확한 기준을 설정하여 일관적으로 적용하는 것이 매우 중요하다. 뚜렷한 기준을 갖지 않고 상황에 따라 임의적으로 판단하는 것은 연구의 과학성에 피해를 줄 수 있다.

3. 자료의 코딩과 입력

양적 연구에서 자료는 각각 특정한 속성을 나타내는 숫자나 기호 등으로 변환되어 입력된다. 이와 같이 자료를 숫자나 기호 등으로 바꾸어 입력하는 과정을 코딩(coding)이라 한다.

코딩은 분석의 직전 단계로 분석과정의 편의성을 고려하여 진행해야 한다. 코딩이 분석과정이나 그 방법을 고려하지 않고 진행될 경우 분석과정에서 비효율적인 작업의 반복에 직면할 수 있다.

일반적으로 코딩은 숫자를 많이 사용하는데 질문이 특정한 수치를 물을 경우 수치를 그대로 입력하고, 연구자가 제시한 응답범주를 선택하는 문항의 경우 선택범주의 번호를 입력하는 것이 일반적이다. 다만 개방형 질문의 경우 응답자의 응답방향이 다양할 수 있어 사전에 응답내용에 번호를 부여하는 것은 불가능하다. 개방형 질문의 경우 연구자가 전반적인 응답의 방향을 확인한 후 이를 분류하고 유형화하는 사후처리과정이 필요하다(김영종, 2002).

요 약

- 자료는 연구방법이 갖는 특성에 따라 양적 자료와 질적 자료로 나뉘며 자료의 생산주체에 따라 1차 자료와 2차 자료로 나뉜다.
- 양적 자료는 실증주의에 기반하여 연구결과의 반복가능성과 일반화 가능성에 적합한 양적 연구에서 생산하며 주로 수치화된 정보로 표현된다.
- 질적 자료는 해석주의를 기반으로 이론의 개발·형성과 맥락에 대한 깊은 이해에 적합한 질적 연구에서 생산하며 주로 언어나 기호 등으로 표현된다.
- 1차 자료는 연구자가 직접 수집·취합하며 2차 자료는 공공의 목적을 위해 공공기관이나 조직 등에서 축적한 자료이다.
- 설문조사는 대규모 모집단에 대한 연구에서 활용하는 자료수집방법이다.
- 우편조사는 접근성이 좋고 경제적이나 회수율이 낮으며 전화설문은 접근성과 경제성이 뛰어나며 정확하지만 응답자에 대한 통제가 어렵고 설문주제가 제한되는 경향이 있다.
- 면접조사는 면접내용의 구조화 수준에 따라 구조화 면접, 비구조화 면접, 반구조화 면접으로, 면접 진행 방식에 따라 심층면접과 초점집단 인터뷰로 구분된다.

핵심어 양적 자료, 질적 자료, 1차 자료, 2차 자료, 우편조사, 전화조사, 심층면접, 초점집단 인터뷰

연습문제

01 다음 중 양적 자료와 질적 자료에 대한 설명이 아닌 것은?

① 양적 자료는 연구대상과의 상호작용을 중요시하는 양적 연구에 기반한다.
② 양적 연구는 이론의 검증에 적합한 연구방법이다
③ 양적 자료는 수치로 표현되는 경우가 대부분이다.
④ 질적 자료는 주로 언어나 기호 등으로 표현된다.
⑤ 질적 연구는 대상에 대한 깊은 이해에 유리하다.

02 다음 중 1차 자료와 2차 자료에 대한 설명이 아닌 것은?

① 1차 자료는 연구자가 직접 수집한다.
② 2차 자료는 연구자의 개입이나 통제가 용이하다.
③ 1차 자료는 2차 자료에 비해 더 많은 비용이 소요된다.
④ 2차 자료는 공공의 목적을 위한 자료축적의 성격을 가진다.
⑤ 2차 자료는 1차 자료에 비해 자료 축적 기간이 더 길다.

03 다음 중 설문조사에 대한 설명이 아닌 것은?

① 대규모 모집단에 대한 자료수집에 유리하다.
② 자료수집과정이 탄력적이다.
③ 응답자가 연구자의 설문의도를 정확히 인식하였다고 확신하기 어렵다.
④ 적절한 분석결과를 도출하기 위해서는 적합한 설문지의 작성이 중요하다.

04 면접법에 대한 설명으로 옳지 않은 것은?

① 구조화 면접은 통계처리에 유리하다.
② 구조화 면접은 면접 진행이 융통적이다.
③ 비구조화 면접은 타당도가 높다.
④ 구조화 면접은 신뢰도가 높다
⑤ 비구조화 면접은 탐색적 조사에서 자주 활용된다.

05 자료 검토과정에서 미리 제외되어야 하는 자료가 아닌 것은?

① 무응답 항목이 있는 경우
② 조사원이 임의로 답한 경우
③ 설문지 수집시점이 예정시점보다 지나치게 늦은 경우
④ 대부분의 문항을 동일 번호로 응답한 경우
⑤ 응답자가 표본으로 적합하지 않은 경우

06 자료처리에 대한 설명으로 옳지 않은 것은?

① 자료 편집은 자료에 대한 연구자의 이해와 분석과정의 효율성을 높이는 역할을 한다.
② 자료의 편집과정에서 가장 중요하게 여겨야 할 기준은 일관성이다.
③ 개방형 질문은 각 응답에 대해 사전에 번호를 부여하여 코딩한다.
④ 코딩은 분석과정의 편의성을 고려한 과정이다.
⑤ 개방형 질문은 사후처리과정이 중요하다.

07 우편설문조사의 장단점으로 옳은 것은?

① 회수율이 높다.
② 응답자 환경의 통제에 유리하다.
③ 응답자의 익명성 보장이 어렵다.
④ 비용부담이 크다.
⑤ 접근성이 좋다.

08 전화설문의 장단점으로 옳지 않은 것은?

① 경제적이다.
② 접근성이 높다.
③ 응답자 환경의 통제에 유리하다.
④ 정확성이 높다.
⑤ 제한된 주제에 대해서만 조사할 수 있다.

09 면접 진행방식에 관한 설명으로 옳지 않은 것은?

① 심층면접은 일반적으로 구조화되지 않은 면접으로 진행된다.
② 심층면접은 특정 주제에 대한 응답자의 태도나 동기, 가치체계 등을 확인한다.
③ 심층면접은 면접원의 역량과 상관없이 일정 수준의 자료 확보가 가능하다.
④ 초점집단 인터뷰는 의도적인 상호작용을 유도한다.
⑤ 초점집단 인터뷰는 심층면접에 비해 경제적이다.

10 면접의 일반원칙이라 하기 어려운 것은?

① 응답을 정확하게 기록한다.
② 면접원과 응답자 간의 친밀한 분위기를 형성한다.
③ 질문지의 표현을 응답자가 이해하기 쉽게 풀어서 질문한다.
④ 응답자가 편안하게 느끼는 환경이나 분위기를 제공하려 노력한다.
⑤ 응답자들이 이질감을 느끼지 않는 외관과 태도를 갖는다.

Answer 정답

1. ① 2. ② 3. ② 4. ② 5. ① 6. ③ 7. ⑤ 8. ③ 9. ③ 10. ③

CHAPTER

07

설문지 작성법

사회복지사가 설문조사를 수행하기 위해서는 먼저 설문지를 작성하여야 한다. 사회복지사는 설문지 작성과정에서 중요하게 검토되어야 할 사항들을 사전에 확인함으로써 연구목적을 달성에 있어 최적의 자료를 생산할 수 있는 좋은 질문지를 작성하여야 한다. 이 장에서는 설문지 작성법과 유의점에 대해 학습한다.

▌학습목표▐

1. 설문지 작성과정을 이해한다.
2. 설문지 작성과정에서 유의해야 할 사항을 이해한다.

제1절 설문지 작성과정

연구목적과 목표에 따라 설문을 실행하고자 결정한 경우 설문지를 작성하여야 한다. 설문지는 수록되는 질문의 내용과 형태를 결정하고 이에 따라 개별 항목을 완성한 후 이를 전체 설문지에 배열하는 방식으로 작성한다.

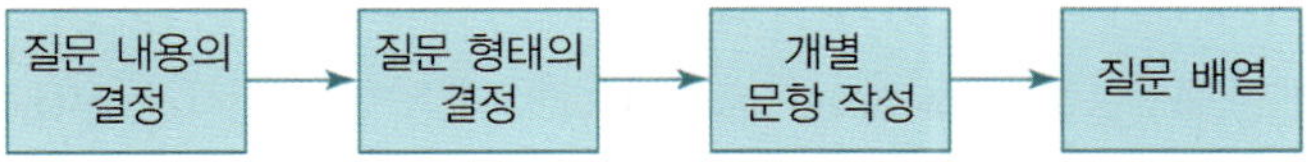

1. 질문내용의 결정

설문조사는 확보하고자 하는 자료를 도출해 낼 수 있는 일련의 문항으로 구성된다. 당연한 것이지만 각 문항은 무엇보다 의도한 자료를 도출해 낼 수 있도록 구성되어야 한다. 즉, 질문내용이 연구문제와 조사대상자의 특성을 고려하여 구성되어 있으며, 이를 통해 연구에 적절하고 이론적으로 완전한 자료를 확보할 수 있어야 한다는 것이다.

이를 위해서는 질문의 내용이 연구목적에 직접적으로 관계되어야 한다. 즉, 연구가 고려하는 요소를 포함하는 질문이어야 한다. 연구에 불필요한 내용을 포함할 경우 응답자의 집중을 흐트러뜨려 응답결과의 신뢰도를 저해할 수 있다. 특히 종교 등과 같은 응답자의 개인특성 및 환경을 묻는 문항은 설문지에 의례적으로 포함되는 경향이 있는데, 연구목적에 부합하지 않을 경우 과감하게 제외하는 것이 적절하다.

동시에 질문은 설문상황 및 조사대상의 특성을 종합적으로 고려하여 작성되어야 한다. 조사대상이 가진 개인적 특성이나 설문에 응답하는 상황에 대응하지 못할 경우 설문 내용의 신뢰수준이 저하될 수밖에 없다.

그러나 설문지가 설문과정의 모든 변수를 고려하는 것은 매우 어려운 것이 사실이며 연구자는 외부변수의 영향을 최소화하기 위해 충분한 수준의 문헌 검토나 전문가 의견조사 등을 활용할 수 있다.

2. 질문 형태의 결정

질문의 형태는 응답자에게 응답에 대한 범위를 제시할 것인지의 여부에 따라 개방형 질문(open-ended question)과 폐쇄형 질문(close-ended question)으로 분류된다. 질문의 형태는 설문의 결과로 나타나는 자료의 확장성과 직결되므로 통계분석방법 등을 동시에 고려하여 선택하여야 한다.

1) 개방형 질문

자유응답형 또는 비구조화된 질문이라고도 불리며 응답자가 질문에 대한 응답의 방향 및 범위를 자유롭게 결정할 수 있는 질문이다.

□ 개방형 질문의 예

- 이번 교육에 참여한 이유는 무엇입니까?
- 기본소득에 대해 어떻게 생각하십니까?

개방형 질문에서 응답자는 응답의 범위와 방향에 관계없이 자유롭게 응답할 수 있으며, 이 때문에 상대적으로 자신의 의견이 존중되는 느낌을 갖게 된다. 연구자의 입장에서는 상대적으로 폭넓은 정보를 획득할 수 있으며 사전에 고려하지 못한 중요한 정보나 문제를 발견할 수도 있다. 반면 개방형 질문은 자료를 정리하고 분류하기 위해 상대적으로 높은 수준의 기술과 노력이 필요하며 응답이 표준화되지 않아 통계분석에 어려움이 발생할 수 있다. 이같은 장단점에 따라 개방형 질문은 일반적으로 탐색조사와 같이 해당 연구주제에 대해 알려진 정보가 충분치 않을 때 주로 사용된다(채서일, 2005).

2) 폐쇄형 질문

폐쇄형 질문은 연구자가 설문에 제시한 예시 중 하나를 선택하도록 요구하는 질문이다.

폐쇄형 질문은 선택 가능한 예시의 숫자와 응답의 형태에 따라 선다형과 양자택일형, 서열형, 평정형 등으로 구분된다.

(1) 양자택일형

양자택일형은 선택할 수 있는 두 개의 예시가 제시되는 질문형태이다. 일반적으로 의견의 방향이나 경험 유무 등을 명확히 할 때 유용하며 통계분석을 위한 자료처리도 매우 간단하다. 그러나 선택 범위가 선다형보다 더 좁기 때문에 응답자는 상대적으로 더 극단적인 의견을 제시해야 하며, 이에 따라 설문의 결과가 응답자의 의견을 왜곡하는 결과가 나타날 수 있다. 특히 사회과학에서는 응답자의 의견을 상호 배타적인 두 개의 항목으로 구분하기 어려워 양자택일형 질문의 활용에 제한이 있다고 할 수 있다.

□ 양자택일형 질문의 예시

• 기본소득에 대해 어떻게 생각하십니까?

① 찬성 ② 반대

(2) 선다형

선다형은 응답자가 선택 가능한 3개 이상의 모든 예시를 제공하는 질문형태이다. 연구자는 사전조사 등을 통해 응답자가 선택할 수 있는 응답의 방향을 고려하여 응답자의 의견이 최대한 반영될 수 있는 예시를 구성한다. 특히 각 예시는 논리적이고 상호배타적이어야 하는데, 이것은 응답자의 선택을 명확히 하여 전체 조사 결과의 신뢰성을 확보하기 위한 것이다.

선다형은 응답자의 응답 방향을 범주화함으로써 통계분석에서 매우 높은 수준의 효율성을 가진다. 또한 개방형 질문에 비해 응답을 위한 노력이 크지 않아 설문에 대한 협조를 쉽게 얻을 수 있다. 반면 선다형은 질문에 대한 사전 지식이 매우 중요하며 이 때문에 질문지 작성을 위한 시간 및 비용이 상대적으로 크다. 또한 응답자에게 제시되는 예시가 명확하지 않거나 응답 범위를 충분히 포괄하지 못할 경우 설문결과를 왜곡할 수 있다는 한계가 존재한다.

□ 선다형 질문의 예시

- 이번 교육에 참여한 이유는 무엇입니까?

① 심심해서　　② 친구를 사귀고 싶어서
③ 프로그램이 좋아서　　④ 기타

(3) 서열형

서열형 질문은 응답자가 좋아하는 정도나 중요하게 생각하는 순서에 따라 배열하도록 요구하는 질문형태이다. 응답자는 자신이 생각하는 선호나 중요도를 순위화(ranking)함으로써 질문에 대한 응답을 제공한다.

□ **서열형 질문의 예시**

• 다음은 OECD 주요 국가입니다. 호감가는 정도에 따라 우선순위를 적어주세요.

미국	영국	독일	프랑스	스웨덴	일본
( )	( )	( )	( )	( )	( )

(4) 평정형

평정형 질문은 응답자가 응답의 강도를 나타내도록 요구하는 질문형태인데 가장 대표적인 것이 리커트(Likert) 척도이다.

□ **평정형 질문의 예시**

• 자신의 학교상활에 어느 정도 만족하십니까? 해당하는 항목에 표기하여 주세요.

① 매우 만족한다	② 만족하는 편이다	③ 그저 그렇다	④ 만족스럽지 않다	⑤ 전혀 만족스럽지 않다
( )	( )	( )	( )	( )

3. 개별문항의 작성

응답자는 질문에서 활용하는 단어나 질문자의 어조 등에서도 영향을 받을 수 있다. 구체적인 문항을 작성하는 과정은 이와 같이 의도하지 않은 질문내용의 외부적 영향을 배제하고 설문조사에 소요되는 시간 및 비용을 최소화하기 위해 매우 면밀하게 진행될 필요가 있다. 구체적인 검토내용은 다음과 같다.

1) 질문내용을 명확히 한다

질문의 내용이나 그 범위가 명확하지 않을 경우 응답자의 혼란을 유발할 수 있다. 연구자는 뜻이 명확한 단어를 사용하고 그 범위를 명시한다. 또한 응답자가 충분히 이해할 수 있는 단어나 용어를 활용해야 하며 학술적인 용어나 유행어, 은어 등은 최대한 사용을 피한다.

☐ **질문**: 학교생활의 기억이 긍정적이십니까? (학교시절의 범위가 불분명)
☐ **수정**: 고등학교 시절의 기억이 긍정적이십니까?

2) 이중적 표현을 쓰지 않는다

질문이 두 개 이상의 개념 또는 현상에 대한 의견을 동시에 물을 경우 응답자는 예시의 선택에 어려움을 겪을 수 있다. 하나의 질문에서는 하나의 내용만을 다루며 두 개 이상의 내용은 각각 분할하여 응답자의 의견이 명확히 표시될 수 있도록 해야 한다.

☐ **질문**: 기본소득과 농민수당에 대해 어떻게 생각하십니까?
☐ **수정**: 1) 기본소득에 대해 어떻게 생각하십니까?
2) 농민수당에 대해 어떻게 생각하십니까?

3) 이중부정 표현을 쓰지 않는다

질문에 부정어를 두 번 이상 사용할 경우 응답자의 혼란을 유발할 수 있다. 질문은 의도를 명확하게 파악할 수 있어야 하며 이를 위해 이중 부정 표현은 사용하지 않아야 한다.

□ **질문**: 국가가 충분한 복지서비스를 제공하지 않는다고 생각하지 않으십니까?
□ **수정**: 국가가 충분한 복지서비스를 제공한다고 생각하십니까?

4) 응답을 유도하는 질문을 쓰지 않는다

응답자가 자신의 의견을 명확하게 표현하지 못한다면 조사결과의 신뢰도는 낮아질 수밖에 없다. 질문에서 연구자의 개인적 감정이나 편향을 배제하고 응답자가 의견을 솔직하게 제시할 수 있도록 가치지향적인 질문은 지양한다.

□ **질문**: 조사에 따르면 우리나라의 복지 예산은 재정효율성이 매우 낮다고 합니다. 이를 고려할 때 귀하는 복지재정 확대에 대해 어떻게 생각하십니까?
□ **수정**: 복지재정 확대에 대해 어떻게 생각하십니까?

5) 기타

설문문항은 그 내용이 모호하거나 응답자의 이해를 방해하는 모든 상황을 고려하여 이를 사전에 방지할 필요가 있다. 이를 위해 직관적이고 일반적인 단어를 사용하고 가정문 등의 형식을 피하여 응답자의 의견이 충분히 반영될 수 있도록 하여야 한다. 또한 선다형 질문에서는 상호 배타적이며 응답자의 선택범위 전체를 포괄하는 선택예시를 제시하여야 한다. 이와 함께 응답이 곤란하거나 지나치게 자세한 질문은 피하는 것이 좋다.

4. 질문 배열

문항의 배열에 따라 설문의 응답률이 달라질 수 있다. 문항의 배열은 응답자의 이해를 극대화하고 설문에 대한 부정적 기대를 차단하며 흥미를 유발할 수 있도록 하여야 한다.

1) 설문지의 구조

각 문항의 배열에 앞서 설문지의 전체적 구조를 이해할 필요가 있다. 일반적으로 활용되는 설문지는 세 부분으로 구성된다고 볼 수 있다.

첫 번째 부분은 설문지 표지인데 설문제목, 목적에 대한 간략한 안내와 협조 요청의 글이 표지에 담기며, 이를 통해 응답자가 설문에 참여할 수 있도록 유도한다. 표지 글에는 응답자의 이해를 돕기 위해 조사를 수행하는 단체 또는 개인의 이름과 소속, 연락처 등을 제시하여야 한다. 또한 설문지 표지는 추후 통계처리에 용이하도록 각 설문의 고유번호 등 간단한 정보를 기입할 수 있도록 하는 것이 일반적이다.

두 번째 부분은 응답자의 인적사항, 즉 성별, 연령, 교육수준, 소득, 직업 등의 인구사회학적 요인을 묻는 부분이다. 조사에서 이 부분에 대한 정보가 필요한 이유는 연구문제가 되는 현상이 인구사회학적 요인에 의해 영향을 받을 수 있기 때문이다. 즉, 연구자는 변수 간의 인과관계를 확인하기에 앞서 외부변수의 영향을 통제하여야 하는데, 사회과학 영역에서 빈번하게 활용되며 실제로도 다양한 영향을 미치는 것으로 확인되는 인구사회학적 요인이 주요한 외부변수일 수 있기 때문이다. 예를 들어, 청소년의 비행에 대한 연구를 수행할 때 인구사회학적 요인의 확인은 매우 중요한데, 이것은 청소년의 비행 경향이 연령과 성별에 따라 다르게 나타난다고 알려져 있기 때문이다.

설문에서 인구사회학적 요인이 중요한 또 다른 이유는 설문에 참여한 응답자들의 집단이 모집단을 대표하는지를 확인할 수 있기 때문이다. 모집단에 대해 알려진 인구학적 변수들이 설문에서 확보된 변수들과 유사하게 나타나는지를 확인하고 두 집단 간 편차가 통계적으로 허용하는 수준인지를 판단하는 것으로 표본이 모집단을 대표하는지를 검토하는 것이 일반적이다.

설문지의 세 번째 부분은 연구자가 관심을 갖는 주제에 대한 본격적인 질문 문항이다. 연구자는 관심의 대상이 되는 현상 혹은 의식 등을 가장 잘 나타낼 수 있도록 문항을 구성하여 제시하여야 한다.

2) 질문 배열에서의 유의사항

설문지를 작성함에 있어 연구자는 설문지의 구조를 염두에 두고 설문하고자 하는 구체적인 질문 문항을 배열하여야 한다. 질문의 배열에서 고려해야 할 요소는 다음과 같다.

첫째, 응답자가 흥미를 가질 수 있는 질문을 도입부에 배치한다. 응답자가 설문에 어려움이나 지루함을 느낀다면 설문 결과의 신뢰도를 담보하기 어렵다. 이 때문에 설문의 도입부에서는 간편하고 응답하기 쉬우면서 응답자의 흥미를 유발하는 내용을 중심으로 구성하여야 한다. 이와 반대로 핵심이 되는 질문은 설문지의 후반에 배치한다.

둘째, 질문 간의 관계나 전체적인 흐름을 고려하여 배치한다. 질문 내용이 파편적이고 단절된 흐름일 경우 응답자는 설문에 흥미를 느끼기 어려우며 자신의 기억에 더욱 의존해야 하여 피로감을 느끼기 쉽다. 서로 관계 있는 문항을 가까이 배치하고 설문의 전반적인 흐름이 원활하도록 문항을 배치하여야 한다. 또한 설문의 처음부터 너무 구체적이거나 작성에 주의를 기울여야 하는 문항이 제시될 경우 응답자가 쉽게 흥미를 잃을 수 있다. 이 때문에 문항을 배치할 때는 처음부터 구체적인 내용을 요구하지 않고 전체 설문의 내용을 이해하는 데 도움이 되거나 충분히 익숙한 내용을 중심으로 질문을 배치하여 응답자의 부담을 최소화하도록 해야 한다.

셋째, 응답자가 응답에 부담을 느끼는 문항은 위치에 주의한다. 설문 도입부에서부터 답변을 고민해야 하는 질문을 대면할 경우 응답자는 설문을 거부하거나 해당 문항에 대한 응답을 회피할 수 있다. 이와 같은 이유로 응답자가 부담을 가질 수 있는 문항은 설문의 마지막에 배치하거나 전반적으로 가벼운 문항의 사이에 배치하는 것이 일반적이다.

넷째, 설문의 신뢰도를 확인할 수 있는 문항들을 분리 배치한다. 설문지가 신뢰할만한 것인지를 확인하는 과정은 일반적으로 동일한 내용을 긍정형과 부정형으로 각각 작성하거나 어구를 달리하여 작성하여 응답자가 일관되게 답변하였는지를 확인한다. 이 경우 대응되는 두 문항을 연속하여 두지 않고 문항 간에 충분한 간격을 두어야 설문의 신뢰도를 판단하는 데 더 유리하다.

다섯째, 응답자의 인적사항을 묻는 질문의 배치에 대한 고민이 필요하다. 응답자의 인적사항에 대한 질문은 관습적으로 설문의 도입부에 배치하여 왔으나 근래에 들어 개인정보에 대한 부담이 생기면서 설문의 마지막에 배치하는 경우가 늘어나고 있다. 인구사회학적 변수는 응답자가 가장 간단히 응답할 수 있는 기본적인 질문이지만 동시에 응답자의 지극히 사적인 정보이다. 연구자는 응답자의 심리적 부담을 최소화하기 위해 설문에서 요구하는 인적사항 관련 문항의 수준을 판단하여 신중히 배치할 필요가 있다.

제2절 설문지 작성 시 유의사항

1. 설문 표지의 작성

설문지의 표지에는 설문의 제목과 조사 기관 및 담당자에 대한 정보, 설문에 대한 안내와 협조요청 등이 표기된다.

1) 설문 제목

설문지의 제목은 응답자가 가장 먼저 접하는 문구이므로 설문에 대한 응답자의 초기 태도에 크게 영향을 미칠 수 있다. 이 때문에 설문 제목은 설문이 목적하고 있는 바가 최대한 드러날 수 있도록 간명하게 작성될 필요가 있다.

2) 설문 안내

설문 안내는 일반적으로 설문 표지에서 가장 많은 공간을 차지한다. 설문 안내에서는 먼저 설문이 가진 목적을 구체적으로 알리고 응답자의 협조를 구하는 인사말을 기입한다. 또한 응답자의 설문에 대한 부담을 완화시키기 위해 설문에 응답한 내용이 외부에 알려지지 않고 통계처리에만 한정적으로 사용된다는 사실과 응답자의 정보가 법적인 보호를 받고 있다는 것을 고지한다.

설문 안내는 설문을 수행하는 기관이나 담당자의 정보가 표기되어야 하며 응답자가 필요할 경우 설문 후에도 활용할 수 있는 연락처 등도 표기하여 조사에 대한 신뢰감을 부여하는 것이 좋다.

3) 기타

설문 표지에는 설문이 진행된 일시나 장소 등과 함께 전체 설문의 통계처리에 용이하도록 개별 설문지의 고유번호를 기재할 수 있도록 하는 것이 일반적이다.

경우에 따라서는 설문 표지에서 응답자의 성명이나 연락처 등 구체적인 개인정보를 요구할 수 있다. 설문에 따라 무응답 문항에 대한 재설문이 필요하거나 설문 이후 처리사항에 대한 고지가 필요한 경우가 이에 해당하는데, 이 경우 연구자는 사전에 응답자가 개인정보 수집의 의도와 활용범위에 대해 충분히 이해할 수 있도록 설명하여 의도치 않은 문제의 발생을 예방하여야 한다.

2. 질문의 수

일반적으로 연구자는 설문을 통해 연구에 활용할 정보를 최대한 확보하려는 경향을 가진다. 그러나 설문에 응답하는 조사대상자는 설문에서 제시하는 질문의 수가 많을 경우 부담감이나 피로감을 느낄 수 있으며, 이는 결국 전체 자료의 신뢰도에 부정적 영향을 미칠 수 있다. 이 때문에 연구자는 설문지 구성에 있어 적절한 수준의 질문 문항을 배치하여야 한다.

적절한 문항 수는 조사대상이나 설문의 성격에 따라 다양할 수 있어 명확한 기준을 제시하기 어려우나 일반적으로 설문지 작성시간이 1시간을 넘기지 않는 것이 좋다고 알려져 있다(홍종선 · 박용석, 2007).

3. 설문지의 외형

설문을 수행함에 있어 설문지의 크기나 인쇄의 품질 또는 종이의 질 등 물리적인 조건이 응답에 영향을 미칠 수 있어 주의를 요한다. 일반적으로 합의된 설문지의 크기나 모양은 존재하지 않는다. 다만 연구자는 응답자가 문항을 확인하고 답변을 기재하는 데 불편함을 느끼지 않도록 설문지를 제작하여야 한다. 특히 응답자는 설문지가 제공하는 시각적 조건, 즉 설문지의 인쇄 품질이나 종이의 종류 등에 따라 불편함을 느낄 수 있다. 일반적으로 매우 밝은 색상의 종이를 사용하는 것은 눈의 피로감을 유발할 수 있어 피하는 것이 좋으며 황색 등 엷은 색깔이 섞여 있는 종이를 사용하는 것이 바람직하다.

4. 사전조사

설문지가 모두 완성된 후에는 사전조사를 통해 설문지에 있을 수 있는 문제점을 사전 확인하여 수정하는 것이 필수적이다. 사전조사는 연구자가 고려하고 있는 표본의 수에 따라 적정한 규모로 수행할 수 있는데 통계적 무작위성이 전제되어야 하는 것은 아니나 가급적 표본 전체를 대표할 수 있도록 다양한 특성을 가진 사람들이 사전조사에 참여하도록 하는 것이 좋다.

사전조사는 전체 설문 문항에 응답하기 위해 소요되는 시간이 어느 정도인지 그리고 응답한 내용이 연구자의 의도에 맞는지를 확인하여야 한다. 또한 설문에 대한 응답자들의 의견을 취합하여 설문지의 수정에 반영하여야 한다. 가능하다면 외부 전문가 등의 자문을 통해 설문지의 완성도를 높이는 것이 더욱 바람직하다.

요 약

- 설문지에서 질문의 형태는 개방형 질문과 폐쇄형 질문으로 나뉜다.
- 폐쇄형 질문은 선택 가능한 예시의 숫자와 응답의 형태에 따라 양자택일형과 선다형, 서열형, 평정형으로 구분된다.
- 설문지의 구조는 표지, 인적사항 질문, 본 문항으로 구분된다.
- 전체 질문의 수나 각 질문의 배열에 있어 응답자의 흥미를 유도하고 피로감을 줄이는 배려가 필요하며 질문 간의 흐름이나 전체적인 논리적 완결성을 고려하여야 한다.
- 설문지 완성 이후에는 사전조사를 시행하여 설문지에서 발견되지 않은 문제점을 사전 확인하여 수정하는 것이 필수적이다.

핵심어 설문지, 개방형 질문, 폐쇄형 질문, 질문의 배열, 사전조사

연습문제

01 설문지의 작성과정에서 빈 칸에 들어갈 과정은?

질문 내용의 결정	→	질문 형태의 결정	→	개별 문항 작성	→	(　　　)

02 폐쇄형 질문에 대한 설명으로 맞는 것을 모두 고르시오.

a. 선다형 질문은 응답자가 선택가능한 3개 이상의 모든 예시를 제공한다.
b. 양자택일형은 선택할 수 있는 두 개의 예시 중 하나를 선택해야 한다.
c. 서열형은 응답자의 선호나 중요도를 순서에 따라 배열하도록 요구한다.
d. 평정형의 가장 대표적인 예시는 Guttman 척도이다.

① a, b
② b, c
③ a, b, c
④ a, c
⑤ a, b, c, d

03 질문의 배열에서 유의해야 할 내용으로 맞지 않은 것은?

① 설문의 핵심이 되는 내용을 전반에 배치하여 설문의 의도를 명확히 한다.
② 응답자가 응답에 부담을 느끼는 문항은 마지막에 배치할 수 있다.
③ 설문의 신뢰도를 확인하는 문항은 분리 배치한다.
④ 서로 관계있는 문항을 가까이 배치한다.
⑤ 응답자의 인적사항을 묻는 문항을 연구자의 의도에 따라 설문지의 도입부나 마지막에 배치한다.

04 사전조사에 대한 설명으로 옳지 않은 것을 모두 고르시오.

a. 선다형 질문은 응답자가 선택가능한 3개 이상의 모든 예시를 제공한다.
b. 양자택일형은 선택할 수 있는 두 개의 예시 중 하나를 선택해야 한다.
c. 서열형은 응답자의 선호나 중요도를 순서에 따라 배열하도록 요구한다.
d. 평정형의 가장 대표적인 예시는 Guttman 척도이다.

① a, b ② b, c ③ a, b, c
④ a, c ⑤ a, b, c, d

05 개별 항목 작성의 유의점으로 맞지 않은 것을 모두 고르시오.

a. 질문의 내용이 명확해야 한다.
b. 이중적 표현을 쓰지 않는다.
c. 이중부정 표현을 쓰지 않는다.
d. 응답자의 편의를 위해 응답을 유도하는 질문을 활용한다.

① a, b ② b, c ③ a, b, c
④ a, c ⑤ a, b, c, d

06 설문 표지 내용에 대한 내용으로 옳지 않은 것은?

① 설문 제목은 설문 목적이 잘 드러나도록 간명하게 작성한다.
② 응답자의 정보가 법적으로 보호되고 있음을 고지한다.
③ 설문 수행기관이나 담당자 정보, 연락처 등을 기재하는 것은 조사의 신뢰감을 높인다.
④ 개인정보를 요구할 경우 수집 의도, 활용범위 등에 대해 충분히 설명하고 동의를 구한다.
⑤ 설문 표지는 필요시 생략 가능하다.

07 설문지 작성 시의 유의점으로 옳지 않은 것을 모두 고르시오.

a. 설문에서 제시하는 질문의 수가 많을 경우 부담감이나 피로감을 느낄 수 있다.
b. 설문지 크기, 인쇄 품질 등 물리적인 조건이 응답에 영향을 미칠 수 있다.
c. 응답자의 편의를 위해 설문지는 매우 밝은 색상의 종이를 활용하여 제작한다.
d. 설문지 작성시간이 1시간을 넘지 않도록 설문지를 구성한다.

① a, b ② b, c ③ c
④ c, d ⑤ a, b, c, d

08 세 부분으로 구성되는 설문지의 일반적 구조에 대한 설명으로 옳지 않은 것을 고르시오.

a. 설문지의 첫 부분에는 설문제목, 목적에 대한 간략한 안내와 협조 요청의 글이 담긴다.
b. 설문지의 두 번째 부분에서는 응답자의 인구사회학적 특성을 묻는다.
c. 연구자가 관심을 갖는 주제에 대한 문항은 설문지의 첫 부분에 넣는다.
d. 설문지의 첫 부분에 통계처리를 용이하게 하기 위해 고유번호 기입란을 넣을 수 있다.
e. 인구사회학적 요인을 통해 응답자의 모집단에 대한 대표성을 확인할 수 있다.

① a ② b ③ c
④ d ⑤ e

09 개방형 질문에 대한 설명으로 맞지 않은 것을 고르시오.

a. 비구조화된 질문이라고 불리기도 한다.
b. 연구주제에 대해 알려진 정보가 충분치 않을 때 주로 사용된다.
c. 취득가능한 정보의 범위가 상대적으로 좁다는 한계가 있다.
d. 응답자가 질문에 대한 응답의 방향 및 범위를 자유롭게 결정할 수 있다.

① a, b ② b, c ③ c
④ c, d ⑤ d

10 질문내용 구성에 대한 설명으로 맞지 않은 것을 고르시오.

a. 연구자는 외부변수의 영향을 최소화하기 위해 노력해야 한다.
b. 질문의 내용은 연구목적에 직접적으로 관계되어야 한다.
c. 응답자의 개인특성 및 환경을 묻는 문항은 필수적으로 포함되어야 한다.
d. 질문은 설문상황 및 조사대상의 특성을 종합적으로 고려하여 작성되어야 한다.

① a ② b ③ c
④ c, d ⑤ d

Answer 정답

1. 질문 배열 2. ③ 3. ① 4. ③ 5. ③ 6. ⑤ 7. ③ 8. ③ 9. ③
10. ③

CHAPTER

08

실 험

사회복지사는 제공된 프로그램이 효과적임을 검증하는 노력이 요구된다. 이는 서비스 제공에 필요한 재원을 지속적으로 지원받기 위함과 외부로부터 지원받는 재원에 대한 사회적 책임을 다하는 것 이상의 의미를 가진다. 따라서 프로그램 효과는 인과관계 검증으로 실험설계를 활용하여 평가가 이루어진다는 점에서 체계적이고 합리적인 사회복지실천 현장의 평가가 이루어지기 위해서 잘 이해하고 활용할 수 있어야 하는 분야이다. 이 장은 실험과 관련된 개념과 더불어 보다 인과관계를 타당하게 검증하기 위해서 어떠한 방식의 설계를 구성해야 하는지 그리고 실험상에서 어떠한 윤리적 이슈들이 있을 수 있는지 등에 대해 학습한다.

▌학습목표▐

1. 실험연구에서 사용되는 주요 기호와 개념을 이해한다.
2. 내적타당도 및 내적타당도 저해요인에 대해서 이해한다.
3. 비실험설계, 실험설계, 준실험설계에 대해 이해한다.

제 1 절 실험의 개념

1. 실험의 개념과 필요성

실험(experiment)은 사회 및 자연현상에서 나타나는 다양한 특정 변수들의 인과관계를 명확하게 확인할 수 있는 방법으로 널리 사용되고 있다. 실험은 자연과학에서 인과관계를 검증해내는 방법으로 많이 활용되어 왔다. 그러나 사회과학에서도 자연과학에서와 같은 검증 방식을 적용할 수 있다는 가정하에 실험의 활용 영역이 사회현상에 대한 인과관계 검증에까지 확대 적용되어 왔다. 사회과학에서 역시 실험의 연구방식이 중요하게 다루어지는 이유는 바로 복잡한 사회현상을 간명화하여 인과관계를 명확하게 밝혀낼 수 있기 때문이다.

실험은 인과관계를 명확하게 밝힐 목적으로 수행되는 연구방법이다. 사회복지실천현장에서 실험은 프로그램의 효과성을 평가하기 위한 방법으로 많이 활용된다. 프로그램의 효과성을 규명한다는 것은 결국 사회복지사가 제공한 프로그램이 원인이 되어서 사회복지대상자의 목표행동이라는 결과에 변화를 야기했는지 여부를 규명하는 것이다. 사회복지현장에서 제공된 프로그램의 효과성을 평가하는 것은 원인과 결과의 관계, 즉 인과관계를 규명하는 실험이라는 방법론을 통해 가능할 수 있다. 그러므로 사회복지실천현장에서 근무하게 될 예비 사회복지사들은 실험에 대한 기본적인 개념과 방법론에 대한 충분한 이해가 필수적이다.

2. 실험의 기호

실험설계의 유형은 주로 기호를 통해 설명되곤 한다. 따라서 실험설계를 표현할 때 사용되는 기호에 대해서 이해하는 것이 필요하다.

첫째, X이다. 이는 독립변수의 투입을 의미한다. 독립변수는 원인을 의미한다.

둘째, O이다. 이는 종속변수의 측정을 의미한다. 종속변수의 측정 시점이나 대상을 구분하기 위해서 O자의 오른쪽 아래 첨자의 형태로 1, 2, 3 등의 숫자를 붙여 구분한다.

셋째, R이다. 이는 무작위배정을 의미한다. 다시 말해 실험의 연구대상자들을 실험집단에 배치할지, 비교집단 또는 통제집단에 배치할지를 연구자 또는 연구대상자들에 의해 의도적으로 정하는 것이 아니라 무작위로 배치하여 의도적인 차이를 두지 않았음을 말한다.

실험설계를 표현할 때 사용되는 기호들의 시간적 순서는 왼쪽에서 오른쪽으로 설명할 수 있다. 다음의 설계에 대한 기호들의 해석은 다음과 같다.

$$R \quad O_1 \quad X \quad O_2$$

우선 가장 왼쪽에 R이 있으므로 하나의 실험집단에 연구대상자들을 무작위로 배정했음을 말한다. 그 이후 O_1이 나오는데 이는 종속변수를 측정했음을 말한다. 다음으로 X가 등장한다. 이는 독립변수를 투입했음을 말하고, 그 이후에 다시 O_2 즉 종속변수를 측정했다는 것으로 해석해 볼 수 있다.

제2절 비실험설계

1. 비실험설계의 개념

실험설계가 인과관계를 명확하게 파악할 수 있는 연구방법이라면, 비실험설계는 실험설계가 갖추어야 할 조건을 갖추지 못해서 인과관계를 명확하게 파악하는 데 한계가 많은 설계방법이다. 우리는 실험설계를 배우기에 앞서 비실험설계에 대해서 살펴보고, 왜 해당 설계방법들이 인과관계를 명확하게 검증할 수 없는지에 대해서 이해하도록 한다.

2. 비실험설계의 종류

비실험설계는 3가지 유형이 있다. 일회검사연구, 비동일집단 사후검사설계, 그리고 단일집단사전-사후검사설계이다. 우선 비실험설계에 대한 이해를 도모하기 위해서 다음과 같은 예시를 설정하고, 이를 다음에 설명되는 각각의 비실험설계방법들에 적용해 봄으로써 해당 방법들에 대한 이해와 한계를 파악해 보도록 하겠다. 알코올중독자들을 대상으로 절주 프로그램을 실시하여 음주량을 줄이는 데 얼마나 효과적인지를 알아보기 위한 연구를 다음에 소개되는 비실험설계에 적용해 보도록 하자. 이 연구의 X는 절주 프로그램의 제공이 되겠으며, O는 음주량의 측정이 될 수 있다.

1) 일회검사연구

일회검사연구는 하나의 집단에 독립변수의 투입이 이루어지고 난 후에 종속변수를 1회 측정하여 효과성 여부를 확인하는 방법을 말한다. 예를 들어, 한 알코올중독자 집단에게 절주 프로그램을 실시하고(X) 이후 음주량을 1회 측정해 보는 것(O_1)이다. 이 설계방식을 통해 절주 프로그램이 음주량을 감소시키는 데 효과적이었는지 인과관계를 확인하는 것은 어렵다. 절주 프로그램을 실시하기 이전에 음주량을 확인하지 않았으므로 프로그램 실시 이후의 음주량 측정값이 증가한 것인지 감소한 것인지 확인할 수 없다.

X O_1

[그림 8-1] **일회검사연구**

2) 비동일집단 사후검사설계

비동일집단 사후검사설계는 2개의 집단을 설정하여 이 중 하나의 집단은 독립변수를 투입하고 다른 한 집단은 투입하지 않은 후 각 집단의 종속변수를 측정하여 비교함으로써 독립변수와 종속변수의 관계를 확인하는 방법을 말한다. 예를 들어, 두 알코올중독자 집단 중 하나의 집단은 절주 프로그램을 실시하고(X), 다른 하나의 집단에는 실시하지 않는다. 이후 두 집단의 음주량을 각각 1회 측정해 보는 것(O_1, O_2)이다. 이를 통해 절주 프로그램이 음주량을 감소시키는 데 효과적이었는지 인과관계를 확인하는 것은 가능한가? 이 설계방법 역시 절주 프로그램을 실시하기 이전에 두 집단 모두의 음주량을 확인하지 않았으므로 프로그램 실시 이후의 음주량을 측정한 결과가 과연 증가한 것인지 감소한 것인지 변화가 없는지 등을 확인할 수 없다.

$$X \quad O_1$$
$$\quad\ O_2$$

[그림 8-2] 비동일집단 사후검사설계

3) 단일집단사전-사후검사설계

단일집단사전-사후검사설계는 하나의 집단을 대상으로 독립변수를 투입하기 이전에 종속변수를 측정하고(O_1), 독립변수를 투입한 이후(X) 다시 종속변수를 측정(O_2)하여 독립변수와 종속변수의 관계를 확인하는 방법이다. 예를 들면, 우선 한 알코올중독자 집단의 음주량을 측정한 후, 절주 프로그램을 실시하여 제공한다. 이후 다시 알코올중독자 집단의 음주량을 측정하여 프로그램 제공 전과 후의 음주량에 차이가 있는지를 확인하여 절주 프로그램이 음주량을 줄이는 원인으로 작용하였는지 확인하는 방법이다. 이 설계방법은 실제 사회복지실천현장에서 프로그램의 효과성 검증을 위해 자주 사용되고 있는 방법이며, 앞의 2가지 방법에 비해 비교적 인과관계 검증을 확신할 수 있다. 그럼에도 비실험설계에 포함되는 이유는 독립변수 외에 영향을 미칠 수 있는 외부의 다양한 영향력이 종속변수의 변화에 개입할 수 있는 가능성을 확인할 수 없는 설계방법이기 때문이다. 예를 들어, 실험기간 동안 주류세금이 인상되었다거나 하는 등의 실험과 전혀 상관없는 외부의 사건의 영향이 음주량을 높이거나 줄일 수 있는 가능성을 확인할 수 없으므로 인과관계를 확신하기 어렵다.

$$O_1 \quad X \quad O_2$$

[그림 8-3] 단일집단 사전-사후검사설계

제3절 내적타당도

1. 내적타당도의 개념

실험은 인과관계를 명확하고 엄격하게 규명하는 연구방법이다. 즉, 원인에 해당하는 변수가 결과에 해당하는 변수에 영향을 미쳤는지 여부를 엄격하게 검증한다. 그러기 위해서는 원인에 해당하는 변수 외에 다른 변수들이 결과에 영향을 미칠 가능성을 사전에 통제할 수 있어야 한다. 이 들 요인들을 적절하게 통제하지 못할 경우 우리가 설정한 원인변수가 결과변수에 미친 영향력을 확신하지 못하게 된다. 사회복지사 역시 프로그램의 효과성 평가에 있어 내가 제공한 프로그램 외에 사회복지대상자의 목표행동 변화라는 결과에 영향을 미칠 수 있는 여러 요인들을 적절하게 통제하지 못한다면 대상자의 목표행동 변화가 프로그램 제공 때문이었다고 확신할 수 없게 된다. 이처럼 종속변수의 변화가 독립변수 때문이었다고 얼마나 확신할 수 있는가의 정도를 내적타당도라고 한다. 높은 내적타당도를 가지는 연구들은 그만큼 인과관계를 확신할 수 있는 연구를 말한다. 종속변수의 변화가 독립변수 때문이라고 확신할 수 있는 연구를 수행하기 위해서는 내적타당도를 저해하는 요인들을 찾아 이를 통제할 수 있어야 한다.

2. 내적타당도의 저해요인

1) 역사요인

역사요인(history factor)이란 연구가 수행되는 과정에서 연구와는 무관하게 외부에서 우연히 일어난 사건이 연구에 영향을 미치는 경우를 말한다. 예를 들어, K여행사의 광고 홍보가 소비자의 선호도에 영향을 미치는지 조사하기 위해 실험을 하였다고 하자. 실험기간에 의도치 않게 여행사를 이용한 이용객들이 관광지에서 우연히 인명 사고가 발생하였고, 언론에 크게 이슈화되었다고 하자. 이러한 경우 우연히 발생한 여행사를 이용한 고객들의 인명 사고가 K여행사의 선호도에 영향을 미칠 가능성이 있다. 이때 종속변수인 소비자의 선호도는 순수하게 독립변수(K여행사의 광고)에 의한 영향과 외부적 변수인 의도치 않은 사건에 의한 영향이 동시에 나타날 수 있다. 따라서 이러한 외부의 우연한 사건에 의해 K여행사의 광고가 고객의 선호도에 어떠한 영향을 미치는 영향력을 명확하게 확신할 수 없다.

2) 성장요인

성장요인(Maturation Factor)이란 단순한 시간 경과로 인해 연구대상자들의 성장이나 노화와 같은 자연스러운 육체적·심리적 변화가 종속변수에 영향을 미치는 것을 말한다. 예를 들면, A비타민이 초등학교 4학년 학생들의 신장증가에 효과적인지를 검증한다고 하자. A비타민 투입 전에 학생들의 신장이 평균 130cm로 측정되었는데, 1년간 비타민을 섭취한 이후에 신장을 측정해 보니 평균 137cm가 되었다면 과연 A비타민이 효과적이라고 확신할 수 있는가? 그렇지 않다. 성장기 학생들은 원래 신장이 성장하는 시기이기 때문에 증가한 것인지, 비타민의 효과 때문인지 확신할 수 없다.

3) 검사요인

검사요인(testing factor)은 같은 측정도구를 반복해서 측정할 경우 연구대상자들이 학습효과로 자연스럽게 측정결과가 증가 또는 감소하는 경우를 의미한다. 즉, 별다른 조치를 취하지 않더라도 동일한 측정도구를 사용하여 두 번 이상 평가를 실시하는 경우 문제에 대해 익숙해져 측정결과에 영향을 미칠 수 있게 된다. 즉, 처음에 실시한 검사가 다음에 실시된 검사에 영향을 미칠 수 있다. 검사요인으로 연구결과의 변화가 동일한 측정도구를 반복해서 측정하였기 때문인지, 연구자가 제공한 독립변수에 의한 효과 때문인지 확신할 수 없게 될 수 있다.

4) 도구요인

검사요인은 동일한 측정도구를 사용하여 두 번 이상의 평가가 반복된 경우 발생하는 문제이다. 그렇다면 검사요인을 피하기 위해 두 번의 평가를 각각 다른 측정도구를 사용한다면 모든 문제가 해결될까? 그렇지 않다. 만약 서로 다른 도구를 사용하여 측정이 이루어진다면, 측정도구의 난이도에 차이가 연구결과에 영향을 미칠 수 있다. 이를 도구요인(instrumentation factor)이라고 한다. 프로그램 투입 이전에는 높은 난이도의 문제로 측정하고, 프로그램 투입 이후 난이도가 낮은 문제로 측정이 이루어졌다면, 연구대상자들의 점수변화는 과연 프로그램의 순수한 효과 때문이라고 확신할 수 있을까? 서로 다른 측정도구를 사용함에 따라 나타날 수 있는 난이도 때문인지, 아니면 프로그램 때문인지 확신할 수 없게 된다.

5) 통제적 회귀

통계적 회귀(statistical regression)란 사전검사에서 극단적인 점수, 즉 정상치에 크게 못 미치거나 크게 높은 점수를 받았다면 사후검사에서는 독립변수의 효과와 무관하게 정상치에 가까운 점수로 돌아갈 수 있는 경우를 말한다. 예를 들어, 양궁선수들이 과녁에 화살을 맞추는 정확도를 조사한 뒤 특별훈련을 실시하고 나서 다시 그 정확도를 조사하여 특별훈련의 영향력을 확인해보고자 했다고 하자. 이 경우 어느 한 선수가 특별 훈련 이전에는 바람이 세게 불어 낮은 정확도를 보였으나, 특별 훈련 이후 측정에서는 바람이 불지 않아 기존의 원래 실력대로 정확도를 나타냈다고 하자. 그렇다면 과연 이러한 정확도 향상의 결과가 특별훈련에 의한 효과로 해석해 볼 수 있을까? 반대로 특별 훈련 이전의 측정에서 우연히 높은 정확도를 보였으나, 특별 훈련 이후에는 원래의 실력대로 정확도를 보인 경우는 어떠한가. 앞서 언급한 검사요인 또는 도구요인을 모두 통제한 상태라고 하더라도 연구대상자를 측정하는 상황에서 나타날 수 있는 운, 컨디션, 감정기복 등은 측정결과의 증가나 감소에 영향을 미칠 수 있다. 따라서 측정결과의 변화가 독립변수 때문인지 운 등이 작용한 결과인지 확신할 수 없게 될 수 있다.

6) 표본의 편중

표본의 편중(selection bias)은 선정요인이라고도 한다. 이는 특정 성향의 연구대상자들이 선정되어 종속변수의 측정결과에 영향을 미칠 수 있는 경우를 말한다. 예를 들어, 100명의 알코올중독자들 중 프로그램에 참여를 희망하는 10명의 연구대상자를 선정하여 음주량을 측정하고, 절주 프로그램을 실시한 이후에 다시 음주량을 측정했더니 음주량이 급격하게 감소했다고 하자. 그렇다면 이는 절주 프로그램이 매우 효과적이었기 때문일까? 아니면 애초부터 실험의 참가자들이 음주량을 줄이고 싶은 강한 의지를 가지고 있는 사람들만을 대상으로 프로그램을 실시했기 때문에 결과도 긍정적으로 나타난 것일까? 확신할 수 없게 된다.

7) 실험대상의 소멸

실험대상의 소멸(mortality)은 실험대상으로 선정되었던 실험대상이 실험기간 중에 실험대상에서 이탈하게 됨에 따라 독립변수의 효과가 왜곡될 수 있는 가능성을 의미한다. 최초 실험에 참여했던 연구대상자들이 병에 걸렸거나, 주거지 또는 연락처의 변경, 사망하거나, 실험처리에 대한 단순 거부나 질증 등의 이유로 상실될 경우, 최종적으로 남은 사람들에게서 얻은 결과는 어떤 특성을 가진 사람들에게서만 나타날 수 있는 편의를 띠게 될 수 있다. 예를 들어, 기관에 소속된 알코올중독자 100명 전체를 대상으로 절주 프로그램이 음주량을 감소시키는 데 효과적이었는지 살펴보자. 프로그램이 진행되는 과정에 절주를 희망하지 않는 사람들은 참여률이 낮아지거나 빠지게 되고 최종적으로 남아 있는 30명만을 대상으로 결과를 측정하였더니 긍정적인 수치가 나왔다면 절주 프로그램은 음주량을 줄이는 데 효과적이었다고 확신할 수 있을까? 아니면 절주의 의지가 없거나 참여하기 싫은 사람은 빠져나가고 절주의 의지가 강한 사람만 최종적으로 남아 있었기 때문에 효과가 좋은 것인지 확신할 수 없게 된다.

제4절 실험설계

1. 실험설계의 조건

실험연구는 인과관계를 확증하기 위한 연구방법이므로 인과관계 확신을 위해서는 무엇보다 내적타당도 저해요인들을 최대한 통제하는 것이 핵심이다. 물론 아무리 좋은 실험설계라고 하더라도 100% 완벽하게 내적타당도 저해요인들을 통제할 수는 없지만 내적타당도를 최대한 통제하면 할수록 좋은 실험설계라고 할 수 있다.

실험설계가 내적타당도 저해요인을 통제하고 인과관계를 명확하게 파악하기 위해서는 인과관계의 3가지 조건(연관성, 시간적 순서, 가식적 관계가 아닐 것)을 만족시킬 수 있는 방식의 조건이 갖추어진 설계가 이루어져야 한다. 실험설계가 갖추어야 할 조건은 다음 4가지이다.

1) 독립변수와 종속변수

실험설계는 독립변수와 종속변수의 관계를 검증하기 위한 방법이므로 반드시 원인에 해당하는 독립변수와 결과에 해당하는 종속변수가 존재해야 한다. 다만 실험설계를 위해서 연구자가 독립변수에 조작을 가할 수 있어야 한다.

2) 사전검사와 사후검사

실험설계에서 독립변수와 종속변수의 연관성을 규명하기 위해서는 독립변수를 투입하기 이전에 종속변수의 상태를 측정할 수 있어야 하고, 독립변수를 투입한 이후에 종속변수의 상태를 측정하여 이 두 값을 비교할 수 있어야 한다. 독립변수 투입 이전에 종속변수를 측정하는 것을 사전검사라고 하고, 득립변수 투입 이후에 종속변수를 측정하는 것을 사후검사라고 한다. 다른 외부 요인들이 잘 통제된 상태에서 사전검사와 사후검사 결과에 변화가 있었다면 이는 독립변수 때문일 것으로 명확하게 추정이 가능할 것이다.

3) 실험집단과 통제집단

독립변수의 투입 외에 종속변수에 영향을 미치는 다른 요인을 통제하기 위해서는 독립변수 투입을 제외한 나머지 조건이 동일한 집단을 하나 더 설정하여 이와 비교하는 방법이 있다. 독립변수를 투입하는 집단은 실험을 실시하는 집단이므로 실험집단이라고 한다. 반대로 독립변수 투입을 제외하고는 실험집단과 동일한 조건을 갖춘 집단을 통제집단이라고 한다. 독립변수 투입을 제외하고는 실험집단과 통제집단은 모든 점에서 동일하기 때문에 두 집단 간에 종속변수에서 차이가 발생한다면 이는 독립변수의 영향으로 인한 것임을 확신할 수 있게 된다.

4) 무작위배당

실험집단과 통제집단 간에 의도적인 차이를 만들지 않기 위해서는 연구대상자를 두 집단에 배정할 때 무작위로 배정하는 것이 필요하다. 이를 무작위배당이라고 한다. 무작위배당은 내적타당도 저해요인 중 선정요인으로 인한 문제를 제거하기 위해서 사용한다. 무작위배당은 전체연구대상자에서 무작위로 실험집단과 통제집단으로 배정하는 단순무작위배당과 전체 연구대상자들 중 특성이 동일한 사람들끼리 둘씩 짝을 이루게 하여 가위바위보나 제비뽑기 등으로 둘 중 하나는 실험집단, 다른 하나는 통제집단으로 배정하는 방식인 매칭무작위배당이 있다.

2. 실험설계의 종류

1) 통제집단 사전-사후검사설계: 고전적 실험설계

통제집단 사전-사후검사설계(pretest-posttest control group design)는 실험설계의 조건 4가지를 갖춘 설계방법을 말한다. 우선 실험집단과 통제집단에 연구대상자를 무작위배당하고, 두 집단의 사전검사를 실시한다. 이후 실험집단에는 독립변수를 투입하고, 통제집단에는 독립변수를 투입하지 않는다. 마지막으로 두 집단의 사후조사를 실시한다. 만약 두 집단의 사전조사결과인 O_1과 O2의 차이는 없었으나 O_3과 O_4에서 의미 있는 차이가 발생했다면, 이는 독립변수 X로 인한 것이라고 결론 내릴 수 있다.

$$
\begin{array}{llll}
R & O_1 & X & O_3 \\
R & O_2 & & O_4
\end{array}
$$

[그림 8-4] 통제집단 사전-사후검사설계

이 설계는 실험집단과 독립변수 투입을 제외한 모든 조건이 동일한 통제집단 모두에서 실시되므로 대부분의 내적타당도 저해요인은 효과적으로 통제될 수 있다. 그러나 검사요인의 영향력은 잘 통제되지 못할 수 있다. 통제집단 사전-사후검사설계는 통제집단과 실험집단 모두 동일한 측정도구를 두 번 반복해서 사용한다는 점에서 동일하게 검사요인이 발생할 수 있다. 따라서 두 집단에 그 영향력은 동일하다고 볼 수도 있으나 실험집단의 경우 독립변수와 검사요인이 상호작용할 수 있어 통제집단에서 나타나는 검사요인의 영향력과 다른 효과가 나타날 수 있다. 두 집단이 사전검사에서 동일한 문제지를 풀었다고 하더라도 실험집단의 경우 사전검사지에 나왔던 문제와 관련된 내용이 프로그램을 통해 제시된다면 그 과정에서 '저 문제가 사전검사에 나왔었는데' 하며 실험집단의 참여자들이 더 집중해서 귀담아듣게 될 확률이 높다. 그 결과 사후검사에서는 실험집단이 더 좋은 결과가 나타날 수 있다.

2) 통제집단 사후검사설계

통제집단 사전-사후검사설계는 검사요인으로 인해 내적타당도가 떨어질 수 있다는 점에서 한계를 가진다. 통제집단 사전-사후검사설계에서 나타날 수 있는 검사요인을 제거하기 위해서는 사전검사를 제외하는 방법이 있다. 이를 통제집단 사후검사설계(posttest only control group design)라고 한다. 즉, 실험집단과 통제집단에 연구자를 무작위로 배당하게 되면 두 집단 간에 의도적인 차이는 사라지게 되므로 동일한 집단으로 간주할 수 있다고 보는 것이다. 이후 실험집단에는 독립변수를 투입하고 다른 하나에는 투입하지 않고 종속변수의 차이를 비교하여 인과관계를 확인하는 방법이다.

R	X	O_1
R		O_2

[그림 8-5] **통제집단 사후검사설계**

이 방법은 통제집단 사전-사후검사설계에 비해 간단하고, 내적타당도 저해요인 중 검사요인을 제거할 수 있다는 점에서 장점이 있다. 그러나 사전검사를 측정하지 않기 때문에 실험집단과 통제집단 간에 원래 존재했던 차이를 명확히 확인하여 통제할 수 없다는 단점을 가지고 있다. 즉, 선정요인을 통제하지 못한다.

3) 솔로몬 4집단 설계

통제집단 사전-사후검사설계는 검사요인이 나타나고, 이를 제거하기 위한 통제집단 사후-검사설계는 검사요인은 통제되나 선정요인이 발생한다는 점에서 각각의 약점이 나타났다. 이 두 설계방법이 가진 내적타당도 저해요인을 효과적으로 통제하기 위해 제시된 설계방법이 바로 솔로몬의 4집단 설계이다.

$$
\begin{array}{llll}
R & O_1 & X & O_3 \\
R & O_2 & & O_4 \\
R & & X & O_1 \\
R & & & O_2
\end{array}
$$

[그림 8-6] **솔로몬 4집단 설계**

솔로몬 4집단 설계는 통제집단 사전-사후검사설계와 통제집단 사후검사설계를 합쳐서 만든 4개 집단의 설계이다. 이 설계는 매우 이상적인 실험설계 방법으로 실험 수행 과정에서 발생하는 상호작용의 효과와 기타 내적 타당도를 저해하는 요인들을 모두 제거할 수 있는 방법이라고 할 수 있다. 그러나 설계의 복잡성, 시간과 비용이 많이 드는 점 등으로 인해 현실적으로 사회복지 현장에 적용하여 사용하기 어렵다는 점이 단점이다.

제5절 유사 실험설계

1. 유사 실험설계

실험설계는 인과관계를 명확하게 규명할 수 있다는 장점을 가지고 있다. 그러나 인간과 사회를 대상으로 하는 사회과학에서 실험의 연구방법으로 적용되어 사용될 경우 윤리적인 문제가 야기될 수 있는 가능성을 가지고 있다. 예를 들어, 연구대상자를 실험집단과 통제집단에 넣을지 무작위로 배당하는 것이 현실적으로 어려운 경우도 있고, 통제집단의 연구대상자들의 경우 사회복지 프로그램이 필요함에도 불구하고 연구목적 상 의도적으로 프로그램을 제공하지 않는 것은 문제가 될 수 있다. 이러한 이유로 실험설계에 비해 다소 내적타당도가 낮아지더라도 실험설계가 불가능 할 때에는 그 대안으로 불가피하게 선택할 수 있는 설계방법이 바로 유사 실험설계이다.

2. 유사 실험설계의 종류

유사 실험설계는 실험설계에 준하는 설계방식으로 실험설계처럼 엄격한 통제집단을 갖거나, 무작위배정을 할 수 없지만 대안적인 방법을 사용하여 연구자가 가설을 검증하는 방법이다. 준실험설계라고 부르기도 한다.

1) 비동일 통제집단설계

비동일 통제집단설계(quasi-experimental design)는 실험설계의 통제집단 사전-사후검사설계와 유사하나 무작위배정을 하지 않는 점에서 차이가 있다. 연구대상자들을 무작위배정을 통해 실험집단과 통제집단으로 구성하기 어려운 경우, 실험집단의 구성원과 가장 유사한 성격을 가지고 있다고 가정되는 집단을 연구자가 임의로 선정하여 두 집단을 비교해 보는 방식이다. 또한 사전검사를 실시함으로써 두 집단이 비슷한 특성을 가졌는지 검증해 볼 수 있다.

예를 들어, A복지관의 알코올중독자들을 실험집단과 통제집단으로 무작위로 배정할 경우 누구는 서비스를 받고 누구는 서비스를 못받는 부분에 대한 이슈가 예상된다면 A복지관의 알코올중독자들을 모두 실험집단으로 두고, 인근의 B복지관에서 A복지관의 알코올중독자와 유사한 알코올중독자들을 통제집단으로 선정하여 각각 사전검사와 사후검사 결과를 측정하여 비교하여 제공된 프로그램과 음주량의 인과관계를 검증하는 방법이라고 볼 수 있다.

$$\begin{array}{ccc} O_1 & X & O_3 \\ O_2 & & O_4 \end{array}$$

[그림 8-7] 비동일 통제집단설계

2) 단순 시계열 설계

실험집단과 유사한 특성을 가진 통제집단을 구하는 것이 어려운 경우라면 단순 시계열 설계(time-series design)를 활용할 수 있다. 일종의 반복측정설계라고 볼 수 있다. 하나의 실험집단을 대상으로 독립변수의 투입 이전에 종속변수를 여러 번 반복하여 측정함으로써 일정한 경향성을 발견하고, 독립변수를 투입 이후에 종속변수를 여러 번 반복 측정함으로써 독립변수 투입 전후 종속변수의 변화추세를 확인하여 인과관계를 검증하는 것이다. 통상 전후 각 3회 이상 측정하여 절대 값의 합한 점수의 차 혹은 평균값의 차를 비교한다. 단순 시계열 설계가 하나의 집단을 대상으로 독립변수 투입 전후 여러 번의 종속변수를 측정하여 분석하는 기법이라면, 다중 시계열 설계는 여러 집단을 대상으로 각각 독립변수 투입 전후 여러 번의 종속변수를 측정하여 분석하는 기법이다.

$O_1\ O_2\ O_3\ O_4\ X\ O_5\ O_6\ O_7\ O_8$

[그림 8-8] **단순 시계열 설계**

$O_1\ O_2\ O_3\ O_4\ X\ O_5\ O_6\ O_7\ O_8$

$O_9\ O_{10}\ O_{11}\ O_{12}\quad O_{13}\ O_{14}\ O_{15}\ O_{16}$

[그림 8-9] **다중 시계열 설계**

요 약

- 실험은 다양한 사회현상이나 자연현상에서 특정 변수들의 인과관계를 확인할 수 있는 방법으로 널리 사용되고 있다. 사회과학에서 실험을 중요하게 간주하는 것은 복잡한 사회현상을 단순화하여 인과관계를 보여줄 수 있다는 점 때문이다.
- 비실험설계는 인과관계를 명확하게 증명하지 못하는 설계방법으로 일회검사연구, 비동일집단 사후검사설계, 단일집단 사전-사후검사설계가 있다.
- 실험설계는 복잡한 사회현상 중에서 연구목적상 관심이 있는 요소(변수)들만을 선별하여 그들 간의 인과관계를 집중적으로 관찰 · 분석하는 방법이다. 실험설계의 조건으로는 독립변수/종속변수, 사전검사/사후검사, 실험집단/통제집단, 무작위배당 총 4가지가 있다.
- 내적타당도는 인과관계의 확신 정도를 의미하는 것으로, 종속변수의 변화가 독립변수 때문이라고 얼마나 확신할 수 있는지의 정도를 말한다. 내적타당도가 높은 설계가 좋은 실험설계이며, 이를 위해서는 내적타당도를 저해하는 요인들을 통제해야 한다.
- 실험설계의 유형은 크게 세 가지로 구분할 수 있다. 통제집단 사전-사후검사설계, 통제집단 사후검사설계, 솔로몬 4집단 설계가 있다.
- 유사 실험설계는 실험설계가 윤리적 문제를 야기할 경우 불가피하게 사용하는 대안이다. 그 방법에는 비동일 통제집단 설계와 단순 및 다중 시계열 설계가 있다.

핵심어 실험, 실험설계, 내적타당도, 비실험설계, 실험설계, 통제집단 사전-사후설계, 통제집단 사후검사설계, 솔로몬 4집단 실험설계, 유사 실험설계

연습문제

01 다음의 타당도의 대한 설명 중 옳지 않은 것은?

① 실험설계 시 타당도를 높이는 것을 고려하지 않아도 된다.
② 역사적 요인은 내적타당도를 저해하는 요인이다.
③ 성장 요인은 시간의 경과에 따라 나타나는 변화를 말한다.
④ 외적 타당도는 일반화 또는 대표성에 대한 문제이다.
⑤ 표본의 대표성 문제는 선정된 대상자가 모집단을 대표할 수 없을 때 발생한다.

02 실험집단과 통제집단의 차이는 무엇인가?

① 집단 크기의 차이
② 집단 성원의 차이
③ 집단 구성 시기의 차이
④ 검사 여부의 차이
⑤ 실험 처지 유무

03 솔로몬 4집단 설계의 특징으로 옳은 것은?

① 검사효과는 계산하지 못한다.
② 통제집단 사전-사후검사설계와 통제집단 사후검사설계를 한꺼번에 한다.
③ 내적타당도 저해요인은 계산하지 못한다.
④ 설계의 타당도는 높으나 실험의 어려움이 있다.
⑤ 비실험설계에 해당한다.

04 다음에서 설명하는 것은?

- 인과관계를 파악하기 위한 가장 보편적인 방법
- 연구대상을 실험집단과 통제집단에 무작위로 배치
- 개입 전후 두 집단에 대한 검사 실시

① 통제집단 사전-사후검사설계
② 통제집단 사후검사설계
③ 솔로몬 4집단 설계
④ 시계열 설계
⑤ 단일 사례 설계

05 조사설계에서 내적타당도를 저해한다는 의미는 무엇인가?

① 양적 분석을 한다 ② 인과관계추론을 어렵게 한다
③ 사전 사후검사를 비교한다 ④ 도구효과를 배제한다
⑤ 일반화가 어렵다

*** 다음을 읽고 아래 문제를 푸세요.**

$R\ O_1\ X\ O_3$
$R\ O_2\ \ \ \ O_4$

06 위 그림에서 R은 무엇을 말하는가?

① 독립변수의 투입 ② 종속변수의 측정
③ 무작위배당 ④ 사전검사 ⑤ 사후검사

07 위 그림에서 '$R\ O_2\ \ \ O_4$'는 무엇을 말하는가?

① 독립변수의 투입 ② 종속변수의 측정
③ 무작위배당 ④ 실험집단 ⑤ 통제집단

08 위 그림은 어떤 설계인가?

① 통제집단 사전사후 검사설계 ② 통제집단 사후검사설계
③ 솔로몬 4집단 설계 ④ 시계열 설계 ⑤ 단일 사례 설계

09 위 그림에서 'O_3'과 'O_5'는 보기 중 무엇에 해당하는가?

① 사후검사 ② 사전검사
③ 무작위배당 ④ 실험집단 ⑤ 통제집단

10 위 그림에서 X는 무엇을 말하는가?

① 독립변수의 투입 ② 종속변수의 측정
③ 무작위배당 ④ 실험집단 ⑤ 통제집단

Answer 정답

1. ① 2. ⑤ 3. ④ 4. ① 5. ② 6. ③ 7. ⑤ 8. ① 9. ① 10. ①

CHAPTER

09

관찰, 내용분석 및 2차 자료분석

기초적인 자료수집방법인 관찰이 과학적으로 이루어지기 위해 갖추어야 할 요건들을 이해하고, 기록물을 대상으로 자료수집할 때 사용되는 내용분석의 절차와 방법을 숙지하여, 내용분석을 할 수 있는 역량을 갖추도록 한다. 또한, 최근 활용도가 증가하고 있는 2차 자료에 대해 이해하고, 2차 자료의 유용성과 한계를 파악할 수 있다.

▌학습목표▐

1. 관찰의 신뢰도와 타당도를 높이는 방안을 이해한다.
2. 내용분석의 절차를 이해하고, 범주화할 수 있다.
3. 2차 자료의 유용성을 이해한다.

제 1 절 관찰

1. 개념

관찰(observation)은 인간이 인간의 감각기관을 이용하여 조사대상의 언어나 행동자료를 수집하는 방법이다. 관찰은 인간행동과 사회현상에 대한 기초 조사방법으로 탐색적 조사에 자주 활용된다. 다만, 관찰은 관찰자의 시각에 따라 관찰의 결과가 다르게 나타날 수 있다. 관찰은 누구나 할 수 있지만, 신뢰할 수 있는 관찰이 되기 위한 훈련이 필요하다.

관찰은 구조화의 수준에 따라 비구조적, 반구조적, 구조적 관찰로 분류된다. 구조적 관찰이란 사전에 준비된 기준이나 도구를 가지고 측정하는 관찰을 말한다. 조사자의 개입 수준에 따라 참여관찰, 준참여관찰, 비참여관찰로 분류할 수 있다. 참여관찰은 관찰대상에 영향을 미치는 개입을, 비참여관찰은 관찰대상에 영향을 미치는 행위를 엄격히 통제하는 관찰법이다. 또한, 관찰자의 역할에 따라 완전참여자, 관찰참여자, 참여관찰자, 완전관찰자로 구분된다. 이 중 관찰참여자는 조사대상에게 조사자의 신분을 알려주고, 제한적인 역할을 담당하는 경우를 말하며, 참여관찰자도 조사대상에게 조사하고 있다는 사실을 알려주지만, 영향을 미치는 행위를 하지 않는다. 참고로 복합고유명사는 앞에 위치하는 명사에 강조점이 있는 반면, 복합보통명사는 뒤에 위치하는 명사에 강조점이 있다. 예를 들어, 관찰참여자는 관찰적 참여자라고 불리기도 한다. 관찰참여자는 완전참여자와 유사하면서도 관찰적 특성도 가지고 있음을 의미한다.

〈표 9-1〉 **관찰의 유형**

분류 기준	유형			
	주관성 〈----			----〉 객관성
구조화의 수준	비구조적 관찰	반구조적 관찰		구조적 관찰
조사자의 개입 수준	참여관찰	준참여관찰		비참여관찰
관찰자의 역할	완전참여자	관찰참여자	참여관찰자	완전관찰자

2. 절차

관찰은 자료수집의 한 방법이다. 관찰의 절차는 다음과 같다.

첫째, 관찰 조사의 목적을 설정한다. 조사의 목적을 달성하는 데 관찰이 적합하다고 판단되었다면, 조사목적을 달성하기 위한 세부 관찰 항목을 작성한다.

둘째, 관찰 설계한다. 설계 단계는 관찰 단위와 관찰방법을 정하고 조사목적에 부합하는 관찰내용을 정한다. 관찰 단위는 관찰대상자의 개인 또는 집단, 행위별, 시간별로 관찰할지 정하며, 관찰방법은 위의 관찰의 유형 중, 구조화의 수준, 조사자의 개입 수준 증에 따라 관찰자의 위치를 명확히 하는 데 있다. 이 단계는 필기구 외에 관찰도구(질문지, 척도), 기록 보조도구 등도 준비한다. 기록 보조도구는 스마트폰의 녹음 어플, 녹음기, CCTV, 캠코더 등이 있다.

셋째, 관찰 기록한다. 관찰 과정 중에 발생한 피관찰자의 행동, 행동 유발 사건, 자극, 행동의 방향, 표현형태, 결과, 발생시간, 지속시간, 발생빈도 등을 기록한다. 기록방법은 즉시 기록, 관찰 후 관찰 이외의 장소에서 기록, 약어 기입 후 사후 완전 기록 방법 등이 있다.

넷째, 관찰 결과를 정리한다. 관찰로 얻은 자료를 토대로 글쓰기를 할 때 부족한 자료가 무엇인지 확인하고 즉시 관찰 결과를 정리한다. 관찰 기록 이후 당일 또는 익일(다음날)에 관찰 기록을 점검하는 것이 좋다. 관찰 결과는 크게 누락된 관찰 기록의 보충, 오류 관찰 기록의 정정, 관찰자의 해석의 추가, 다음 관찰 보충 계획 등에 중점을 두고 점검한다.

3. 유용성과 한계

1) 유용성

관찰이 재현성 등 과학적 요건을 충족시키는 데 한계를 가지고 있지만, 다른 자료수집방법이 어려운 경우 관찰이 활용되거나, 보조적인 수단으로 활용된다.

첫째, 관찰은 비전형 상황에서 실시할 수 있는 가장 유연한 자료수집방법이다. 조사대상이 비협조적이거나, 영유아나 언어장애인, 발달장애인 등과 같이 언어적 기능이 제한적이어서 면접조사나 설문조사가 어려운 경우에도 사용할 수 있다. 또한, 조사대상자에게 너무 익숙하여 조사대상자로부터 자료를 추출할 수 없는 경우에도 유용하게 활용될 수 있는 방법이다.

둘째, 관찰은 탐색적 조사에 적합하다. 인간행동이나 사회현상에 대해 알려진 바가 적거나 복합적인 이유로 무엇부터 조사해야 할지 파악하기 어려워 자료수집 자체가 중요한 의미를 갖는 경우 유용하다.

셋째, 관찰은 장기적이고 심층적인 자료수집이 가능하다. 관찰은 특정 조사대상에 대한 종단 조사가 가능하다. 관찰은 원시부족이나 집단을 대상으로 하는 문화기술학적 조사에 활용된다.

2) 한계

관찰법을 직접 사용하는 조사상황은 제한적이다. 그러나 조사자들은 관찰을 다른 자료수집방법과 병행하여 사용하거나, 조사 결과에 묵시적인 관찰 결과를 반영하는 경우도 많다. 관찰법의 한계가 무엇인지 이해하고 사용하여야 오·남용을 막고, 조사결과의 타당성을 확보할 수 있다. 이를 정리해 보면 다음과 같다.

첫째, 관찰은 관찰대상에 대한 제한이 따른다. 관찰은 다른 자료수집방법에 비해 유연하지만, 그렇다고 모든 대상을 관찰할 수 있는 것은 아니다. 먼저, 연구윤리와 개인정보보호의 관련 법령의 강화에 따라 동의를 받지 않은 개인이나 집단의 조사는 제약이 따른다. 또한, 인간의 내면이 조사대상일 때 관찰은 부적합한 방법일 수 있다. 추가적으로, 관찰은 상대적으로 시간과 비용이 많이 소요되므로, 관찰 규모의 제약을 받는다.

둘째, 관찰은 신뢰도와 타당도가 저해될 가능성이 높다. 관찰자의 가치, 관심, 지식에 따라 다른 결과가 도출된다면 조사 결과의 객관성을 확보하기 어렵다.

셋째, 관찰은 관찰자로 인해 조사대상자의 반응성이 나타날 수 있다. 반응성이란 조사대상자가 관찰한다는 사실로 인해 평소와는 다른 행동이나 사고 등을 하는 현상을 말한다.

4. 관찰의 신뢰도와 타당도를 높이는 방법

관찰의 신뢰도를 높인다는 의미는 다른 사람이 관찰하여도 유사한 결과가 나오는 것을, 타당도는 관찰을 통해 얻고자 하는 바를 얻는 정도를 말한다. 관찰의 신뢰도와 타당도를 높이는 방법은 다음과 같다.

첫째, 재현성과 엄밀성을 높이기 위한 관찰자 훈련을 한다. 관찰자 자신의 가치관, 선입견 등을 사전에 파악하고 통제할 수 있도록 훈련하고, 관찰방법이나 관찰도구, 기록방법 등에 대한 숙달훈련을 한다.

둘째, 구조화된 관찰기록을 한다. 관찰 범주나 적용 규칙을 구조화하여 재현성을 높인다. 비교가능성을 높이기 위해 관찰도구를 이용하여 가급적 정형화한다. 관찰기록이 선별적인 기록이 되지 않도록 기록 도구를 활용한다.

셋째, 다수의 관찰자가 동시 관찰한 결과를 비교한다. 훈련된 관찰자라도 개개인의 성향에 따라 다른 결과가 나타날 수 있으므로 이를 보정하기 위해 다수 관찰자의 관찰 결과를 상호 비교하고 보완하도록 한다.

넷째, 관찰 이외의 면접, 현지인의 해석 등 다양한 방법을 활용하여 관찰의 한계를 보완해 볼 수 있다. 이와 같이 2개 또는 3개 이상의 방법을 동시에 활용하는 검증 방법을 교차검증, 삼각검증이라고 한다.

제2절 내용분석

1. 개념

내용분석이란 기록물을 계량적으로 분석하기 위한 비관여적 자료수집 및 자료분석 방법을 말한다. 내용분석은 계량분석을 통해 규칙성을 도출하는 데 목적이 있다. 내용분석은 문헌조사의 특수한 형태이면서, 질적 자료를 양적 자료를 전환하는 방법이다. 내용분석의 대상은 기록물이다. 문자로 기록된 책, 회의록, 신문 이외에도 TV, 음악, 미술 작품도 포함한다.

내용분석은 다른 자료수집방법과 비교할 때 몇 가지 특징이 있다.

첫째, 내용분석은 비관여적이면서 간접적인 자료수집방법이다. 관찰법, 면접법, 설문지법 등은 자료수집이 직접 이루어지며, 조사 과정 중에 조사대상에게 영향을 미치는 조사대상의 반응성 문제가 발생할 수 있는 반면, 내용분석은 2차 자료분석과 더불어 조사과정 중에 조사대상에게 영향을 미칠 가능성이 없다.

둘째, 내용분석은 설문지법과 같이 구조화를 통해 자료수집하는 방법이라는 공통점을 갖고 있다. 설문지법은 조사대상이 사람이면서, 조사 전에 조사항목의 범주들이 결정되는 반면, 내용분석은 조사대상이 기록물이기 때문에 코딩 과정 중에 조사항목의 범주가 수정, 보완, 추가될 수 있는 특성을 갖고 있다.

성공적인 내용분석은 범주화와 맥락화가 관건이다. 이를 좀 더 구체적으로 설명하면 다음과 같다.

첫째, 범주화란 변수의 속성값을 설정하는 과정을 말한다. 예를 들어, 장애인식개선 교육 장소 유형으로 학교, 직장, 기타로 구분한다고 할 때, 장애인식개선 교육 장소 유형이 변수이고, 범주는 속성값에 해당되는 학교, 직장, 기타를 말한다. 성공적인 범주화가 이루어지려면 최소한 배타성, 포괄성 조건을 충족해야 하며, 실무적으로 해당 범주 각각에 일정 빈도를 차지하고 있어야 한다. 배타성이란 범주들 간에 중복 영역이 존재하지 않는 것을, 포괄성은 각 범주들을 합하면 변수 전체를 설명하는 정도를 말한다.

둘째, 맥락화란 범주들이 조사목적과 부합하도록 범주를 도출하는 과정을 말한다. 기록물을 범주화할 때 범주화가 상대적으로 쉬운 항목도 있지만, 조사목적에 따라 기록된 내용 속에 숨어 있는 암묵·잠재적 내용을 추출해야 한다. 예를 들어, 내용분석을 통해 정신장애인의 재활패러다임보다 회복패러다임에 근거한 프로그램이 더 효과적이라고 주장하려면, 기록물을 일정한 규칙과 근거를 통해 재활패러다임과 회복패러다임에 근거한 프로그램을 구분해야 하는데, 패러다임이라는 것이 추상적으로 기록물에 사용된 단어를 근거로 이면의 내용을 구분해야 한다.

2. 절차

1) 연구주제의 선정

내용분석에 적합한 연구주제는 기록물을 분석하여 파악할 수 있는 주제이다. 이러한 주제들은 주로 여론, 담론, 역사적 사건과 관련된 경우에 적합하다. 예를 들어, 1970년대와 2000년대 신문을 통해 노인에 대한 사회적 이미지를 분석하고자 할 때, 특정 단어들이 노인의 긍정적·부정적 이미지를 반영한다고 가정할 수 있을 때 연구주제로 사용할 수 있다.

2) 연구대상 구체화

연구주제에 따라 적합한 연구대상에 대한 모집단, 표본, 분석단위 등을 설정해야 한다. 기록물의 양이 적정 수준 이하이면 전수조사를 하여도 되지만, 지나치게 많다면 기록물을 표본추출하여 일부만 조사하는 것이 경제적이다. 기록물은 중복 발생할 수 있으므로 분석단위를 중요하게 고려해야 한다. 분석단위는 주제, 인물, 사건, 단어, 문장, 문단, 공간, 시간 등을 사용한다. 예를 들어, 조선왕조실록에 나타난 빈곤정책을 내용분석할 경우 사건을 분석단위로 하는 것이 타당할 수 있다. 빈곤의 원인이 되는 가뭄이 며칠에서 몇 달이 계속될 수도 있고, 이에 대한 후속 대책도 며칠에서 몇 달간 이어질 수 있는데, 시간(일일) 단위로 하면 실제보다 과대 추정될 수 있기 때문이다.

3) 분류와 범주 설정

연구대상이 구체화되었다면, 분류와 범주를 설정한다. 분석 범주는 이 단계에서 설정되지만 코딩 단계에서 수정될 수도 있다. 이 과정은 설문지의 항목과 응답범주를 만드는 과정과 유사하다. 내용분석은 기록물을 계량화하는 데 목적이 있다. 내용에 따른 범주 체계는 유형, 방향, 기준, 가치, 특성, 방법, 주체, 대상 등으로 구분된다. 계량화 체계는 변수 수준을 정하는 바와 같다. 출현 유무, 유형, 빈도, 시간과 공간, 강도 등이 사용된다.

4) 코딩

분류와 범주가 설정하면서 코딩(부호화)을 한다. 코딩은 출현 유무, 출현 빈도, 시·공, 강도에 따라 속성값을 부여한다. 속성값은 크게 범주형과 연속형으로 나눌 수 있다. 범주형은 표본 크기를 고려하여 범주를 설정하는 것이 좋고, 연속형은 통일된 단위를 사용하는 것이 좋다. 내용분석의 코딩의 신뢰도를 확인하기 위해 두 명 이상의 코더(코딩하는 사람)가 각자 코딩한 결과값의 일치도를 코더 간 신뢰도라고 부른다.

5) 분석

분석 단계는 코딩된 결과를 토대로 의미를 도출하는 단계이다. 사례수가 많다면 다변량 분석을 하기도 하지만, 빈도분석이나 교차분석을 통해 의미를 도출할 수도 있다. 결론의 형태는 3가지가 있다. 첫째, 시간적 흐름에 따른 출현유무나 출현 빈도를 통해 경향성 분석할 수 있다. 둘째, 집단별 출현유무나 출현빈도, 강도를 분석하여 집단을 비교할 수 있다. 셋째, 외부 기준을 토대로 부합도를 평가할 수 있다.

3. 유용성과 한계

1) 유용성

내용분석은 조사대상이 책자 형태의 기록물일 때 사용할 수 있는 자료수집 및 자료분석 방법이다. 그 유용성은 다음과 같다.

첫째, 내용분석은 기록물만 확보되었다면, 자료수집 비용과 시간이 다른 자료수집방법에 비해 경제적이다. 다만, 희귀문헌이나 고문헌 등 기록물 확보나 접근이 어려울 수도 있다.

둘째, 기록물의 비관여적 특성으로 인해 조사자가 기록물에 영향을 미치지 않으며 기록물이 확보된 경우 종단 조사도 가능하다. 이러한 이유로 내용분석은 역사 연구가 가능하다.

셋째, 내용분석은 안정성이 높다. 설문지법과 실험법은 조사 도중 잘못이 발견되면 재조사해야 하나, 내용분석은 잘못한 부분의 기록물을 재검토하여 수정하면 된다.

2) 한계

내용분석의 한계는 이미 조사된 기록물에서 의미를 추출하여 분석한다는 측면에서 변경할 수 없는 기록물의 한계에서 비롯되며 2차 분석과 유사한 한계를 갖는다. 그 한계를 정리해 보면 다음과 같다.

첫째, 내용분석은 대체로 타당도가 낮으나 신뢰도는 높은 경향이 있다.

내용분석의 기록물이 현실을 반영한다고 보기 어렵지만, 범주화가 정확하게 이루어졌다면 다른 조사자가 코딩하더라도 유사한 결과가 나올 가능성이 높다.

둘째, 기록물 수집이 제한적이다. 주제에 따라 수집할 수 있는 기록물 확보 자체가 어려울 수 있으며, 때로는 기록물 수집과 가공에 많은 비용과 인력이 소요되기도 한다.

셋째, 기록물 의존적이다. 기록물이 체계적으로 구성되어 있지 않고, 구성요소에 규칙성이 결여되어 있다면, 내용분석을 통해 일정한 규칙성을 찾기 어렵다. 예를 들어, 상담 일지를 내용분석하여 청소년 폭력사건을 유형화하고자 할 때, 상담 일지가 구조화되어 상담 일시, 가해 및 피해 청소년의 특성과 학교폭력의 양상, 사건 개요, 사건 진행 등이 사건마다 체계적으로 기록되어 있다면 효과적인 상담 요소 등을 도출할 수 있지만, 상담 일지 자체가 비체계적이고, 기록도 부실하거나, 비정형적으로 기록되어 있다면 새로운 사실을 발견하기 어렵다.

제3절 2차 자료분석

1. 개념

자료(data)는 현상을 나타내는 속성값의 집합을 말한다. 자료는 분석을 통해 의미가 부여된 정보로 가공된다. 자료는 조사목적의 부합성에 따라 1차 자료와 2차 자료로 분류된다. 1차 자료는 특정한 조사목적에 따라 수집된 자료를 말한다. 2차 자료는 조사목적을 위해 수집된 1차 자료를 다른 목적을 위해 사용된 자료를 지칭한다. 2차 자료에 의미를 부여하는 활동을 2차 자료분석이라 한다.

선진국들은 국가나 지방자치단체가 전국 단위의 다양한 자료를 대량 생산, 관리하고 있다. 이미 생산된 1차 자료를 조사자가 활용한다면 시간과 비용을 절약할 수 있다. 또한, 이러한 자료들은 개인이 생산한 자료에 비해 통계품질이 높다는 장점도 있다.

조사자들은 2차 자료를 확보하기 위해 별도의 검색 시간과 검색 능력 외에 분석 능력이 요구된다.

첫째, 조사자가 원하는 변수가 있는지를 확인할 때 해당 변수에 적절한 규모의 사례가 확보되었는지도 확인해야 한다. 예를 들어, 장애인 우울에 대해 조사하고자 한다면, 식별코드에 우울과 장애인을 판단할 수 있는 변수가 있어야 한다. 또한, 장애인 사례가 너무 적으면 분석하기 어렵다. 다만, 사례수가 적은 경우에 사용할 수 있는 분석기법을 적용하는 방법도 고려해 볼 수 있다.

둘째, 종단조사를 위해 종단자료분석에 적합한 분석방법을 숙지해야 한다. 또한 종단자료분석은 특별한 자료구조를 전제로 하므로, 분석에 적합하도록 자료를 정리하는 조작 기술 습득이 필요하다. 예를 들어, 패널 회귀분석을 수행하려면 동일한 변수가 옆으로 구성된 가로형(wide type) 자료를 구성해야 하지만, 구조방정식을 이용하려면 세로형(long type)자료로 구성해야 한다. 추가적으로, 짝(dyad)자료나 발생(onset)연구 등을 수행하려면 분석에 부합하도록 자료를 변형해야 한다.

2. 자료원

1차 자료 중에서 조사자가 필요로 하는 2차 자료를 확보하는 것은 과거에 비해 어렵지 않다. 그러나 조사자가 원하는 자료가 어디에 있는지 찾는 것은 많은 시간과 노력이 요구된다. 조사자가 원하는 자료를 찾는 것으로 자료수집이 완료된 것으로 볼 수 있다.

1차 자료가 공개되어 있는 대표적인 자료원은 다음과 같다.

첫째, 가장 쉽게 구할 수 있는 자료는 공공기관 등이 생산하는 패널조사이다. 패널조사는 일정한 시기(보통 1년)마다 같은 사람에게 같은 질문을 하는 종단조사를 말한다. 패널조사는 상당한 비용(대략 연 5~10억)이 소요되는 조사로 다양한 활용성을 고려하여 조사되고 있고 다수가 공개되어 있다.

〈표 9-2〉 **패널조사 자료원**

주관기관명	URL	조사명
한국보건사회연구원, 서울대학교 사회복지연구소	https://www.koweps.re.kr:442	한국복지패널
한국보건사회연구원, 국민건강보험공단	https://www.khp.re.kr:444	한국의료패널
육아정책연구소	http://panel.kicce.re.kr	한국아동패널연구
한국청소년정책연구원	https://www.nypi.re.kr/archive	한국아동·청소년패널조사
		다문화청소년패널조사
		학업중단청소년패널조사
한국조세재정연구원	http://panel.kipf.re.kr	재정패널조사
근로복지공단	http://kcom.gallup.co.kr	산재보험패널조사
한국노동연구원	https://www.kli.re.kr/klips	한국노동패널조사
	https://www.kli.re.kr/wps	사업체패널조사
한국고용정보원	http://survey.keis.or.kr	대졸자직업이동경로조사
		청년패널조사
		고령화연구패널조사

(계 속)

주관기관명	URL	조사명
국민연금연구원	http://www.kreis.or.kr	국민노후보장패널조사
한국직업능력개발원	http://www.krivet.re.kr	한국교육고용패널
		인적자본기업패널
한국여성정책연구원	http://klowf.kwdi.re.kr	여성가족패널
	http://kwmp.kwdi.re.kr	여성관리자패널조사
한국장애인고용공단	https://edi.kead.or.kr	장애인고용패널
한국교육개발원	http://kels.kedi.re.kr	한국교육종단연구
지역아동센터중앙지원단	https://www.icareinfo.info	지역아동센터 아동패널조사
정보통신정책연구원	http://stat.kisdi.re.kr	한국미디어패널
경기도교육연구원	http://gie.re.kr	경기교육종단연구

둘째, 국가나 공공기관은 온라인을 통해 횡단자료나 행정자료 등의 원자료(rawdata)가 대량 공개되고 있다. 통계청 마이크로데이터통합서비스(https://mdis.kostat.go.kr), 공공데이터포털(https://www.data.go.kr), 한국연구재단 기초학문자료센터(http://www.krm.or.kr), 서울열린데이터광장(http://data.seoul.go.kr) 등에서 자료를 구할 수 있다.

셋째, 민간단체나 연구기관이 연구자가 기부한 데이터를 관리 제공하여 이용할 수 있다. 한국사회과학자료원(http://www.kossda.or.kr), KSDC DB(http://ksdcdb.kr)나 해외 최대의 사회과학 데이터 아카이브인 ICPSR(http://www.icpsr.umich.edu)이 있다.

넷째, 일부 개별 민간단체나 연구기관은 자체 생산한 원자료를 유상 또는 무상으로 공급하는 경우도 있다. 아름다운재단 기부연구소는 '기빙코리아' 원자료를 무상 제공하고 있다(https://research.beautifulfund.org/publication).

참고로, 인터뷰 자료와 같은 질적 자료를 축적하는 기관도 있다. 한국학중앙연구원 현대한국구술자료관(https://mkoha.aks.ac.kr), 국사편찬위원회 전자사료관(http://archive.history.go.kr) 등에서 원자료를 획득할 수 있다.

3. 유용성과 한계

1) 유용성

경제성, 조사품질 등의 2차 자료는 가장 큰 장점을 가지고 있다. 2차 자료의 특징을 정리해 보면 다음과 같다.

첫째, 시간과 비용을 절감할 수 있다. 설문지법을 이용하여 자료수집할 경우, 조사표 설계, 배포 및 수거, 코딩에 통상 3~6월이 걸리며, 조사표의 인쇄, 발송비(우편, 봉투), 조사원 인건비, 숙박비 및 교통비 등이 소요된다. 이에 비해, 다수의 1차 자료는 인터넷으로 자료를 신청하면 바로 제공되는 경우가 많다. 일부 1차 자료는 신청서를 심사한 후 2~3일의 시간이 소요되거나, 약간의 비용을 요구하는 경우도 있다.

둘째, 타당도, 신뢰도가 높은 전국 단위 조사로 일반화 가능성이 높은 2차 자료를 확보할 수 있다. 공개된 2차 자료는 국가나 공공기관에서 실시한 조사자료로 확률표본추출된 자료이며, 품질관리가 되는 조사이다. 때로는 종단자료도 쉽게 구할 수 있다.

셋째, 조사자가 직접 수집하기 어려운 자료도 확보할 수 있다. 경찰에 의해 수집된 자살자에 대한 탐방 자료, 사망신고자료 등 행정기관에 의해 수집되는 자료나 지난 7년간의 아동청소년 패널자료, 국가 간 비교 등과 같은 많은 시간과 비용이 소요되는 조사 자료를 확보할 수 있다. 개인 조사자가 직접 조사하고자 할 때 시간과 비용이 너무 많이 소요되므로 사실상 2차 자료분석이 유일한 자료수집방법일 수 있다.

2) 한계

2차 자료가 갖는 유용성 이외에도 몇 가지 한계를 갖고 있다.

첫째, 조사자의 의도에 부합하는 변수가 조사되지 않을 수 있다. 특히, 심리사회적 요인에 대한 관심을 갖는 조사자는 자신의 관심사에 부합하는 변수를 포함한 2차 자료를 찾지 못할 수도 있다.

둘째, 자료 활용을 위해 추가적인 분석 능력이 요구된다. 2차 자료는 의도와 달리 자료가 수집되어 있을 수 있다. 조사자의 의도에 부합하도록 자료를 가공하면 활용할 수 있는 경우가 있다.

셋째, 과거에 비해 공공데이터가 공개된 자료가 많지만, 여전히 다양한 이유로 접근이 어려운 자료도 많다. 특별한 이유가 없다면 국민의 세금으로 생산한 자료들은 공개하도록 법률로 규정하고, 공공기관의 경우 데이터 공개 상태를 지표화하여 경평점수에 반영 비율을 높이는 것이 필요하다.

요 약

- 관찰은 인간이 인간의 감각기관을 이용하여 조사대상의 언어나 행동자료를 수집하는 방법이다.
- 관찰은 구조적 관찰, 비참여관찰, 완전관찰자인 경우 상대적으로 객관성이 높은 반면, 비구조적 관찰, 참여관찰, 완전참여자인 경우 상대적으로 주관성이 높다.
- 관찰의 장점은 비전형 상황에서 유연한 자료수집방법으로 탐색적 조사에 적합하고 장기적이고 심층적인 자료수집이 가능하다.
- 관찰의 신뢰도와 타당도를 높이기 위해 관찰자 훈련, 구조화된 관찰기록, 다수의 관찰자에 의한 동시 관찰, 삼각 측량 등 복수의 자료수집 등이 필요하다.
- 내용분석이란 기록물을 계량적으로 분석하기 위한 비관여적 자료수집 및 자료분석 방법이다.
- 성공적인 범주화가 이루어지려면 최소한 배타성, 포괄성 조건을 충족해야 하며, 배타성은 범주 간의 중복 영역이 존재하지 않는 것을, 포괄성은 각 범주들을 합하면 변수 전체를 설명하는 정도를 말한다.
- 내용분석의 장점은 기록물만 확보되었다면, 자료수집 비용과 시간이 다른 자료수집방법에 비해 경제적이며, 비관여성 특성을 가지며, 안정성이 높다.
- 내용분석의 단점은 타당도가 대체로 낮고, 기록물 수집이 제한적일 수 있으며, 기록물에 의존성이 높다는 점이다.
- 1차 자료는 특정한 조사목적에 따라 수집된 자료를 말한다. 2차 자료는 조사목적을 위해 수집된 1차 자료를 다른 목적을 위해 사용된 자료를 지칭한다. 2차 자료에 의미를 부여하는 활동을 2차 자료분석이라 한다.
- 2차 자료의 장점은 경제성이 높고, 조사자료의 타당도와 신뢰도가 높고, 직접 조사가 어려운 자료 확보를 쉽게 구할 수 있다는 점이다.
- 2차 자료의 단점은 조사자의 의도에 부합하는 변수가 조사되지 않을 수 있으며, 추가적인 분석 능력이 요구되며, 일부 자료는 공개되고 있지 않다.

핵심어 관찰, 구조적 관찰, 비참여관찰, 관찰참여자, 참여관찰자, 내용분석, 범주화, 배타성, 포괄성, 맥락화, 비관여성, 1차 자료, 2차 자료

연습문제

01 관찰법에 관한 설명으로 옳지 않은 것은? [사회복지사1급 제16회 42번]

① 행위가 일어나는 현장에서 즉시 자료수집이 가능하다.
② 관찰자의 주관성이 개입될 수 있다.
③ 비언어적 상황에 대한 자료수집이 가능하다.
④ 서베이에 비해 자료의 계량화가 쉽다.
⑤ 질적 연구나 탐색적 연구에 사용하기 용이하다.

02 관찰자의 역할에 따른 분류가 아닌 것은?

① 완전참여자
② 관찰참여자
③ 준참여자
④ 참여관찰자
⑤ 완전관찰자

03 주관성의 개입 정도가 가장 높은 관찰 유형은?

① 준참여관찰
② 관찰참여자
③ 비구조적관찰
④ 참여관찰자
⑤ 반구조적관찰

04 관찰법의 신뢰도와 타당도를 높이기 위한 방법으로 적절하지 않은 것은?

① 관찰자 훈련
② 다수의 관찰대상 선정
③ 구조화된 관찰기록
④ 다수의 관찰
⑤ 삼각 측량

05 내용분석(content analysis)에 관한 설명으로 옳은 것은?

[사회복지사1급 제13회 42번]

① 내용분석의 결과를 양적분석에 사용할 수 있다.
② 주제를 기록단위로 할 때가 단어를 기록단위로 할 때보다 자료수집 양이 많다.
③ 하나의 단락 안에 두 개 이상의 주제가 들어 있는 경우 단락을 기록단위로 한다.
④ 기록단위가 맥락단위보다 상위단위다.
⑤ 자료 유형화를 위한 범주가 설정되면 기록단위는 필요치 않다.

06 내용분석의 장점이 아닌 것은?

① 자료수집 비용과 시간이 다른 자료수집방법에 비해 경제적이다.
② 조사 과정 중에 조사자의 주관성이 개입될 우려가 있다.
③ 종단 조사도 가능하여 역사 연구에 활용될 수 있다.
④ 도중에 잘못된 경우 수정이 쉽다.
⑤ 문헌연구의 특수한 형태로 계량화가 가능하다.

07 조선시대 연도별 구휼정책을 내용분석하고자 할 때 분석 단위로 가장 적합한 것은?

① 주제 ② 인물 ③ 문장
④ 사건 ⑤ 장소

08 2차 자료분석에 관한 설명으로 옳은 것을 모두 고른 것은?

[사회복지사1급 제15회 46번]

ㄱ. 비관여적 방법이다.
ㄴ. 관찰대상에 대한 연구자의 영향이 크다.
ㄷ. 통계적 기법으로 자료의 결측값을 대체할 수 없다.
ㄹ. 신뢰도와 타당도에 관한 문제는 발생하지 않는다.

① ㄱ ② ㄱ, ㄷ ③ ㄱ, ㄷ, ㄹ
④ ㄴ, ㄷ, ㄹ ⑤ ㄱ, ㄴ, ㄷ, ㄹ

09 **조사자가 2차 자료분석를 활용으로 얻을 수 있는 장점이 아닌 것은?**

① 경제성
② 타당성
③ 비관여성
④ 구득성
⑤ 유연성

10 **조사 과정 중에 조사자의 주관이 개입될 가능성이 가장 낮은 자료수집 방법은?**

① 관찰법
② 면접법
③ 설문조사법
④ 2차 자료법
⑤ 온라인조사법

Answer 정답

1. ④ 2. ③ 3. ③ 4. ② 5. ① 6. ② 7. ④ 8. ① 9. ⑤ 10. ④

CHAPTER

10

욕구조사

사회복지실천에 있어서 욕구조사는 서비스 욕구의 정확한 측정을 통해 서비스 수요 공급 과정에서의 효율성을 최대화할 수 있다는 점에서 그 의미가 크다. 이 장은 욕구의 개념과 종류 그리고 욕구조사의 필요성과 내용에 대해 학습한다.

▌학습목표▐

1. 욕구의 개념과 관련 이론의 내용을 이해한다.
2. 욕구조사의 필요성을 이해한다.
3. 욕구조사의 자료수집방법을 이해한다.

제 1 절 욕구

욕구(needs)는 인간의 생리적·심리적·사회적 필요를 의미한다. 이 같은 필요는 인간이 생각하는 가장 바람직한 상태에 비해 부족(결핍)하거나 지나치게 많은(과잉) 상황을 해소하고자 하는 의도로 발생한다.

사회복지에 있어 욕구가 중요한 이유는 개인이 갖는 해결되지 못한 욕구를 사회적으로 해결하려는 노력이 사회복지의 본질이라 할 수 있기 때문이다. 이 같은 욕구의 해결을 위해서는 욕구가 갖는 속성의 이질성과 위계성을 이해할 필요가 있다. 이와 관련하여 욕구의 단계와 종류를 구분한 매슬로우(Maslow, 1954)의 욕구단계이론은 인간의 욕구를 다섯 가지 단계로 나누고 있는데, 여기에서 각 단계의 욕구는 상호 위계를 가진다. 즉, 하위단계에서 상위단계 욕구로 순차적인 해소를 원한다는 것이다.

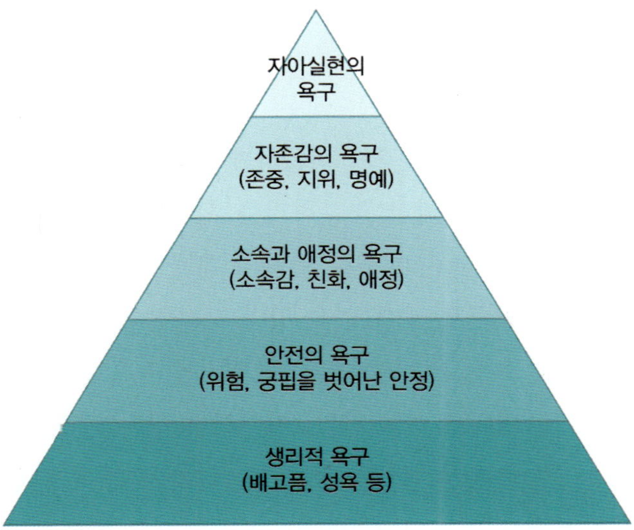

매슬로우의 이론은 사회복지에 대해 몇 가지의 시사점을 제공한다(현외성, 2011).

첫째, 욕구의 위계성을 고려하면 사회복지서비스는 낮은 수준의 욕구를 우선적으로 충족하고 단계적으로 높은 수준의 욕구까지 해소하도록 노력하여야 한다는 것이다.

둘째, 각 국가가 제공하는 사회복지서비스가 어떠한 수준의 욕구를 해소하도록 계획되었는지를 분석하면 그 나라의 사회복지 발달수준에 대한 정보를 얻을 수 있다는 것이다. 즉, 사회복지서비스가 목표로 하는 욕구의 수준이 상대적으로 높을 경우 사회복지의 수준 또한 더 높다고 할 수 있다.

셋째, 인간의 욕구가 일시적 또는 단기적인 노력으로 영구적으로 충족될 수 없다는 것이다. 왜냐하면 인간의 욕구는 생애 전반에 걸쳐 해결해야 하는 성격을 갖고 있기 때문이다. 이 때문에 국가의 사회복지에 대한 노력 또한 특정한 시기 또는 사건 등에 한정될 수 없으며, 국민의 전 생애에 걸쳐 발생하는 새로운 욕구에 탄력적으로 대응할 수 있도록 준비되어야 한다.

그러나 사회복지가 인간이 갖는 모든 욕구를 해결하는 것은 현실적으로 어렵다. 이 때문에 해당 욕구가 시급하게 해결되어야 하는지 상대적으로 그 시급성이 낮은지에 따라 구분하려는 시도가 있어왔다.

이와 관련하여 로위(Lowy, 1979)는 인간의 욕구가 그 시급성에 따라 일차적 욕구와 이차적 욕구로 구분될 수 있다고 하였다. 이에 따르면 일차적 욕구는 음식, 주거, 소득, 건강과 안정 등 생물학적으로 필수적이거나 생활에서의 필요가 큰 욕구를 의미한다. 이차적 욕구는 인간관계 등 사회적 역할, 노동 또는 기타 활동, 문화, 정치, 영적 가치 등에 관한 욕구이다.

이와 같은 구분에도 불구하고 인간이 우선적으로 해소해야 하는 기본 욕구(basic needs)를 정의하는 것은 쉽지 않다. 현외성(2011)은 이에 대해 기본 욕구가 갖는 특성을 제시하고 있는데 기본 욕구의 내용과 수준을 정의하는 데 있어 의미가 크다.

첫째, 기본 욕구는 모든 사람들이 갖는 공통적 욕구이다. 개인이 갖는 욕구가 특수하고 소수의 사람들에게 공유되는 내용이라면 기본 욕구라 하기 어렵다. 대다수의 사람들이 동일한 욕구를 갖고 있어야 기본 욕구라 할 수 있다. 대표적으로 의식주, 가족, 건강 등이 이에 포함될 것이다.

둘째, 기본 욕구는 모든 사람들이 인간적인 생활을 확보하기 위해서 필수적으로 해결되어야 하는 욕구이다.

셋째, 기본 욕구는 일반적으로 인간다운 생활이 확보되는 최소한의 수준에서 조정되는 특성을 갖는다. 왜냐하면 욕구의 해결을 위해 필요한 자원이 확보되어야 하는데 기본 욕구의 수준이 높게 설정된다면 이의 해결을 위한 자원동원이 어려울 수 있기 때문이다.

제2절 욕구조사의 이해

사회복지서비스가 인간의 모든 욕구에 대해 개입할 수 없다는 현실적 한계는 클라이언트가 갖는 욕구의 본질을 정확히 파악해야 할 필요성을 강화한다. 욕구조사(needs assessment)란 특정 집단 또는 지역사회에서 전형적으로 나타나는 문제의 존재와 정도를 판단하고 이를 해결하는 서비스에 대한 욕구(need)의 수준을 정확히 파악하기 위해 실행하는 조사를 의미한다(채구묵, 2001; Babbie, 2015). 특히 사회복지 분야에서는 욕구조사를 적극적으로 활용하고 있는데, 이것은 욕구조사를 통해 확인된 결과가 서비스 개발이나 기존 서비스의 보완에 중요한 단서를 제공할 수 있기 때문이다.

1. 욕구조사의 필요성

사회변화에 따라 발생한 다양한 욕구는 사회복지서비스 제공의 각 단계에서 새로운 시도와 고려를 요구한다. 특히 이러한 경향이 중요한 이유는 한정된 재정의 문제와 함께 언급되면서 사회복지서비스의 효율성과 책임성, 전문성을 강하게 강조하기 때문이다. 이에 따라 사회복지서비스 전달체계에서는 욕구조사를 통해 사회 내의 문제와 욕구에 대한 평가를 충분히 수행하고 해당 욕구의 해결에 가장 적합한 사회복지서비스의 제공을 시도한다.

구체적인 욕구조사의 필요성은 다음과 같다.

욕구조사가 필요한 첫 번째 이유는 클라이언트나 지역사회의 욕구를 파악하여 이에 맞는 서비스와 프로그램을 제공하는 데 도움이 되기 때문이다. 사회복지서비스와 관련한 환경에서는 예산이나 인력 등 서비스 전달과 관련한 한계가 분명히 존재하며 이것은 결국 사회복지 기관에 대한 효율성을 요구하는 배경이 된다. 한정적 자원을 활용하여 서비스 전달에서의 높은 성과를 확보하는 데 있어 욕구조사는 중요한 역할을 할 수 있다.

구체적으로 욕구조사는 사회복지서비스의 계획단계 이전에 수행되어 누가 어떠한 서비스를 필요로 하는지를 파악하는 데 유리하다. 사회복지기관은 욕구조사를 통해 정확하게 파악된 지역사회의 욕구를 기반으로 서비스 계획을 수립함으로써 서비스 제공의 적합성을 극대화할 수 있다. 사회복지기관은 욕구조사의 결과를 기반으로 하여 기존에 제공되고 있던 서비스의 성격과 방향을 탄력적으로 재조정할 수 있으며, 필요시에는 새로운 서비스를 개발하여 기관에서 제공하는 서비스의 사각지대를 최소화할 수도 있다.

둘째, 욕구조사는 지역사회에 존재하는 문제를 드러내고 이에 대응하는 서비스의 필요성을 인식시킴으로써 사회복지기관이 지역사회 내에 존속해야 할 당위성을 부각시킨다. 즉, 욕구조사는 해결해야 할 지역사회 수준의 욕구를 파악하고 이를 해결하는 데 있어 가장 효율적인 서비스를 효과적·전문적으로 제공하는 사회복지기관의 역할이 필요함을 보여줄 수 있다. 이에 따라 지역민들은 사회복지기관의 유지와 발전이 지역의 문제를 해결하는 데 있어 중요함을 인식할 수 있으며, 이 같은 인식의 확대는 지역 수준에서 사회복지기관의 안정적 운영을 달성하는 중요한 정치적 기반이 될 수 있다.

이는 또한 지역의 자원이 사회복지기관에 분배되어야 할 필요성을 강조하여 지역주민의 자원을 동원하는 데 유리한 배경이 되며 넓게는 사회복지기관에 대한 지역사회의 공식적 지원을 규정하는 법적 체계를 도입하는 데 있어 중요한 근거가 되는 정책자료로서의 역할을 할 수도 있다.

셋째, 욕구조사는 사회복지기관이 지역사회 내에서 타 기관들과 연계 및 협동을 가능하게 하는 근거로 활용할 수 있다. 지역사회 내에 존재하는 다양한 기관들은 서로 도움을 주고받으며 상호 보완적으로 운영되는 것이 사회적으로 더 효율적이다. 욕구조사를 통해 얻은 자료가 지역사회 내의 기관에 공유되면 기관들이 미처 파악하지 못한 사항을 발견하는 데 도움이 될 수 있으며 이를 통해 지역 전체의 서비스 수준이 향상될 수 있다. 이와 관련하여 게이츠(Gates, 1980) 또한 욕구조사가 지역사회 내 기관 간 상호의존과 협동의 상황을 파악하는 데 도움이 된다고 말하고 있다.

2. 욕구조사의 내용

욕구조사에서 포함해야 할 내용은 조사대상이 되는 집단에 따라 달라져야 한다. 다만 특정 지역사회를 대상으로 전반적인 욕구를 파악한다고 할 때 포함되어야 할 정보의 내용을 소개하고자 한다.

욕구조사를 통해 수집되어야 하는 정보는 크게 세 가지의 영역으로 구분할 수 있다(채구묵, 2001).

첫째, 지역사회의 일반적 특징에 관한 기초자료이다. 조사대상 지역의 인구사회학적 특징에 대해 이해할 수 있는 전반적인 내용이 포함된다. 성·연령분포, 가구규모, 소득수준, 빈곤인구 비율, 범죄율, 주택보급률 등이 이에 포함된다.

둘째, 구체적으로 욕구를 파악하기 위한 자료이다. 욕구조사의 목적인 기존 서비스의 평가와 새로운 서비스의 개발을 위해 조사되는 자료가 포함되어야 한다. 이 부분은 기존의 서비스에 대한 인지 및 활용 여부, 활용 시 장애요인 등과 함께 새롭게 필요하다고 생각하는 서비스 등을 확인할 수 있다.

셋째, 서비스 제공 시 활용 가능한 자원에 관한 자료이다. 이것은 서비스 제공의 실현가능성을 판단하기 위한 기초자료이다. 즉, 서비스 제공과정에서 동원 가능한 지역사회 자원을 확인하는 것으로 지역사회 서비스 자원, 지역사회 정보체계, 정치적 자원 등을 포함한다.

구체적인 조사 내용과 용도는 표 10-1과 같다.

〈표 10-1〉 욕구조사 주요내용

구분	조사항목	조사내용	조사목적
기초자료	지역사회의 일반적 특징	• 연령분포, 가족 수 거주기간, 직업구성, 소득수준, 빈곤인구율, 주택보급률, 범죄율, 공적부조 수혜자수 등	• 지역사회의 특징에 대한 대략적 정보제공 • 자료분석 시 통제변수로 활용 • 잠재적 클라이언트가 많은 지역의 특성에 대한 정보제공

(계 속)

구분	조사항목	조사내용	조사목적
기존 서비스 평가 및 새로운 서비스 개발에 필요한 자료	현재생활에 관한 내용	• 경제: 소득수준, 소비행태, 신용상태 • 고용: 직업유형, 경력, 직업교육의 필요성 • 가정: 부모 자녀관계, 아동의 적응성 문제, 부부문제, 이혼율 • 주거: 만성적 신체장애, 사망원인, 질병유병률 • 교육: 성인의 교육수준, 아동의 학교적응 • 여가: 여가, 운동, 문화적 활동 • 생활만족도: 삶의 만족도, 지역사회 응집력	• 여러 가지 생활영역에서 현재 상태 파악 • 욕구측정을 위한 기준으로 사용 • 새로운 서비스 개발 및 기존 서비스 보완을 위한 기초자료로 활용 • 사전, 사후조사를 통해 개선된 상태에 관한 정보 파악 자료로 활용
	기존 서비스 평가	• 서비스 인지도 • 서비스 활용도 • 서비스 인지 및 활용에 대한 장애요소 • 직원에 대한 부정적인 태도 • 서비스 이용에 대한 비용부담 • 이용자격 조건	• 기존 서비스 문제점 파악 • 기존 서비스 보완에 필요한 정보제공
	새로운 서비스 개발 욕구	• 대상지역의 심각한 문제 • 현재 필요한 서비스 • 인구집단별 서비스 욕구	• 욕구 파악 및 욕구들의 상대적 중요성 파악 • 새로운 서비스 개발을 위한 정보를 이용자의 입장에서 파악 • 하위집단을 위한 서비스 개발에 필요한 정보파악
지역 사회에 관한 자료	지역사회 정보	• 공식 · 비공식적 의사소통 매체 • 초점집단에 가장 잘 정보를 제공해 줄 수 있는 의사소통 매체 또는 조직	• 클라이언트에게 서비스의 존재 및 서비스 내용을 더 잘 파악하도록 하는 효율적인 의사소통 채널 개발에 필요한 정보 확보
	서비스 자원	• 동원할 수 있는 공 · 사적 재원 • 직원들의 전문성을 제고시키는 데 필요한 인적, 물적 자원 • 새로운 프로그램을 수행할 수 있는 인력 및 시설	• 프로그램의 실행에 필요한 가용자원 파악
	정치사회적 자원	• 다양한 프로그램에 대한 주민의 견해 • 정치 및 사회지도층의 지지도 • 프로그램 도입에 대한 지역사회 준비성	• 프로그램 개발을 성공적으로 추진하기 위한 정보와 자원파악

출처: 황성동(2006).

3. 욕구조사의 자료수집방법

지역사회의 욕구는 특정 서비스에 대한 소수 집단의 구체적인 욕구부터 지역사회 전반에 나타나는 사회문제에 대한 해결 요구까지 다양한 형태로 나타날 수 있다. 이와 함께 해당 욕구의 표출은 서비스 이용자, 지역사회 대표, 공무원, 전문가 등 다양한 집단에 의해 구체화된다.

지역사회에서 표출된 욕구와 관련된 자료를 수집하는 방법은 지역사회 포럼(community forum), 지역사회 설문조사(community survey), 2차 자료분석(secondary data analysis) 등이 있다.

1) 지역사회 포럼

지역사회 포럼(Community forum)은 지역사회에 거주하는 다양한 구성원들로부터 정보를 수집하는 자료수집방법이다. 일반적으로 지역사회의 모든 구성원들이 지역의 문제나 자신의 욕구 등에 대해 의견을 개진할 수 있도록 공개적인 모임을 시행하고 이를 통해 자료를 수집한다. 포럼에 참가하는 주민들은 해당 문제에 대한 의견을 적극적으로 제시하고 연구자는 이를 취합하여 자료화한다.

지역사회 포럼은 지역사회에 대해 가장 잘 알고 있는 지역사회 구성원들이 자신의 지역사회를 스스로 평가하고 욕구를 드러낸다는 점에서 그 의의가 크다. 그리고 다른 자료수집방법에 비해 저렴하게 자료를 수집할 수 있다는 장점을 갖는다(김영종, 2009). 반면 지역사회에 대해 관심을 갖는 소수의 사람들만이 의견을 발표하여 지역 전체의 욕구나 의견에 대한 오해가 발생할 수 있다. 특히 포럼의 토론과정을 적절하게 통제되지 못할 경우 포럼을 통해 수집되는 자료가 지나치게 방만하거나 반대로 지나치게 지엽적일 가능성이 높다. 또한 주변 압력 등이 있을 경우 지역 구성원이 자유롭게 의견을 개진하기 어려울 수 있다.

2) 지역사회 설문조사

지역사회 설문조사(community survey)는 지역사회 내에서 일정한 표본을 선정하여 이들을 대상으로 지역사회나 대상 집단의 특성과 문제점, 욕구 등을 직접적으로 조사하는 방법이다. 지역사회 설문조사는 지역사회 전체의 의견을 대표할 수 있는 표본을 선정하는 것이 가장 중요한데, 이를 위해서는 확률 표본추출방법을 활용하여 적절한 크기의 표본을 선정할 필요가 있다. 지역사회 설문조사는 자료의 수집방법이 상대적으로 쉽고 비교적 단기간에 연구결과를 확인할 수 있다는 점에서 유리하다.

지역사회 설문조사는 구체적으로 일반적인 주민들을 대상으로 표본을 추출하는 일반집단 설문조사와 특정한 집단을 선정하여 이들의 의견을 확인하는 초점집단 설문조사, 지역사회에 대한 이해가 높은 특정인을 대상으로 조사하여 의견을 수집하는 주요 정보제공자 조사, 지역사회에서 서비스 제공을 담당하고 있는 사람들을 대상으로 의견을 수집하는 서비스 제공자 조사 등으로 구분된다.

(1) 일반집단 설문조사

일반집단 설문조사는 특정한 기준 없이 전체 지역주민을 대상으로 표본을 추출하여 사회복지 서비스에 대한 욕구를 확인하는 설문조사방법으로 지역사회의 욕구를 조사하는 자료수집방법 중 가장 빈번하게 활용되고 있다. 일반집단 설문조사는 ① 지역주민이 인지하고 있는 지역문제와 서비스 욕구, ② 지역주민이 인지한 문제와 개인별 특성과의 관계, ③ 개별 서비스 또는 서비스 체계 전반에 대한 지역주민들의 태도 등을 파악하는 데 유용하다(채구묵, 2001).

일반집단 설문조사는 면접조사, 배포조사, 우편조사, 전화조사, 온라인조사 등 다양한 설문조사방법을 활용하여 수행될 수 있다.

(2) 초점집단 설문조사

초점집단 설문조사는 서비스의 주요한 대상이 되고 있거나 서비스 수급의 가능성이 높은 사람들을 대상으로 시행하는 설문조사이다. 초점집단 설문조사는 서비스 수급 당사자의 직접적이고 구체적인 의견을 수집하여 이를 서비스 과정에 적용한다는 점에서 그 의미가 크다.

선정된 집단이 가진 서비스 욕구와 현재 수급하고 있는 서비스 내용을 파악하며 이를 통해 새로운 서비스의 개발이 필요한지의 여부와 서비스 제공의 방향에 대해 자료를 수집한다. 다만 자료수집방법은 일반집단 설문조사와 크게 다르지 않다.

초점집단 설문조사는 이미 실행된 유사한 조사에서 사용된 방법과 도구를 재활용할 수 있으며 조사결과의 타당도가 상대적으로 높다는 점에서 유리하지만 초점집단에서 수집된 정보의 활용범위가 제한된다는 점에서 한계 또한 명확하다.

(3) 주요 정보제공자 조사

주요 정보제공자 조사는 지역사회에서 나타나고 있는 문제에 대해 잘 아는 지역 내의 주요 인물을 대상으로 의견을 청취하여 자료를 수집하는 방법이다. 지역 내 사회복지기관단체 대표자, 인접 직종의 전문가, 관련 영역 담당 공무원 등 해당 지역사회의 문제에 대해 전반적으로 잘 파악하고 있다고 인정되는 사람들을 대상으로 조사를 수행한다.

주요 정보제공자 조사의 가장 큰 장점은 쉽고 빠르게, 그리고 낮은 비용으로 자료를 수집할 수 있다는 점이다. 이와 함께 지역문제 및 서비스에 대해 정책결정 및 집행에 관계된 사람들의 견해 등 지역 내의 실제적이고 전문적인 의견을 수집할 수 있어 프로그램 전반에 대한 견해를 들을 수 있다는 점에서 유리하다. 반면 이 방법은 의도적 표본추출(purposive sampling)로 조사대상자를 선정하기 때문에 선정과정에서 편견이 개입될 경우 지역사회 전체의 의견을 반영하지 못하여 지역사회 전체의 욕구보다는 중요 정보제공자들의 주관적 견해만을 수집할 가능성이 높다. 이와 함께 선정된 주요 정보제공자들이 지역사회에 대한 전문지식이 부족할 경우도 있을 수 있다(이윤로, 2008).

(4) 서비스 제공자 조사

서비스 제공자 조사는 서비스 제공을 담당하는 사람들로부터 지역사회의 문제와 욕구, 현재 제공 중인 서비스에 대한 평가 및 새로운 서비스 도입의 필요성 등에 대한 의견을 수집하는 조사방법이다(채구묵, 2001). 이것은 서비스 제공자들이 서비스 제공 과정에서 지역사회문제와 서비스 내용에 대한 정보를 습득함으로써 높은 수준의 이해를 가질 수 있음에 착안한 것이다.

서비스 제공자 조사는 상대적으로 잘 알려져 있지 않은 사회적 문제나 욕구에 대한 접근이 쉽고 현재 제공되는 서비스에 대해 상대적으로 정확한 정보를 얻을 수 있으며, 지역사회문제에 대해 원인과 배경을 파악하는 데 있어 상대적으로 전문적인 의견을 수집할 수 있다는 점에서 장점을 가진다. 반면 서비스 제공자들은 주요한 정보를 서비스 대상자를 통해 얻기 때문에 서비스에 대한 의견이 서비스 대상자에 편향되어 있을 수 있다는 한계가 있다. 또한 서비스 제공자집단이 가진 문화·계급적 편견, 그리고 그들이 속한 기관의 이익 등에 의해 왜곡될 가능성이 있다는 점도 단점이라 할 수 있다.

3) 2차 자료분석

2차 자료분석(Secondary data analysis)은 지역주민 또는 전문가로부터 직접 자료를 수집하는 것이 아니라 지역 내외에서 이미 생산된 다양한 자료를 활용하여 지역 내 욕구 파악에 필요한 정보를 얻는 방법이다. 여기에는 다양한 공식적 통계자료와 함께 지역 내 사회복지 서비스 제공에 대한 자료와 기록 등이 활용될 수 있다.

먼저 공식적 통계자료는 국가나 연구기관에서 발표한 통계치를 의미하는 데 2차 자료분석은 이 같은 통계자료를 재구성하거나 재분석하여 지역의 욕구를 파악하는 데 활용할 수 있다. 대표적으로 통계청에서 발표하는 다양한 자료로 한국통계연감, 한국의 사회지표, 인구주택총조사 결과자료 등이 자주 활용되는 통계자료에 해당한다.

지역 내 사회복지 서비스 제공 자료는 지역 내의 사회복지 기관 등에서 제공한 서비스 관련 기록을 의미한다. 예를 들면 복지관의 서비스 기록이나 담당자의 업무일지, 청소년 기관의 상담기록 등이 이에 해당한다.

2차 자료분석은 상대적으로 자료 수집 비용이 적고 조사에 신축성을 기할 수 있다는 점에서 유리하다. 반면 2차 자료의 특성상 연구자가 원하는 변수를 확보하기 어려울 수 있다는 점에서 한계가 명확하다. 또한 해당 자료는 기관운영과 관련된 사항일 경우 해당 기관에서 자료제공을 꺼릴 수 있어 정보의 접근 및 확보에 어려움이 따를 수 있다는 한계도 존재한다.

요 약

- 인간의 욕구를 구분한 매슬로우의 욕구이론은 ① 인간의 욕구가 위계를 고려하여 해소될 필요가 있으며, ② 국가의 사회복지 발달수준은 사회복지 서비스의 욕구 해소에 대한 지향을 통해 확인할 수 있고, ③ 인간의 욕구는 일시적이지 않으며 영구적으로 충족될 수 없다는 점을 시사한다.
- 기본욕구는 ① 모든 사람들이 공통적으로 갖고 있으며, ② 인간적인 생활을 위해 필수적으로 해결되어야 하며, ③ 인간다운 생활이 확보되는 최소한의 수준에서 조정되는 특성을 갖는다.
- 욕구조사는 ① 욕구의 존재, ② 이에 따른 서비스 필요성 확인, ③ 서비스 제공주체 간 연계와 협동의 근거 확보 등을 위해 필요하다.
- 지역사회 포럼은 지역사회에 거주하는 다양한 구성원들로부터 정보를 수집하는 자료수집방법이다.
- 지역사회 설문조사는 지역사회나 대상집단의 특성과 문제점, 욕구 등을 직접 조사하는 방법이다.
- 지역사회 설문조사는 ① 일반집단 설문조사, ② 초점집단 설문조사, ③ 주요 정보제공자 조사, ④ 서비스 제공자 조사 등을 포함한다
- 2차 자료분석은 지역 내외에서 이미 생산된 다양한 자료를 활용하여 지역 내 욕구 파악에 필요한 정보를 얻는 방법이다.

핵심어 욕구, 욕구조사, 지역사회 포럼, 지역사회 설문조사, 2차 자료분석

연습문제

01 욕구조사의 필요성으로 맞는 것을 고르시오.

> a. 클라이언트나 지역사회의 욕구를 파악하여 이에 맞는 서비스와 프로그램을 제공할 수 있다.
> b. 지역문제에 대응하는 서비스의 필요성을 인식시킬 수 있다.
> c. 사회복지기관이 지역사회 내에서 타 기관들과 연계 및 협동을 가능하게 하는 근거로 활용할 수 있다.

① a, b ② b ③ b, c
④ a, c ⑤ a, b, c

02 욕구조사에 포함되어야 할 내용으로 적절치 않은 것은?

① 기존 서비스 평가 ② 새로운 서비스 개발항목
③ 지역사회의 일반적 특징 ④ 생활영역에 관한 현재상태
⑤ 효율평가를 위한 자료

03 욕구조사의 자료수집방법으로 맞지 않은 것은?

① 지역사회 포럼 ② 초점집단 설문조사
③ 서비스 제공자 조사 ④ 2차 자료분석
⑤ 인근지역 사례조사

04 지역사회 설문조사를 설명하는 내용으로 맞지 않은 것은?

① 일반집단 설문조사는 전체 지역주민을 대상으로 표본을 추출하여 사회복지서비스에 대한 욕구를 확인한다.
② 초점집단 설문조사는 서비스의 주요한 대상이 되고 있거나 서비스 수급의 가능성이 높은 사람들을 대상으로 조사한다.
③ 주요 정보제공자 조사는 지역사회 전반의 문제에 대해 잘 알고 있는 지역 내 주요 인물이 조사대상이 된다.

④ 주요 정보제공자 조사는 쉽고 빠르며 적은 비용으로 정보를 수집할 수 있다.
⑤ 서비스 제공자 조사는 사회적 문제나 욕구에 대해 비교적 편향 없는 의견을 수집할 수 있다.

05 2차 자료분석에 대한 설명으로 옳지 않은 것은?

① 2차 자료분석은 이미 생산된 자료를 활용한다.
② 2차 자료분석은 비용부담이 크다.
③ 2차 자료분석은 국가나 연구기관에서 발표한 통계치를 활용할 수 있다.
④ 지역 내 사회복지 서비스 제공 자료는 지역 내의 사회복지 기관 등에서 제공한 서비스 관련 기록이 포함된다.
⑤ 2차 자료분석은 정보의 접근 및 확보에 어려움이 따를 수 있다는 한계를 가진다.

06 욕구조사의 방법으로 기존자료를 활용하는 방법이 아닌 것은?

① 사회지표조사 ② 이차적 자료분석
③ 서비스 이용기록 분석 ④ 행적자료분석
⑤ 델파이 조사

07 다음 중 틀린 것을 고르시오.

① 수요자 중심의 욕구사정에는 지역주민 서베이가 적절하다.
② 지역사회 서비스 자원에 대한 정보는 지역자원재고조사에서 확인할 수 있다.
③ 정보제공자의 편향성은 주요정보 제공자 서비스에서 가능성이 높다.
④ 이익집단의 영향력 배제는 공개토론에서 가능하다.
⑤ 델파이 기법은 일반인을 대상으로 견해를 확인하는 데 유용하다.

08 비용 및 시간의 효율성에 관한 문제와 참석자의 대표성에 문제 있는 방법은 무엇인가?

① 지역사회 공개토론회 ② 서비스 제공자 서베이 ③ 델파이 방법
④ 사회지표분석 ⑤ 지역자원재고조사

09 지역사회포럼에 대한 설명으로 적절한 것을 모두 고르시오.

a. 지역사회의 다양한 구성원들로부터 정보를 얻는 자료수집방법이다.
b. 다른 자료수집방법에 비해 자료 수집에 소요되는 비용이 적다.
c. 소수의 의견을 지역 전체의 욕구나 의견으로 오해할 수 있다는 단점이 있다.
d. 지역사회에 대해 가장 잘 알고 있는 지역사회 구성원들의 의견청취가 가능하다는 점에서 의미가 크다.

① a, b ② b, c ③ b, c, d
④ a, b, c ⑤ a, b, c, d

10 서비스 제공자 조사에 대한 설명으로 적절한 것을 모두 고르시오.

a. 서비스 제공을 담당하는 사람들로부터 의견을 수집하는 조사방법이다.
b. 잘 알려져 있지 않은 사회적 문제나 욕구에 대한 정보를 얻을 수 있다.
c. 지역사회문제의 원인과 배경에 대한 전문적인 의견을 수집할 수 있다.
d. 서비스에 대한 의견이 서비스 대상자에 편향되어 있을 수 있다는 한계가 있다.

① a, b ② b, c ③ b, c, d
④ a, b, c ⑤ a, b, c, d

Answer 정답

1. ⑤ 2. ⑤ 3. ⑤ 4.⑤ 5.② 6. ⑤ 7. ⑤ 8 ①, 9. ⑤ 10. ⑤

CHAPTER

11

평가조사

평가조사는 '프로그램 개발과 평가'의 내용과 상당 부분 중복되지만 사회복지실천 및 정책 현장에서 사회복지사에게 현실적으로 필요한 부분이 평가조사 능력이다. 평가조사는 전문가에게 책임성을 입증하기 수단과 프로그램의 효과성과 효율성을 측정하기 위한 사회조사 방법론을 적용하는 대표적인 응용조사이다. 이 장에서는 평가 조사를 활용할 수 있는 능력을 갖추기 위한 평가조사의 개념, 목적, 종류, 절차 등을 다루고자 한다.

▌학습목표▐

1. 평가조사에 대해 이해할 수 있다.
2. 평가조사의 종류와 기준을 설명할 수 있다.
3. 평가조사의 절차를 이해하고 활용할 수 있다.

제1절 평가조사의 이해

1. 평가조사의 개념

평가(evaluation)란 사람, 집단, 조직 등이 이룩한 성과가 미리 정해 목적, 목표, 기준 등에 비추어서 얼마나 달성되었는가를 측정, 분석하고 그 결과를 형식에 맞춰 작성하여 전달하는 과정이다(강영걸 · 박성복, 2008).

평가조사(evaluaticn research)란 프로그램의 개선 또는 지속적으로 수행 여부를 결정짓기 위해 개별적인 개입기술이나 프로그램이 목표하는 바를 어느 정도 달성하였는가를 측정하는 조사를 말한다. 즉, 사회복지기관의 프로그램이 당초어 의도한 대로 그 목적을 다 하고 있는지를 평가하기 위해 실시하는 응용조사의 한 형태이다(Tripodi, 1983). 사회복지분야에서 평가는 크게 사회복지 시설평가와 프로그램 평가로 나눌 수 있다(서정민 외, 2015).

사회복지 시설평가는 기관의 설립 이념과 목적에 따라 운영되고 있는지 초점을 두고 평가가 이루어지는 것이며, 사회복지 프로그램 평가는 프로그램의 효과성, 효율성, 영향, 서비스의 질, 서비스 이용자의 만족도 등에 초점을 두고 진행되는 평가를 말한다. 사회조사는 조사대상자를 표본추출하여 사전에 준비된 질문지로 원하는 정보를 얻지만, 프로그램 평가조사는 프로그램을 평가하기 위한 항목을 정한 다음 평가대상 기관의 일반적인 현황, 직원 관련 사항, 프로그램의 효과성과 효율성, 프로그램에 대한 만족도 등을 평가하는 것이다(원석조, 2017).

2. 평가조사의 목적과 필요성

사회복지사는 사회복지 프로그램에 대한 평가를 통해 서비스 이용자의 욕구에 맞는 서비스를 제공하기 위해 효과성, 효율성, 서비스의 질, 영향성 등을 평가한다. 평가조사는 사회복지기관이 클라이언트에게 제공하는 서비스의 목적과 수단의 적합성을 파악하여 클라이언트 당사자에게 끼치는 영향을 측정하는 사회복지 프로그램을 통한 서비스 제공의 연속적인 과정이라 할 수 있다(서정민 외, 2015).

평가조사의 목적과 필요성은 다음과 같다(강이근 외, 2016; 서정민 외, 2015; 강종수, 2011; 성규탁, 1994: 187-189).

첫째, 프로그램 계획과 운영과정에 필요한 환류 정보를 제공한다. 즉, 사회복지 프로그램의 효과성(effectiveness)과 효율성(efficiency)을 통해 프로그램의 유지, 개선, 중단 등을 관리자가 결정할 수 있도록 기초자료를 제공한다.

둘째, 프로그램에 대한 책임성을 이행시킨다. 즉, 사회복지조직과 사회복지사에게 사회복지 프로그램에 대해 어느 정도 책임성을 발휘하고 있는지 평가할 수 있는 자료가 된다. 사회복지조직에서 활용되는 사회복지 예산은 공적 예산이므로 사회복지 기관의 본래 목적에 맞게 사용하는지 사회복지조직과 사회복지사에게 책임성을 갖도록 하는 자극제가 된다.

셋째, 사회복지 프로그램의 평가결과를 통해 타당성이 입증되면 사회복지 프로그램을 타기관에 보급하거나 이론으로 발전시키는데 기여할 수 있다. 즉, 사회복지 실천개입과 목표 달성의 관계에서 타당성이 입증되면 이론화하거나 그렇지 못한 경우 그 결과를 통해 이론을 수정, 보완, 형성하는데 기여할 수 있다.

넷째, 사회복지실천 현장의 요구와 필요성 때문에 시행된다. 즉, 동일한 사회복지 프로그램을 어떤 사회복지사가 운영하는가에 따라 결과가 달라진다면 프로그램의 실행 과정에 대한 관찰과 과정상의 문제를 찾아 개선할 수 있다. 이처럼 사회복지 프로그램 평가조사는 프로그램의 기획이나 개발에 필요한 지식과 정보를 실천현장의 사회복지전문가에게 제공하여 활용된다.

다섯째, 평가조사에 의한 신뢰성을 증진시킨다. 즉, 사회복지 시설 및 프로그램에 대한 평가를 통해 사회복지 시설에 대해 관심을 갖는 정책관계자, 지역관계자, 서비스 이용자와 가족들에게 사회복지 시설 및 프로그램에 대한 신뢰도를 증진시킬 수 있다.

여섯째, 합리적인 자원 배분이 가능해진다. 즉, 사회복지기관 및 사회복지 프로그램에 대한 평가결과를 통해 자원을 할당하여 합리적인 자원배분이 가능해진다. 단, 기관과 사회복지 프로그램에 대한 평가가 모두가 신뢰할 수 있도록 평가기준을 마련하고 그 기준에 따라 평가가 공정하게 이루어져야 한다.

제2절 평가의 기준과 평가요소

1. 평가의 기준과 평가요소

평가의 기준은 평가를 위한 준거를 말한다. 즉, 프로그램에 대해 어떤 측면을 평가의 초점 혹은 기준으로 삼을 것인가를 정하는 것을 의미한다. 그리고 프로그램의 평가 기준이 결정되면 각 기준별로 평가의 대상이 되는 요소를 정하는데 이것을 프로그램 평가요소라고 한다. Tripodi(1983)는 노력성, 효과성, 효율성의 3가지를 제시하였고, York(1982)가 노력성, 효과성, 효율성, 서비스의 질, 과정, 영향, 형평성의 7가지를 제시하였다. York(1982)가 제시한 평가 기준과 평가요소는 다음과 같다(원석조, 2017; 강종수, 2011; 한동우, 2000; 채구묵, 2008).

1) 노력성

프로그램 운영을 위해 투입된 자원과 활동의 양을 말한다. 즉, 프로그램을 위해 얼마나 노력하고 일하고 있는지에 따른 평가기준이다. 예를 들어 프로그램을 위한 예산, 서비스 이용자 수, 전문 인력 수 등이 있다.

2) 효과성

사회복지기관 프로그램에서 가장 중시되는 기준으로 의도했던 정책목표를 얼마나 달성했는가를 확인하는 것을 말한다. 즉, 프로그램의 성공여부로 나타난다. 예를 들어 프로그램에 참여했던 서비스 이용자가 프로그램의 목적과 목표에 따라 인지적, 감정적, 행동상 변화 등이 있다.

3) 효율성

프로그램 운영을 위해 투입대비 산출의 비율로서 프로그램에 투입된 자원이 얼마나 경제적으로 활용되었는가를 판단하는 기준을 말한다. 즉, 최소한의 비용으로 최대한의 산출을 의미한다. 예를 들어 프로그램 결과에 대한 비용 등이 있다.

4) 서비스의 질

서비스의 결과보다는 서비스 제공자의 자격요건이나 서비스 제공방법을 검토하여 서비스의 질을 평가하는 것을 말한다. 예를 들어 프로그램을 진행하기 위해 서비스 인력의 전문자격 소유 여부와 수준, 전문 인력 경력 등을 통해 서비스의 질을 평가하게 된다.

5) 과정

프로그램 결과의 경로로 프로그램 운영상의 매개체를 말한다. 예를 들어 세부목표와 프로그램 결과 사이의 차이 등이 있다.

6) 영향성

프로그램이 지역사회의 사회문제 해결에 어떤 영향을 주었는지, 사회문제 해결에 얼다나 기여했는지를 평가하는 것이다.

7) 형평성(접근가능성)

프로그램에 대한 서비스 이용자의 접근성, 프로그램 배분의 공평성을 말한다. 즉, 모든 사람들이 시간적, 공간적, 비용적, 심리적, 지리적으로 손쉽게 서비스를 이용할 수 있는가에 의해 평가된다.

또한, 사회복지 프로그램이 적법한 절차와 규칙에 의해 운영되었는지 평가하는 합법성, 프로그램에 참여한 사람들의 만족도와 참여자들의 문제가 어느 정도 해결되었는지 평가하는 만족성, 프로그램 참여자들이 프로그램의 중단 없이 지속적으로 제공받을 수 있는 정도에 따라 평가가 이루어지는 지속성이 있으며 그 외에도 적절성, 적합성, 포괄성, 통합성 등이 있다(강이근 외, 2016; 김태동, 2013).

2. 평가요소

사회복지 프로그램(program)은 투입, 전환, 산출, 성과로 구성된다. 이것이 프로그램 평가의 가장 기본적인 요소이다(서정민 외, 2015; 강종수, 2011; 정무성 · 정진모, 2001; 채구묵, 2011).

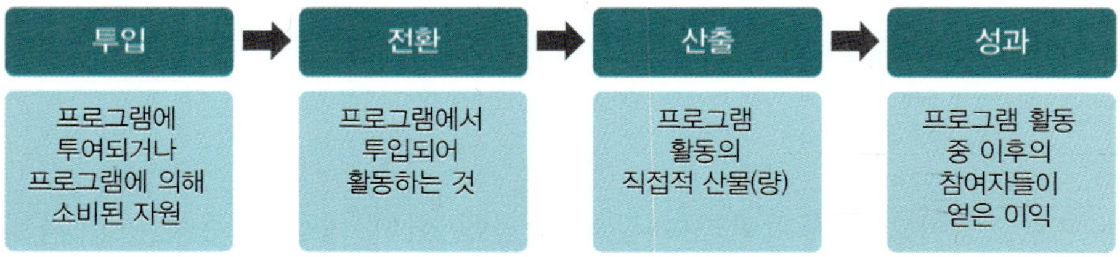

[그림 11-1] **프로그램의 평가요소**

1) 투입

투입은 프로그램의 목표를 달성하기 위한 투여되는 다양한 자원을 말한다. 즉, 서비스 이용자(클라이언트), 전문가와 자원봉사자, 물적자원, 시설, 장비 등의 요소로 구성된다.

2) 전환

전환은 프로그램의 목표를 달성하기 위해 투여된 자원이 클라이언트를 위해 사용되는 프로그램의 개입 과정을 말한다. 즉, 동기부여 훈련, 인식

개선 교육 등이 있다.

3) 산출

산출은 클라이언트가 실제로 제공받는 이용 가능한 서비스가 얼마나 있는가, 프로그램 설계에 명시된 바와 같이 클라이언트가 치료를 종료했는가 등을 규명하기 위한 것을 말한다. 즉, 상담 횟수, 프로그램 참여 횟수와 시간, 투여된 자원의 양 등이 있다.

4) 성과

성과는 프로그램에 참여한 클라이언트의 변화를 측정하는 단계이다. 즉, 클라이언트의 새로운 지식과 향상된 기술, 태도 및 가치변화, 클라이언트의 행동 수정 및 향상된 변화 등이 있다.

제3절 평가조사의 종류

평가조사의 종류는 평가 목적과 수행 절차에 따라 형성평가와 총괄평가로 구분되고 자료의 성격과 조사 방법에 따라 양적 평가와 질적 평가로 구분된다. 그리고 평가의 시점에 따라 적합성 평가와 메타평가로 구분되고, 평가의 대상에 따라 프로그램 평가와 기관(시설) 평가로 구분된다.

1. 평가 목적 및 수행 절차에 따른 분류

1) 형성평가

형성평가(formative evaluation)는 프로그램 운영 중에 이루어지는 평가로 프로그램 수행 과정에서의 문제점 혹은 장·단점을 발견하여 프로그램을 수정 및 보완하는 것을 목적으로 가진 평가조사이다. 이때 프로그램 모니터링과 서비스의 질 관리를 위한 노력이 포함되며, 더 나은 서비스를 제공하고자 개선 방안을 제시하기 위한 조사이다. 따라서 과정평가(process evaluation)라고도 한다. 형성평가를 위한 평가 질문은 다음과 같다(성규탁, 1994).

- 사회복지 프로그램은 초기에 세운 계획대로 운영과 활동이 진행되었는가?
- 프로그램의 인적·물적 자원은 계획된 시점에서 투입되었는가?
- 프로그램의 초점집단은 적절히 선정되어 서비스를 원활하게 제공받았는가?
- 프로그램은 관련된 법규나 규정에 맞게 진행되었는가?

2) 총괄평가

총괄평가(summative evaluation)는 프로그램의 성과와 영향을 파악하여 프로그램의 유지, 확대, 취소 등에 대한 행정적 결정의 근거로 삼고 긍정적 결과를 다른 비슷한 프로그램, 상황 또는 대상에 대해 일반화시키려는 목적으로 사회복지 프로그램이 종료된 후에 실시되는 평가이다. 즉, 프로그램의 초점집단에 어떤 변화가 일어났는지(효과성)와 투입된 비용에 비춰 그 성과가 정당화될 수 있는지(효율성)에 관심을 갖는다. 총괄평가를 통해 답하고자 하는 주요 평가 질문은 다음과 같다.

- 프로그램 효과는 프로그램 때문에 발생한 결과인가?
- 프로그램의 효과는 원래 의도했던 사회문제 해결에 어느 정도 기여하고 있는가?
- 프로그램의 효과는 당초 선정한 프로그램 목표에 대비하여 어느 정도인가?
- 프로그램에 투입된 비용과 사회문제 감소로 인한 사회적 비용은 얼마인가?
- 프로그램의 효과는 총비용을 상쇄할 만큼 크게 나타나고 있는가?

총괄평가는 크게 효과성 평가와 효율성 평가로 구분되는데, 이때 효과성 평가는 원래 달성하고자 설정했던 프로그램의 목표가 달성되었는가에 초점을 둔 평가이며, 효율성 평가는 프로그램의 결과가 투입된 비용에 비해 정당화될 수 있는가에 초점을 둔 평가이다.

(1) 효과성 평가

효과성 평가는 산출평가와 성과평가로 구분된다. 산출평가는 종료단계와 실시 도중에 산출 및 획득결과를 측정하고 해석하기 위한 목적으로 실행되며, 의사결정을 피드백하는데 도움을 주기 위한 평가이다. 성과평가는 인과적 관계 속에서 최종적인 결과로 나타난 성취나 변화 등의 현상에 대해 가치를 부여하는 활동을 말한다. 즉, 양적 성과와 질적 성과, 단기적 성과와 중장기적 성과로 구분하기도 한다. 예를 들면 산출평가는 동기부여 캠프에 참여한 참가인원(명)을 평가하고, 성과평가는 동기부여의 지속기간 등을 평가한다.

(2) 효율성 평가

효율성 평가는 프로그램에 투입한 경비를 중심으로 한 비용효과와 프로그램에서 의도한 목표의 달성 정도나 프로그램에 의해 변화된 효과를 파악하는 데 관심을 두는 평가를 말한다. 효율성 평가는 비용－편익분석(cost-benefit analysis)과 비용－효과분석(cost-effectiveness analysis)이 있다. 비용－편익분석은 프로그램의 궁극적 효과를 현재의 화폐가치로 환산한 것(이득)과 프로그램 시행에 투입한 비용을 비교하는 방법이다. 투입과 성과를 모두 화폐가치로 환산하여 비교한다는 점에서 비용-효과분석과 차이가 있다. 비용－효과분석은 '비용 효율성 분석', '비용 성과 분석'이라고도 하며, 프로그램 수행에 투입된 비용을 프로그램의 효과(성과)와 비교하여 분석하는 방법이다. 즉, 프로그램에 투입된 것(물질/비물질적인 내용)을 화폐가치로 환산하고, 그것을 프로그램 시행 결과의 총 단위로 나눈 값으로 계산한다.

효율성 = 프로그램의 산출(또는 성과) / 프로그램에 대한 투입
= 효과 / 비용

2. 자료의 성격과 조사 방법에 따른 분류

1) 양적 평가

양적 평가는 평가를 위해 수량화된 자료를 수집하여 분석하는 조사이며, 연역적 방법(정량평가)에 의한 조사를 강조하며 보통 구조화된 질문지를 활용하여 숫자, 비율 등 강성자료(hard data)를 수집하여 분석한다.

2) 질적 평가

질적 평가는 평가를 위해 수량화되지 않은 자료를 수집하여 귀납적 방법(정성평가)으로 분석하는 조사이다. 인터뷰와 관찰을 통해 수집되어 수량화될 수 없는 연성자료(soft data)에 기초하여 분석한다. 질적 평가는 객관적인 평가가 아닌 면접과 관찰을 토대로 얻은 자료를 갖고 프로그램에 대한 상황을 이해하여 프로그램을 개선하는데 관심을 갖는다.

3. 평가의 시점에 따른 분류

평가의 시점에 따라 적합성 평가와 메타평가로 구분할 수 있다.

1) 적합성 평가

적합성 평가는 개별 프로그램의 평가가 이루어지기 전에 그 프로그램의 가치를 확인하는 데 의의를 두는 평가이다. 적합성이란 프로그램이 추구하는 수단이나 전략보다는 프로그램이 추구하는 목표가 궁극적으로 사회적 가치에 부합하는지 확인하는 것을 말한다. 즉, 적합성 평가는 효과성 평가와 효율성 평가가 진행되기 이전에 그 평가들이 추구하는 목표가 사회적 가치나 사회정책적 입장에서 타당성을 검토하는 평가이다.

2) 메타평가

메타평가는 과거에 이미 이루어진 프로그램 평가를 차후에 종합적으로 검토해보는 평가를 말한다. 즉, "평가에 대한 평가 또는 평가의 평가"라 할 수 있다(Fitzpatrick, Sanders & Worthen, 2004). 메타평가는 평가계획서나 평가결과를 다른 평가자에 의해 점검받는 것으로 평가의 형성적 기능과 총합적 기능을 포괄한 개념이다. 형성적 메타평가는 평가 연구를 증진시키고, 총체적 메타평가는 최종 평가 결과에 대한 신뢰성을 높이는데 도움을 준다.

메타평가의 준거에 대한 공식적인 논의는 1960년대부터 시작되었으며, 이를 통해 바람직한 평가가 어떻게 구성되어야 하는지에 대한 제안이 시작되었고, 그 결과 학자들에 따라 다양한 평가 지침, 평가준거들이 발표되었다(Fitzpatrick, Sanders & Worthen, 2004).

4. 평가의 대상에 따른 분류

평가의 대상에 따라 프로그램 평가와 기관(시설) 평가로 구분할 수 있다.

1) 프로그램 평가

프로그램 평가는 프로그램의 효과성, 효율성, 영향, 서비스의 질, 서비스 이용자의 만족도 등에 초점을 두고 진행되는 평가이다.

2) 기관(시설) 평가

기관(시설) 평가는 기관의 설립 이념과 목적에 따라 운영되고 있는지에 초점을 둔다. 기관 평가에는 프로그램 평가도 포함되며 조직 및 재정관리, 시설관리, 인력관리, 지역사회 관계 등을 포함하여 진행되는 평가이다.

5. 평가의 주체에 따른 분류

평가의 주체는 내부평가와 외부평가로 구분되며, 각각의 장·단점을 고려하여 평가 주체를 결정하여 사용한다.

1) 내부평가

내부평가는 사회복지기관의 최고 관리자, 프로그램 관리자, 프로그램 수행 인력 등 조직 내의 구성원에 의해 진행되어 타당도가 높은 평가이다. 내부평가를 통해 얻은 결과를 근거로 조직 운영의 방향 설정과 프로그램 개선 등을 위한 목적으로 사용된다. 이는 조직의 자체평가이며, 평가 결과는 조직 내 의사결정을 위한 기초자료로 활용된다. 내부 평가자는 연구조사와 평가에 관한 지식을 갖고 있으며 이미 기관의 내부 직원인 사람을 평가자로 선정하는 것은 연구설계와 프로그램 평가를 수행하는데 매우 편리하다(김정우 · 양심영, 2007).

내부평가의 장점은 내부평가자가 기관과 프로그램 내용에 대한 이해도뿐만 아니라 평가를 위한 자료 접근성이 높고, 프로그램 관리자로부터 평가에 대한 협조를 구하는 것도 수월하다. 그리고 현실적인 제약 요건들을 융통성 있게 감안하여 평가에 반영할 수 있다. 내부평가는 외부평가와 달리 시간과 비용이 절감된다. 그러나 내부평가는 자신이 소속된 기관을 평가하므로 프로그램 담당자의 특성에 따라 객관적인 평가가 어려울 수 있다.

2) 외부평가

외부평가는 프로그램을 수행하는 조직의 구성원이 아닌 조직 밖의 교수나 연구기관 등의 전문가, 즉 외부 전문가가 평가 주체로 수행되는 평가를 말한다. 외부평가시 기관과 프로그램에 대한 이해가 없으면 외부 평가자에 의한 평가 결과를 수용하지 못하게 된다. 외부 평가자를 고용할 경우 전문성과 객관성을 보장받을 수 있기 때문에 이는 매우 중요한 장점이 된다(김정우 · 양심영, 2007). 그러나 외부 평가자를 고용하는 경우 기관 책임자(고용자)의 의도가 포함될 수 있는 여지도 분명히 있다는 점에서 객관성을 100% 보장한다고 확답할 수는 없다.

외부평가의 장점은 외부 평가자에 의한 평가결과를 통해 기관과 프로그램의 발전에 도움이 될 수 있으나 평가기관의 관계자가 외부평가에 대한 신뢰와 믿음이 낮으면 평가결과에 대해 부정하는 단점이 있다.

6. 기타 평가조사의 종류

서비스 만족도 조사는 사회복지 프로그램이 시행되어 서비스가 제공되는 과정에서 서비스 이용자의 다양한 기대가 어느 정도 충족되고 있는지에 대해 서비스 이용자의 관점에서 서비스의 질을 평가하는 방법이다(황성철, 2005).

1997년 사회복지사업법이 개정되면서 모든 사회복지시설이 매 3년마다 평가를 받게 됨에 따라 대부분의 사회복지기관이 시설평가에서 '서비스 이용자(클라이언트) 만족도 조사'가 포함되는 현상이 나타났고, 그 과정에서 서비스 잉용자의 만족도는 대부분 '만족'과 '매우 만족' 사이의 점수를 나타냈다. 그 이유에는 다음과 같이 여러 가지를 고려할 수 있다.

1) 서비스 내용에 대한 만족

사회복지사에 의해 제공된 서비스 내용이 서비스 이용자에게 긍정적으로 평가되어 좋은 결과('만족한다'라는 평가)를 나타내는 것을 말한다.

2) 서비스 이용에 의한 긍정적 변화

사회복지사에 의해 제공된 서비스를 이용한 결과, 과거와는 다르게 긍정적인 변화를 경험하거나 능력을 갖게 되면서 좋은 결과('만족한다'라는 평가)를 나타내는 것을 말한다.

3) 서비스 이용 자체에 대한 만족

서비스 이용자가 그동안 타인에 의한 관심을 받지 못하거나 도움을 제공받지 못했던 상황에서 사회복지사에 의해 서비스를 이용하게 되면서 이용 자체에 의해 만족하여 좋은 결과('만족한다'라는 평가)를 나타내는 것을 말한다.

4) 서비스 제공자인 사회복지사와의 우호적인 관계

사회복지사와 서비스 이용자 간의 신뢰를 전제로 사회복지 서비스를 이용하게 되면서 사회복지사에 대해 우호적인 관계를 갖게 되어 '서비스 이용자 만족도 조사' 과정에서 좋은 평가를 제시하는 것을 말한다.

그러나 서비스 이용에 대한 만족도가 높아도 그것으로 만족하지 말고 서비스를 제공하는 과정에서 관찰되었거나 면접 혹은 인터뷰를 통해 알게 된 불만족스런 사항을 메모하여 차후 서비스 과정에서 개선될 수 있어야 한다. 특히, 서비스 이용자 만족도 보고서 작성 시에 꼭 기타 의견으로 작성한다면 담당 사회복지사가 변경되어도 좋은 프로그램을 제공할 수 있게 될 것이다.

따라서 서비스 만족도 조사는 서비스의 목표달성 여부, 이용편의성, 접근용이성, 지속성과 계속성, 사회복지사의 직무수행능력 및 도움 정도 등 다양한 차원에서 조사되어야 할 것이다(강종수, 2011).

〈표 11-1〉 **프로그램 평가조사유형**

분류	평가의 종류	내 용
사용 목적	형성 평가	• 프로그램 운영 중 실시
	총괄 평가	• 프로그램 종료 후 실시
평가 규범	효과성 평가	• 목적달성 정도의 평가(프로그램의 성공 여부)
	효율성 평가	• 투입과 산출 비교, 최저비용의 최대화
자료 성격	양적 평가	• 수집된 자료의 속성이 수량화가 가능한 경우
	질적 평가	• 수집된 자료의 속성이 수량화가 어려운 경우
평가 시점	적합성 평가	• 개별 프로그램의 평가가 이루어지기 전에 그 프로그램의 가치를 따져 보는 평가
	메타 평가	• 평가의 평가로 평가 계획서나 평가 결과를 차후에 검토해 보는 평가
평가 대상	프로그램 평가	• 프로그램의 효과성, 효율성, 영향 등에 초점을 두고 이루어지는 평가
	기관(시설) 평가	• 기관 설립 이념과 목적에 따라 운영되고 있는지 평가
평가 주체	내부평가	• 프로그램 담장자 외의 내부자에 의한 평가
	외부평가	• 기관 외부자인 전문가에 의한 평가

제4절 평가조사의 절차

프로그램 평가조사는 사회복지조직의 프로그램을 특별한 목적으로 평가하는 것으로 일반조사 절차와는 달리 매우 역동적으로 상호 연관된 과

업과 결정 상황들이 많다. 오혜경(1998)과 강종수(2011)의 평가조사 절차를 비교하여 살펴보면 다음과 같다.

〈표 11-2〉 **평가조사의 절차**

오혜경(1998)		강종수(2011)	
단계	주제	단계	주제
1단계	평가목적 및 평가기준 결정	1단계	평가목적 확인
2단계	프로그램 책임자(담당자)의 이해와 협조	2단계	평가목표 진술
3단계	프로그램 목표 확인	3단계	평가설계 확인
4단계	조사대상 변수의 선정	4단계	평가도구 선택
5단계	평가도구 선정	5단계	평가자료 수집
6단계	조사설계 결정	6단계	평가결과 분석
7단계	평가자료수집	7단계	평가결과 보고
8단계	평가결과 분석 및 해석	8단계	평가결과 활용
9단계	평가결과 보고서 작성 및 활용		

평가조사 절차를 살펴보면 다음과 같다(강종수, 2011).

1. 평가 목적 확인

평가조사를 위해서 가장 먼저 평가의 목적을 확인하는 것이 필요하다. 즉, 평가 목적을 프로그램의 성과에 초점을 둘 것인지, 개선 방향 모색에 둘 것인지 결정할 필요가 있다.

2. 평가 목표 진술

평가조사를 위해 평가 목표에 대한 명확한 진술이 필요하다. 내부 및 외부에 의한 평가를 실시할 때 명확한 목표가 만들어질 때 평가 결과에 대해 문제가 발생되지 않는다. 이때, 평가의 주체와 평가 대상자의 상호 간의 이해와 협의, 토의를 통한 신뢰와 협조 관계가 반드시 요구된다.

3. 평가 설계 확인

평가조사를 위해 목적과 내용에 맞는 평가 설계를 확인한다. 즉 평가 목적과 수행 절차, 자료의 성격과 조사 방법, 평가의 시점에 따라, 평가의 대상과 평가의 주체에 따라 어떠한 평가방법을 선택하고, 진행할 것인지 평가의 주체는 평가에 대한 설계를 명확히 확인해야 한다.

4. 평가 도구 선택

평가를 위해 요구되는 자료는 무엇인지 확인하고, 자료 측정을 위한 평가 도구를 선택해야 한다. 평가 도구를 선택할 때에는 목적에 맞는 평가 도구를 찾아 사용하고 기존에 개발된 평가 도구가 평가에 맞지 않는다면 가급적 타당도와 신뢰도가 높은 평가도구를 개발 및 활용한다. 이때 평가 주체자는 척도 자료집을 활용하거나 관련 선행연구를 참고하면 된다.

5. 평가 자료 수집

평가를 위한 측정도구를 이용하여 자료를 수집하며 조사를 진행하는 과정이다. 이때 평가를 객관적으로 진행될 수 있도록 평가의 대상이 되는 프로그램 관련자와 충분히 논의하는 것이 중요하다.

6. 평가 결과 분석

평가를 위해 수집된 자료를 전문가의 견해와 통계 프로그램에 의한 분석을 진행한다. 설문지에 의한 조사, 인터뷰에 의한 조사 등 조사방법과 수집된 자료의 형태에 의해 양적 및 질적 분석을 실시한다.

7. 평가 결과 보고

평가조사를 마치고 분석된 결과를 해석하여 보고서를 작성하는 과정이다. 이때 보고서를 작성하기 위해 전문용어보다는 누구나 쉽게 이해할 수 있는 용어를 사용하여 평가에 대한 결과를 문서화하여 제시한다. 그리고 평가 결과를 프로그램 관계자 혹은 예산 지원 관계자 등에게 보고한다.

8. 평가 결과 활용

프로그램에 대한 평가 결과가 나왔을 때 이를 프로그램 개선을 위한 활용, 프로그램의 점진적 향상을 위한 내용 개선, 외부에 대한 프로그램의 중요성과 필요성을 인식할 수 있도록 제시하는데 활용될 수 있다. 따라서 평가조사가 갖는 가치를 인식하고 이를 위한 협의와 협조는 매우 중요하다.

제5절 평가조사와 프로그램의 오류

사회복지사가 자신이 진행한 사회복지 프로그램의 효과성을 평가한 결과, 서비스 이용자에 대한 서비스 효과가 없는 것으로 평가되었다고 생각해보자. 이때 사회복지사가 진행한 사회복지 프로그램을 잘 수행하면 긍정적인 성과가 나타날 것이라는 가정한 애초의 가설이 잘못되었기 때문일 수도 있고(이론적 오류) 그러한 가설 자체는 타당하지만 프로그램이 제대로 실행되지 못해 성과로 연결되지 못했기 때문일 수도 있다(실행적 오류).

1. 이론적 오류

프로그램 개입을 통해 매개변수의 변화는 초래했지만 그러한 매개변수의 변화가 야기할 것이라고 가정했던 개입 목표의 성과지표는 변화하지 않은 경우를 말한다. 즉, 프로그램이 매개변수를 변화시켜도 성과변수가 변화하지 않은 오류를 말한다.

2. 실행적 오류

프로그램 개입을 실시했음에도 개입 목표(성과변수 혹은 종속변수)는커녕 매개변수에서 조차도 의도된 변화가 발생하지 않는 경우에 해당한다. 즉 프로그램이 매개변수 자체를 변화시키는 데 실패한 오류를 말한다.

※ 매개변수
평가조사에서 개입은 독립변수이고, 개입목표는 종속변수이다. 개입을 통해 무언가를 변화시켜서 최종의 개입목표를 달성하고자 할 때 '무언가'는 '매개변수'가 된다.

요 약

- 평가조사란 어떤 개입기술이나 프로그램의 개선 또는 지속적으로 수행 여부를 결정짓기 위해 개별적인 개입기술이나 프로그램이 목표하는 바를 어느 정도 달성하였는가를 측정하는 조사를 말한다.
- 평가조사의 목적과 필요성은 첫째, 프로그램 계획과 운영과정에 필요한 환류적 정보를 제공한다. 둘째, 프로그램에 대한 책임성을 이행시킨다. 셋째, 사회복지 프로그램의 평가결과를 통해 타당성이 입증되면 사회복지 프로그램을 타기관에 보급하거나 이론으로 발전시키는 데 기여한다. 넷째, 사회복지실천 현장의 요구와 필요성 때문에 시행된다. 다섯째, 평가조사에 의한 신뢰성을 증진시킨다. 여섯째, 합리적인 자원 배분이 가능해진다.
- 프로그램의 평가기준이 결정되면 각 기준별로 평가의 대상이 되는 요소를 정하는데 이것을 프로그램 평가요소라고 한다. Tripodi(1983)는 노력성, 효과성, 효율성의 3가지를 제시하였고 York(1982)가 노력성, 효과성, 효율성, 서비스의 질, 과정, 영향, 형평성의 7가지를 제시하였다.
- 프로그램 진행과정에 따른 프로그램 평가요소는 투입(input), 전환(throughputs), 산출(output), 성과(outcome)의 과정으로 진행된다.
- 평가조사의 종류는 평가목적과 수행 절차에 따라 형성평가와 총괄평가로 구분되고 자료의 성격과 조사방법에 따라 양적 평가와 질적 평가로 구분된다. 그리고 평가의 시점에 따라 적합성 평가와 메타 평가로 구분되고, 평가의 대상에 따라 프로그램 평가와 기관(시설) 평가로 구분된다.

핵심어 평가조사, 총괄평가, 과정평가, 평가주체, 평가기준, 평가요소, 평가조사 종류

연습문제

01 다음 중 '프로그램 목표의 달성 정도'를 살펴보는 평가의 기준은 무엇인가?

① 투입 ② 산출 ③ 비용
④ 효과성 ⑤ 효율성

02 평가의 기준 중 무엇에 대한 설명인가?

> 프로그램 제공자의 전문성을 살펴보면서, 서비스 인력의 전문자격 소유 여부와 수준, 프로그램에서 활용하고 있는 전문 지식과 기술의 정도 등으로 살펴본다.

① 노력성 ② 과정 ③ 효율성
④ 효과성 ⑤ 서비스의 질

03 평가조사 유형 중 무엇에 대한 설명인가?

> 프로그램을 위한 투입이 프로그램 서비스 단가, 최상의 실천 기준, 프로그램 목적과 목표, 지역 욕구 등을 얼마나 잘 반영하고 있는지 확인하고 사정하는 평가를 말한다.

① 투입평가 ② 과정평가 ③ 성과평가
④ 비용-효과분석 ⑤ 비용-편익분석

04 평가조사의 목적으로 옳지 않은 것은?

① 책임성 이행
② 이론 형성에 대한 기여
③ 실천현장의 필요성
④ 프로그램 계획과 운영에 필요한 환류적 정보제공
⑤ 사회복지 전문가의 능력 과시

05 평가의 기준 중 무엇에 대한 설명인가?

> 프로그램을 진행하기 위해 동원된 자원의 정도를 의미하며, 단위 활동수, 이용자 수, 프로그램 예산과 자원, 프로그램 기간 및 하위 활동의 단위 기간 등을 평가한다.

① 노력성
② 과정
③ 효율성
④ 효과성
⑤ 서비스의 질

06 프로그램 평가연구에 관한 설명 중 옳지 않은 것은?

① 투입된 비용에 대한 효과를 평가할 수 있다.
② 결과를 해석할 때 정치적 관점이 개입될 수 있다.
③ 종속변수는 프로그램이다.
④ 외생변수에 대한 고려가 필요하다.
⑤ 유사실험설계를 사용하여 효과를 측정할 수 있다.

07 평가조사 유형 중 무엇에 대한 설명인가?

> 프로그램의 궁극적 효과를 현재의 화폐가치로 환산한 것(이득)과 프로그램 시행에 투입한 비용을 비교하는 방법이다.

① 투입평가
② 과정평가
③ 성과평가
④ 비용-효과분석
⑤ 비용-편익분석

08 평가조사 유형 중 무엇에 대한 설명인가?

> 프로그램 수행에 투입된 비용을 프로그램의 효과(성과)와 비교하여 분석하는 방법이며, 프로그램에 투입된 것(물질/비물질적인 내용)을 화폐가치로 환산하고 그것을 프로그램 시행 결과의 총 단위로 나눈 값으로 계산한다.

① 투입평가
② 과정평가
③ 성과평가
④ 비용-효과분석
⑤ 비용-편익분석

09 **청소년상담복지센터는 전년 대비 예산축소로 인해 현재 운영되고 있는 서로 다른 프로그램들의 성과를 동일한 가치기준으로 평가하여 차등 지원하였다. 이때 사용된 평가방법은 무엇인가?**

① 비용효과 평가
② 비용성과 평가
③ 비용편익 평가
④ 형성 평가
⑤ 메타 평가

10 **과거에 이미 이루어진 프로그램 평가를 차후에 종합적으로 검토해보는 평가방법을 말하며, '평가에 대한 평가'라고도 불린다. 이것은 어떤 평가방법인가?**

① 메타 평가
② 형성 평가
③ 기관 평가
④ 적합성 평가
⑤ 비용성과 평가

Answer 정답

1. ④ 2. ⑤ 3. ① 4. ⑤ 5. ① 6. ③ 7. ⑤ 8. ④ 9. ③ 10. ①

CHAPTER

12

양적 자료분석

수집된 자료들은 통계적 분석을 통해 사회현상이나 인간의 행동들을 설명하고 예측하는 데 활용된다. 수집된 자료들을 통계적으로 처리하기 위해서는 통계적 처리의 과정에 대한 이하와 통계방법론에 대한 개념들을 충실하게 이해하는 것에서부터 시작한다. 이 장은 양적 연구의 자료분석 과정과 더불어 자료분석을 위해 반드시 알아야 할 요소 그리고 자주 사용하는 자료분석의 기법들을 학습한다.

▌학습목표▐

1. 양적 자료분석의 과정을 이해한다.
2. 추리통계를 수행하기 위해 반드시 알아야 할 이론을 학습한다.
3. 기술통계와 추리통계의 종류들에 대해 이해한다.

제1절 양적 자료분석의 개관

양적 연구는 다수의 연구대상자들로부터 주로 수치화된 자료를 수집하여 분석하는 연구를 의미한다. 주로 설문조사, 실험연구, 내용분석이나 2차 분석을 통한 연구들이 여기에 해당한다. 양적 연구는 인간과 사회현상을 밝히기 위하여 연구문제나 가설을 설정하고 이를 검증하는 과정을 거치게 된다. 이때 수집된 수치화된 자료들은 통계적 기법들을 통해 분석되어 제시된다. 따라서 연구자들은 다양한 통계 프로그램을 활용하여 양적 자료들을 분석할 수 있는 기초적 능력을 학습하는 것이 중요하다.

이 장은 수집된 양적 자료들을 직접적으로 분석하기 위해서 알아야 할 자료분석의 과정과 주요 양적 자료분석의 기법들을 설명하고자 한다. 문서를 작성하기 위한 프로그램도 한컴오피스의 한글 프로그램이나 마이크로 오피스의 MS워드 같은 다양한 프로그램이 존재하는 것과 마찬가지로 양적 자료분석에서 사용되는 통계 프로그램도 매우 다양하다. 다만 이들 중 사회복지현장과 학계에서 흔하게 사용되고 있는 프로그램은 SPSS일 것이다. 따라서 SPSS를 기반으로 양적 자료분석의 과정을 설명하고자 한다.

제2절 양적 자료분석의 과정

수집된 양적 자료들을 통계프로그램에 입력하여 분석결과를 도출하기 위한 양적 자료분석의 과정은 크게 5단계로 이루어진다.

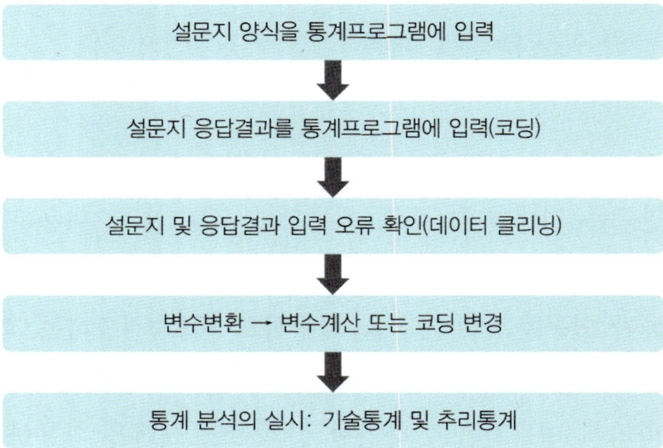

[그림 12-1] **양적 자료분석의 과정**

첫 번째 단계, 조사에 사용된 설문지의 문항을 통계 프로그램에 입력한다. 설문 조사를 통해 조사대상자들이 응답한 결과들을 통계 프로그램에 입력하기 위해서는 우선 통계 프로그램에 조사에 사용된 설문지의 각 문항들을 입력할 수 있는 틀을 만들어야 한다. 다만 설문조사에 사용되는 문항의 형태나 유형들은 다양하다. 개방형, 폐쇄형 또는 이분형, 다중응답형, 리커트형, 우선순위형 등 매우 다양한 형태와 유형의 문항들이 존재하기 때문에 연구자가 이 단계의 작업을 원활하게 수행하기 위해서 다양한 유형의 설문문항들이 통계 프로그램에 어떠한 방식으로 입력되는지 파악하고 실습해 보는 연습이 필요하다.

두 번째 단계, 조사대상자들이 설문지에 응답한 결과들을 통계 프로그램에 입력하는 단계이다. 이를 데이터 코딩(coding)작업이라고 한다. 첫 번째 단계에서 설문지의 틀이 입력되었다면 다음 단계에서는 해당 틀에 맞게 조사된 모든 설문지의 문항별 응답결과를 하나하나 통계 프로그램에 입력해야 한다. 모든 작업이 연구자가 일일이 수작업을 통해 설문 문항의 응답결과를 확인하고 통계 프로그램에 입력하는 작업이기 때문에 잘못 입력되거나 밀려서 입력하지 않도록 많은 주의가 요구된다.

세 번째 단계, 데이터 클리닝 작업이다. 데이터 클리닝은 수작업을 통해 통계 프로그램상에 데이터가 입력되었기 때문에 나타날 수 있는 오류를 확인하여 바로 잡는 작업을 말한다. 오류를 찾는 작업은 데이터가 입력된 상태를 직접 눈으로 일일이 대조해가는 방법도 있고, 뒤에서 설명하게 될 빈도분석과 같은 기술통계기법을 통한 분석결과로 간단하게 확인할 수 있다. 이러한 과정을 통해 오류가 확인되면 어떠한 설문지의 문항인지를 확인하여 바로 잡아 입력하면 된다.

네 번째 단계, 변수의 변환 작업이다. 세 번째 단계까지 마무리가 되었다면 설문조사를 한 응답결과가 온전하게 오류 없이 통계 프로그램의 데이터로 옮겨져 입력되었다는 것을 의미한다. 이러한 날 것의 원 데이터(raw data)로는 곧바로 연구자가 원하는 분석을 실시하기 어렵다. 요리를 할 때 식재료가 있다고 해서 바로 요리가 이루어지는 것은 아닌 것과 같은 이치이다. 감자가 있다고 바로 감자튀김을 만들 수 있는 것이 아니라 감자튀김에 맞게 감자를 가공하는 작업이 요구된다. 감자조림을 하고자 한다면 감자튀김과는 다르게 감자를 가공하여야 할 것이다. 이와 마찬가지로 입력이 완료된 데이터도 연구자가 수행하고자 하는 자료분석방법에 용이하도록 가공하는 작업이 요구된다. 이와 같은 작업을 변수변환이라고 한다. 예를 들어, 척도의 문항들의 경우 문항들 간의 총합을 구한다거나(변수계산), 나이나 소득과 같은 값들을 10대, 20대 또는 100~200만 원 미만, 201~300만 원 미만과 같이 구간으로 변경하여 값을 구하는 것(코딩변경)과 같은 조작이 요구되는 경우도 있다. 데이터를 변환하는 작업이 완료되어야 비로소 본격적인 자료분석이 가능해질 수 있다.

다섯 번째 단계, 본 분석의 단계이다. 이 단계는 구체적인 통계 자료분석의 기법들을 활용하여 연구목적과 맞는 연구결과를 도출해내는 단계를 말한다. 이 단계에서 활용할 수 있는 자료분석 기법은 크게 2가지로 나뉜다. 사회현상 또는 연구대상의 현황을 있는 그대로 기술해서 보여주기 위한 분석기법인 기술통계분석(빈도분석, 기술분석, 다중응답분석 등)과 가설을 검증하기 위한 분석기법인 추리통계분석(독립표본 t검증, 일원변량분석, 상관관계, 회귀분석 등)이 있다. 본 분석 단계에서 다양한 분석 기법들을 활용하기 위해서는 각각의 분석기법들이 어떠한 결과를 도출하기 위한 분석방법인지에 대한 이해, 해당 분석방법을 사용하기 위해서는 어떠한 조건의 데이터들이 요구되는지에 대한 이해, 각각의 자료분석 기법들의 수행 과정과 해석방법 등에 대한 이해가 요구된다.

양적 자료분석을 학습하는 많은 사람들은 자료분석을 위한 과정 5가지 중 다섯 번째 단계의 학습에 많은 시간과 노력을 쏟는 경향이 있다. 그러나 다양한 통계기법을 알고 있다 하더라도 조사된 설문지들이 내 손에 쥐어졌을 때 첫 번째에서 네 번째까지 단계의 과정을 능수능란하게 수행해내지 못하면 알고 있는 다양한 분석기법들은 실제 사용할 수 없게 된다. 최첨단 밥솥의 기능을 아무리 많이 알고 있다고 하더라도 내 손에 쌀이 쥐어졌을 때 쌀을 씻을 줄도, 물을 맞출 줄도 모른다면 최첨단 밥솥의 기능을 알고 있는 것은 무용지물인 것과 같다.

제3절 양적 자료분석의 유형

양적 자료분석 기법은 크게 2가지로 나뉜다. 사회현상 또는 연구대상의 현황을 있는 그대로 기술해서 보여주기 위한 분석기법인 기술통계와 가설을 검증하기 위한 분석기법인 추리통계가 그것이다. 이 절은 양적 자료분석의 기법들 중 자주 사용되는 기술통계 및 추리통계의 기법들에는 어떠한 것들이 있고 어떠한 결과를 얻기 위해 사용되는지에 대해 설명하고자 한다.

1. 기술통계

기술통계는 연구대상의 특성이나 현황을 있는 그대로 기술하기 위한 자료분석 기법을 의미한다. 예를 들어, 복지관에서 욕구조사를 수행하였다면, 기관 이용자들은 어떠한 특성을 가지고 있는지, 또 어떠한 부분에서 욕구를 가장 많이 가지고 있는지 등에 대해서 있는 그대로 집계하여 보여주는 것이 가장 핵심적인 분석결과로 제시되어야 할 것이다. 이러한 경우 기술통계기법들이 활용될 수 있겠다. 일반적으로 많이 사용되는 기술통계의 기법은 빈도분석, 기술분석, 다중응답분석 등이 있다.

1) 빈도분석

빈도분석은 조사된 문항의 각 항목에 응답된 빈도수를 집계하여 보여주는 통계분석 방법이다. 예를 들어, 성별을 물어보는 문항으로 빈도분석을 실시하게 되면 전체 조사된 응답자들 중 남성과 여성은 각각 몇 명이 응답했는지에 대한 빈도수와 비율이 집계되어 제시된다. 또 빈도분석의 예시에서와 같이 기부한 경험을 묻는 문항을 빈도분석을 실시하게 되면 기부경험이 있다는 응답자의 빈도수와 비율, 기부경험이 없다는 응답자의 빈도수와 비율이 제시된다. 이처럼 빈도분석은 각 문항별로 응답 항목에 응답자들이 응답한 빈도수와 비율을 집계하여 제시해 주는 용도로 사용된다. 따라서 주로 객관식 형태의 질문 문항이나 주관식 문항 중 응답을 글자나 문자로 하게 되어 있는 문항의 응답 실태나 현황을 살펴볼 때 빈도분석이 사용된다.

〈표 12-1〉 **빈도분석의 예시**

기부 경험	빈도수(명)	비율(%)
있다	192	28.1
없다	492	71.9
합계	684	100.0

2) 기술분석

기술분석은 조사된 문항의 평균, 표준편차, 최대값, 최소값 등을 보여주는 통계분석 방법이다. 예를 들어, 연령을 물어보는 문항에 기술분석을 실시하게 되면 전체 조사된 응답자들의 평균연령과 표준편차[1], 가장 높은 연령과 가장 낮은 연령은 얼마인지를 집계하여 제시된다. 또는 사회복지 근무 경력과 같은 문항도 기술분석 시 조사대상자의 사회복지 근무경력은 평균 몇 년 정도 되는지와 표준편차, 조사대상자 중 가장 많은 경력은 몇 년이며, 가장 적은 경력은 몇 년인지 등이 분석되어 제시된다. 기술분석은 이처럼 평균과 표준편차, 최대값, 최소값 등이 산출되어 나오는 통계기법이므로 빈도분석에서 사용 가능한 형태의 문항(객관식 문항, 응답을

1) 표준편차는 문항에 조사대상자들이 응답한 값들의 분포가 평균으로부터 얼마나 떨어져 있는지를 파악하기 위해 계산된 값이다. 평균이 같다고 동일한 집단으로 보기 어렵다. 평균점수가 같아도 응답의 분포가 평균을 중심으로 모여 있을 수도 있고, 평균을 중심으로 넓게 퍼져 있는 경우도 있다. 예를 들어, 49와 51이 있는 집단과 0과 100이 있는 집단은 모두 평균이 50이나 구성원의 분포 경향은 매우 다르다. 따라서 평균만으로 집단의 응답 경향을 파악하기는 어렵고, 표준편차를 통해 해당 문항의 응답 분포 경향까지 살펴봐야 한다. 표준편차가 크면 그만큼 평균으로부터 구성원들의 응답이 넓게 퍼져 있음을, 표준편차가 작다면 평균을 중심으로 구성원들의 응답이 모여 있다고 해석할 수 있겠다.

문자나 글자로 하는 형태의 주관식 문항)은 부적절하다. 기술분석에 주로 사용되는 문항들은 주관식 문항이면서도 응답을 숫자로 하게 되는 문항이나 척도의 합계 점수 등이 분석에 적합하다.

3) 다중응답분석

다중응답분석은 빈도분석과 같이 조사된 문항의 각 항목에 응답된 빈도수를 집계하여 보여주는 통계분석 방법이다. 다만 빈도분석에서 사용되는 문항은 1개의 문항에서 1개의 응답을 하는 질문 문항이라면, 다중응답문항분석은 1개의 문항에서 여러 답변이 가능한 문항의 빈도분석을 실시할 때 사용되는 기법이다. 예를 들어, '귀하의 성별은?'이라는 문항의 응답은 1개만 이르어지나, '다음 보기에서 해당 사항을 모두 고르세요'와 같은 문항이나 '다음 보기에서 가장 희망하는 서비스를 3순위까지 고르세요'와 같은 문항은 여러 개의 응답이 가능한 문항이다. 이처럼 하나의 문항에서 여러 거의 응답을 요구하는 문항들을 다중응답문항이라고 하며, 이러한 문항의 빈도분석결과를 도출해내는 분석기법이 다중응답분석이라고 이해할 수 있다.

2. 추리통계

추리통계는 가설 검증을 위한 통계기법을 말한다. 가설은 인과관계 형태의 검증되지 않은 명제이다. 따라서 가설은 원인에 해당하는 변수(독립변수)와 결과에 허당하는 변수(종속변수)가 포함되어 있다. 즉, 최소 2개 이상의 변수의 관계가 서술된 가설이 과연 참인지 거짓인지를 검증하기 위한 통계가 추리통계이다.

1) 추리통계를 하기 위해 알아야 할 것

자료분석을 원활하게 수행하기 위해서 반드시 알고 있어야 할 이론적인 사항은 다음과 같다.

첫째, 설문지의 문항들을 보고 측정 수준이 무엇인지 구분할 수 있어야 한다. 측정수준은 명목수준, 서열수준, 등간수준, 비율수준 이렇게 4가지로 구분하되나 자료분석을 위해서는 명목수준과 서열수준을 범주형 또는 비연속형으로 등간수준과 비율수준을 연속형으로 구분하여 2가지로 분류할 수 있어야 한다. 설문지의 각 문항들은 가설의 독립변수와 종속변수로 선정될 수 있다. 또한 통계분석방법들은 검증해야 할 가설의 독립변수와 종속변수의 측정수준이 연속형이냐 범주형이냐에 따라 어떠한 분석기법을 사용할 수 있는지 정해져 있기 때문에 설문문항의 측정수준이 무엇인지를 구분할 수 있는 능력은 필수적 요소이다.

둘째, 영가설(귀무가설)과 연구가설(대립가설)을 이해할 수 있어야 한다. 추리통계를 수행하기 위해서 설문지의 문항을 토대로 영가설과 연구가설을 수립할 수 있어야 한다. 영가설은 'A(독립변수)에 따라 B(종속변수)에 차이가 없다'와 같은 방식으로 기술되는 가설을 말한다. '두 변수 간의 관계가 없다' 또는 '차이가 0이다'와 같은 서술로 이루어진 가설이다. 반대로 연구가설은 'A(독립변수)에 따라 B(종속변수)에 차이가 있다'와 같은 방식으로 기술되는 가설을 말한다. '두 변수 간의 관계가 있다' 또는 '차이가 0이 아니다'와 같은 서술로 이루어진 가설이다. 영가설과 연구가설은 서로 상반된 내용을 기술하고 있으므로 동시에 성립할 수 없다. 영가설과 연구가설 중 어떠한 가설이 채택되고 어떠한 가설이 거짓이라 기각되어야 할지는 추리통계의 결과로 파악될 수 있다.

셋째, 유의확률을 이해해야 한다. 추리통계의 방법을 선택하여 분석을 실시하게 되면 각 통계결과들은 영가설과 연구가설 중 어떠한 것이 참인지를 유의확률을 통해 판단할 수 있어야 한다. 유의확률은 유의수준 0.05점을 기준으로 이보다 높은 값이 나올 경우 영가설이 참이 되어 채택되며, 반대로 유의확률이 유의수준 0.05점보다 낮은 값이 나올 경우 연구가설이 참이 되어 채택하게 된다.

2) 추리통계의 주요기법

(1) 독립표본 t검증

독립표본 t검증은 일반적으로 t-test로 많이 알려져 있는 기법이다. 그러나 t-test에는 여러 가지 종류가 있으므로 반드시 구분해서 이해할 필요가 있다. 독립표본 t검증은 서로 다른 2개 집단의 평균점수의 차이가 있는지 없는지를 검증하는 분석방법이다. 예를 들어, A고등학교의 학생수는 200명이며 이들의 모의고사 평균점수는 301점이고, B고등학교의 학생수는 250명이며 모의고사 평균점수는 300점이라고 하자. 그렇다면 두 고등학교의 모의고사 평균점수는 차이가 있는 것일까 없는 것일까? 다시 말해 A고등학교가 B고등학교보다 점수가 높으므로 더 공부를 잘한다고 봐야 하는가? 아니면 두 집단의 점수차는 우연에 의한 차이로 무시해도 좋으며 사실상 같은 수준으로 볼 수 있는가? 이 질문에 대한 답은 쉽지 않다. 또 눈으로 파악하여 이 질문에 대한 결론을 내리는 것 역시 쉽지 않다. 이처럼 서로 다른 2개 집단의 평균점수에 차이가 있는지 여부를 검증하는 통계적 기법이 바로 독립표본 t검증이다.

독립표본 t검증은 독립변수가 범주형(속성 2개)이고, 종속변수는 연속형의 측정수준을 가지는 가설에 적용 가능한 분석기법이다. 예를 들어, 성별(속성은 남성과 여성 2가지임)에 따라 결혼만족도에 차이가 있는지 여부에 대한 가설검증에 사용될 수 있다.

(2) 대응표본 t검증

대응표본 t검증 역시 사회복지현장에서 프로그램의 효과성 평가에 많이 사용되는 자료분석 기법 중 하나이다. 대응표본 t검증은 독립표본 t검증과 달리 동일한 집단의 사전 평균점수와 사후 평균점수에 차이가 있는지 여부를 검증할 때 사용하는 기법이다. 예를 들어, A복지관에서 알코올중독자 30명을 대상으로 절주 프로그램을 실시하여 음주량의 감소에 효과적이었는지를 살펴본다고 하자. 이를 위해 프로그램을 실시하기 이전에 30명의 음주량을 측정해 보니 한 달에 평균 20병을 마시는 것으로 나타났다. 프로그램을 실시한 이후 음주량을 측정해 보니 한 달 평균 15병을 마시는 것으로 나타났다. 그렇다면 알코올중독자 30명의 평균 음주량은 프로그램 투입 이전에 비해 이후에 감소한 것인가 아닌가를 검증해야 할 것이다. 이는 결국 동일한 집단의 사전점수 평균과 사후점수 평균이 우연한 차이일 뿐 사실상 차이가 없다고 봐야 할지 아니면 의미 있는 차이로 봐야 할지를 검증하는 것이다. 대응표본 t검증은 이러한 경우 답을 줄 수 있다. 다만 이 분석기법은 모수통계기법[2]으로 사례수가 30명 이상일 때 사용해야 하며, 사례수가 30명 이하일 경우 비모수통계기법인 윌콕슨 분석을 사용해야 한다.

대응표본 t검증은 동일한 집단의 사전점수평균과 사후점수평균의 차이

2) 모수통계는 모집단이 정규분포를 따른다는 가정하에 모수를 추정하는 통계기법으로 표본의 사례수가 30명 이상이면 정규분포를 가정하는 데 무리가 없다고 본다. 반면, 비모수통계는 모집단이 정규분포를 따른다는 가정을 두지 않고 통계 처리를 하는 방법으로 모집단이 어떤 형태의 분포를 이루는지 전혀 가정이 불가능한 경우 사용되는 통계기법이다. 따라서 사례수가 30명 이하라면 정규분포의 가정에 무리가 있으므로 비모수통계기법을 사용하는 것이 타당하다.

여부를 검증하기 떄문에 응답대상자들의 사전점수(연속형)와 사후점수(연속형)가 있으면 적용하여 분석이 가능하다.

(3) 일원분산분석

일원분산분석은 보통 ANOVA라고 불리는 분석방법이다. 일원분산분석은 앞서 설명한 독립표본 t검증과 마찬가지로 평균점수를 비교하는 분석기법이라는 점에서 맥을 같이 한다. 구체적으로 서로 다른 3개 이상의 집단 간 평균점수의 차이가 있는지 없는지를 검증하는 분석방법이다. 독립표본 t검증이 서로 다른 2개 집단 간의 평균점수 차이를 검증하는 분석기법이라면 일원분산분석은 서로 다른 3개 이상의 집단 간의 평균점수 차이를 검증한다는 점에서 개념 차이가 있다.

분석적인 면에서도 2집단이 아닌 3집단 이상이기 때문에 추가적으로 이해해야 할 지점이 발생한다. 독립표본 t검증은 2개 집단의 평균 점수 차이 여부를 검증하고 있으므로 '집단 간에 차이가 있다'는 분석결과가 나온다면 분석대상인 그 두 집단 간에 차이가 있는 것으로 해석하면 그만이다. 그러나 일원분산분석은 3개 이상의 집단 간 평균점수 차이를 검증하고 있기 때문에 '집단 간에 차이가 있다'는 분석결과가 나오더라도 구체적으로 3개 이상의 집단 모두가 차이가 난다는 것인지, 아니면 어떤 집단과 어떤 집단에서 차이가 있고, 어떤 집단과 어떤 집단 간에는 차이가 없다는 것인지 알 수 없다. 따라서 이 경우 사후검증이라는 분석기능을 활용하여 구체적으로 어떤 집단과 어떤 집단이 차이가 나고 어떤 집단들 간에 차이가 나지 않는지 밝혀내야 한다.

일원분산분석은 독립변수가 범주형(속성 3개 이상)이고, 종속변수는 연속형의 측정수준을 가지는 가설에 적용 가능한 분석기법이다. 예를 들어,

종교(속성은 가톨릭, 기독교, 불교, 기타 등 3가지 이상임)에 따라 생활만족도에 차이가 있는지 여부에 대한 가설검증에 사용될 수 있다.

(4) 상관관계분석

상관관계분석은 변수들 간의 연관성을 파악하기 위한 분석방법이다. 다시 말해 변수들이 서로 관련이 있는지 없는지를 분석하는 통계기법이다. 한 변수가 변화할 때 다른 변수도 같이 변화한다면 두 변수가 관련이 있다고 말할 수 있다. 그러나 한 변수가 변화할 때 다른 변수가 움직이지 않고 있다면 두 변수는 관련성이 없다고 이야기할 수 있다.

상관관계분석은 관련성을 알려줄 뿐만 아니라 관계의 방향성도 제시해준다. 두 변수의 변화 방향이 같은 경우 다시 말해 한 변수가 증가할 때 다른 변수도 증가하고, 한 변수가 감소할 때 다른 변수도 감소한다면 두 변수의 변화방향은 같다. 이 경우 두 변수의 관계는 정적관계라고 할 수 있다. 상관관계분석을 실행할 경우 정적관계는 상관계수에 (+)로 표기한다. 반대로 한 변수가 증가할 때 다른 변수는 감소하고, 한 변수가 감소하면 다른 변수가 증가하는 경우 두 변수의 관계는 방향성은 상반되며, 부적관계라고 할 수 있다. 상관관계분석을 실행할 경우 부적관계는 상관계수에 (−)로 표기한다.

상관관계분석은 관련성, 관계의 방향과 더불어 관계의 강도도 수치상으로 보여줄 수 있다. 상관관계를 통해 분석되어 나오는 계수(피어스의 r값)의 값은 $-1 < r < 1$의 값을 보여준다. 이때 0에 가까울수록 관계의 강도가 약하며, 절대값 1(1 또는 -1)에 가까울수록 관계의 강도가 높다고 해석될 수 있다.

상관관계분석에 투입되는 변수들의 속성은 연속형인 경우에 적용 가능한 분석기법이다.

(5) 회귀분석

회귀분석은 변수들 간의 인과관계 여부를 검증하기 위한 분석방법을 말한다. 인과관계는 연관성, 시간적 순서, 가식적 관계 등 3가지 조건을 만족시켜야 한다. 앞서 언급한 상관관계분석은 이 중 연관성만을 검증하는 기법이기 때문에 두 변수 간에 상관관계가 검증되었다고 해서 인과관계가 있는 것처럼 해석하면 오류가 발생한다. 또한 두 변수 간의 상관관계가 있는 경우 회귀분석에서 인과관계 여부를 분석해 볼 여지가 있지만, 두 변수 간의 상관관계가 없는 경우라면 회귀분석에서 인과관계 여부를 분석해 볼 필요가 없을 것이다.

회귀분석은 1개의 독립변수와 1개의 종속변수의 인과관계를 분석하는 경우 단순회귀분석으로, 여러 개의 독립변수와 1개의 종속변수의 인과관계 여부를 분석하는 경우 중다회귀분석 또는 다중회귀분석으로 구분한다.

회귀분석은 독립변수가 연속형이고, 종속변수도 연속형의 측정수준을 가지는 가설에 적용 가능한 분석기법이다. 독립변수가 연속형이 아닌 범주형인 경우에도 분석이 가능한데, 이 경우 범주형의 변수들은 더미변수 처리를 해야만 분석을 통한 해석이 가능하다. 더미변수는 범주형 변수의 응답범주들을 1과 0으로 구성된 변수로 단순화하여 변환한 변수를 의미한다. 예를 들어, 성별의 경우 1=남성, 2=여성으로 되어 있는데, 이를 1=남성, 0=여성으로 변환하여 더미변수로 처리될 경우 회귀분석의 독립변수로 적용이 가능하다.

회귀분석은 독립변수들 간의 상관관계인 다중공선성, 회귀모형의 설명력, 회귀모형의 적합성 등의 조건이 적절한지를 수치상으로 따진 후 독립변수가 종속변수에 영향을 미치는지에 대한 인과관계 여부를 회귀계수와 유의확률을 통해 검증한다. 이때 인과관계의 방향성이 정적관계인지, 부적관계인지를 따져서 해석한다.

(6) 로지스틱 회귀분석

로지스틱 회귀분석은 회귀분석과 마찬가지로 인과관계를 검증하는 통계기법이다. 다만 회귀분석과 달리 종속변수의 측정수준이 범주형일 경우에 적용 가능한 통계기법이다.

로지스틱 회귀분석은 종속변수의 범주 속성에 따라 2가지로 구분된다. 종속변수의 측정수준이 범주형이면서 속성이 2개뿐인 경우라면 이항 로지스틱 회귀분석을, 종속변수의 측정수준이 범주형이면서 속성이 3개 이상인 경우에는 다항 로지스틱 회귀분석을 사용할 수 있다.

(7) 기타 고급 분석 방법들

그 밖에도 매개효과분석, 조절효과분석, 구조방정식 모형검증뿐만 아니라 종단자료들을 활용하여 통계분석방법인 위계적 선형모형분석과 잠재성장모형분석 등 다양한 분석방법이 존재한다.

요 약

- 자료분석의 과정은 5단계를 따른다. 설문지 틀의 입력, 설문지의 응답결과 입력, 데이터 클리닝, 변수변환, 본 분석의 과정이 그것이다.
- 자료분석은 기능에 따라 기술통계와 추리통계로 구분한다. 기술통계는 연구대상의 특성에 대한 현황과 실태를 있는 그대로 보여주는 것 분석기법을 말하며, 추리통계는 가설 검증을 위한 기법들을 의미한다.
- 기술통계에서 주로 사용되는 기법은 빈도분석(범주형 변수들의 빈도수와 비율 제시)과 기술분석(연속형 변수들의 평균과 표준편차 및 최대값과 최소값 제시), 다중응답분석(여러 개의 응답을 요구하는 문항의 빈도분석)이 있다.
- 추리통계를 위해서 반드시 알아야 할 것들로는 측정문항의 측정수준을 구분해낼 수 있어야 한다는 점(연속형/범주형), 가설을 영가설(차이가 없다)과 연구가설(차이가 있다)로 구분하여 설정할 수 있어야 한다는 점, 영가설과 연구가설 중 어떠한 가설이 채택될지를 판가름하는 기준이 되는 유의확률(유의수준 0.05점을 기준으로 판정)의 해석방법을 이해해야 한다는 점이 있다.
- 추리통계에서 주로 사용되는 기법은 독립표본 t검증(서로다른 2집단의 평균차이 검증), 일원분산분석(서로다른 3집단 이상의 평균 차이 검증), 상관관계분석(변수들 간의 연관성 여부 검증), 회귀분석(인과관계 검증) 등이 있다.

핵심어 자료분석의 과정, 기술통계와 추리통계, 측정수준, 영가설과 연구가설, 유의확률, 빈도분석, 기술분석, 다중응답분석, 독립표본 t검증, 일원분산분석, 상관관계분석, 회귀분석

연습문제

01 **다음 중 기술통계분석이 아닌 것은?**

① 일원분산분석 ② 다중응답분석
③ 빈도분석 ④ 기술분석
⑤ 회귀분석

02 **독립표본t검증과 일원분산분석의 차이로 타당하지 않은 것은 무엇인가?**

① 두 분석 모두 사후검증을 실시한다.
② 두 분석 모두 집단 간 평균점수 차이를 검증한다.
③ 두 분석 모두 독립변수는 범주형, 종속변수는 연속형일 경우 가능하다.
④ 두 분석 모두 추리통계에 해당한다.
⑤ 두 분석 모두 기술통계에 속하지 않는다.

03 **다음 중 두 변수 간의 인과관계를 검증하기 위한 자료분석 기법으로 적절한 것은 무엇인가?**

① 상관관계 분석 ② 일원분산분석
③ 회귀분석 ④ 기술분석
⑤ 빈도분석

04 **다음에서 설명하는 것은 자료분석의 단계는 무엇인가?**

> • 입력이 완료된 데이터를 자료분석에 용이한 수준으로 가공하는 단계
> • 변수를 계산하거나, 코딩을 변경하는 작업을 수행하는 단계

① 본 분석 단계 ② 데이터 클리닝
③ 설문지의 틀 입력 단계 ④ 변수 변환 단계
⑤ 데이터보기 입력 단계

05 추리통계 결과가 도출되었다면 과연 영가설과 연구가설 중 어떠한 것을 채택할지 무엇을 보고 해석하는가?

① 측정수준
② 유의확률
③ 신뢰수준
④ 모수통계 여부
⑤ 유의수준

06 서로 다른 2개 집단의 평균점수에 차이가 있는지 여부를 검증하는 통계 기법은 무엇인가?

① 상관관계 분석
② 일원분산분석
③ 독립표본 t검증
④ 회귀분석
⑤ 빈도분석

07 인과관계의 3가지 조건 중 변수들 간의 연관성을 확인하기 위한 통계기법은 무엇인가?

① 상관관계 분석
② 일원분산분석
③ 독립표본 t검증
④ 회귀분석
⑤ 기술분석

08 가설의 독립변수와 종속변수의 측정수준이 각각 연속형, 비연속형일 경우 인과관계를 확인하기 위한 통계분석 기법은 무엇이어야 하는가?

① 상관관계 분석
② 일원분산분석
③ 독립표본 t검증
④ 로지스틱 회귀분석
⑤ 빈도분석

09 일반적으로 95% 신뢰수준의 유의수준은 몇 점을 말하는가?

① 0.01
② 0.05
③ 0.5
④ 0.1
⑤ 0.001

10 **동일한 집단의 사전점수와 사후점수의 평균점수에 차이가 나는지 여부를 검증하는 통계기법은 다음 중 무엇인가?**

① 대응표본 t검증
② 일원분산분석
③ 독립표본 t검증
④ 회귀분석
⑤ 상관관계분석

Answer
정답

1. ① 2. ① 3. ③ 4. ④ 5. ② 6. ③ 7. ① 8. ④ 9. ② 10. ①

CHAPTER

13

질적 조사연구

사회복지실천 현장에서는 양적 연구방법과 질적 연구방법을 함께 사용하는 혼합 연구방법의 필요성이 증가되고 있다. 사회복지조사론 수업을 통해 질적 조사연구를 다루기에는 한계가 있으나 과학적 인식론에서 해석주의적 관점을 다루면서 질적 연구방법의 관점을 설명하고, 질적 조사연구의 개념과 특성, 질적 조사연구의 과정, 자료수집방법을 다루면서 질적 연구에서 주로 활용되는 자료수집방법을 설명하고자 한다.

▌학습목표▐

1. 질적 조사연구의 개념과 특성을 설명할 수 있다.
2. 질적 조사연구의 과정과 종류를 이해하고 활용할 수 있다.
3. 질적 조사연구와 양적 조사연구를 비교 · 설명할 수 있다.

제1절 질적 조사연구의 개념과 특성

인간과 사회의 상호작용을 연구하는 분야에서는 실증주의적 입장만 수용하기에는 한계점이 제시되었다. 사회가 점차 복잡해지고 다원화되는 양상 속에서 전통적인 양적조사방법의 적용은 한계가 있다는 인식의 확산이 그것이다. 이처럼 양적조사방법의 보완과 사회현상에 대한 심층적 견해를 얻을 수 있다는 점에서 실증주의적 연구방법의 대안으로 제시된 연구방법이 질적조사 연구방법이다.

질적조사 연구방법은 인간 경험의 복잡한 현상을 이해하고, 특정한 삶을 살고 있는 사람들의 시각으로부터 '살아 있는 경험'에 대해 이해를 얻고, 그들의 삶으로부터 어떤 의미를 찾고자 하는 경우에 적절하게 사용할 수 있는 방법이다(유태균 역, 2005). 또한 양적인 연구결과들 가운데 보다 심층적이고 강도 높은 탐구과정 없이 답할 수 없는 경우와 양적 연구결과에 대한 명확한 확인 혹은 검증작업이 필요할 때 질적 연구 방법을 택할 수 있다(오혜경, 2005).

1. 질적 조사연구의 개념

질적 조사(qualitative research)란 연역적·계량적 조사방법을 활용하는 전통적인 양적 조사에서 나타나는 문제점을 지적하면서 귀납적·해석적 조사방법을 강조하는 연구방법이다. 또한, 양적 조사는 발견하거나 분석하기 어려운 문제를 효과적으로 관찰하고 분석하며 복잡한 사회현상을 심층적으로 규명하고 해석하기 위한 연구방법이다. 질적 조사방법은 사회현상에 대해 단순히 수치화하여 살펴보는 것이 아니라 그 내면에 숨겨진 의미는 무엇인지 보다 풍부한 정보를 얻어내는 것을 목적으로 한다.

질적 조사는 양적 조사와는 다르게 조사가 진행된다. 즉 양적 조사는 측정, 수적 분석에 의존하고, 질적 조사는 수적 분석을 가끔 사용하지만 이것이 중심이 되지 않으며 사회적 관계와 상호작용의 유형을 이해하고자 모색한다.

질적 조사방법에서 조사자는 조사과정에서 깊이 관여하여 중요한 자료 측정 도구 역할을 수행한다. 그러나 이것은 조사과정에서 객관적 입장에 있는 양적조사방법과는 대조적이다. 또한, 질적 조사방법은 자료를 양적 조사와 달리 자료를 수치화하지 않으며 적은 수의 사례에 대한 다양한 자료들을 수집하여 깊이 있고 철저한 이해를 하는 데 주된 초점을 맞춘다.

질적 조사는 사람들에게 잘 알려지지 않은 주제에 대해 탐색적 접근을 하고자 할 때, 민감하고 정서적으로 깊이 있는 주제를 심층적으로 조사하고자 할 때, 사람들의 생생한 경험과 삶의 역사 등에 대한 이해와 의미를 도출하고자 할 때, 프로그램이나 정책 및 기관의 내면 탐구 및 평가를 하고자 할 때 등으로 사용하게 된다.

2. 질적 조사연구의 특성

질적조사는 양적 조사연구방법과 여러 측면에서 다른 특성을 보인다. 특히 질적 조사는 규모가 큰 양적 조사와는 달리 연구대상자가 소규모일 경우가 많으며 연구대상자가 있는 공간 그 자체가 연구의 장이 되는 경우가 많다(강종수, 2011; 황성동, 2006: 221). 이러한 질적 조사연구의 특성에 대해 요약해서 살펴보면 다음과 같다.

1) 조사자의 주관적 관점 개입

질적 조사연구는 척도나 측정도구를 사용하는 양적조사와는 달리 조사자의 주관적인 관점을 통해 걸러지고 수집된 자료를 사용한다. 즉, 양적조사는 가능한 한 객관적인 입장에서 접근을 하고 가능한 한 주관성으로 인한 오류를 제거하려고 하는 반면(김치영 · 최용민, 2011:340), 질적 조사는 조사자 자신의 시각을 통해 자료들을 주관적으로 해석하여 자료로 활용하는 것이다.

2) 작은 규모의 표본

통계분석을 위해 대규모의 조사대상을 사용하는 양적조사와 달리 작은 규모의 표본에 적용할 수 있다. 소규모 집단을 표본으로 하고 자세히 관찰하여 보다 심층적이고 생생하게 탐구할 수 있다.

3) 과정에 대한 관심

일반적으로 양적 조사가 산출결과에 중점을 둔다면 질적 조사연구에서는 과정에 보다 많은 관심을 둔다. 예를 들어, 노숙인 자립과정과 같이 결과 중심의 양적 조사로는 관찰하기 힘든 생생한 경험, 즉 경험과 상호작용 등에 대해 깊이 있게 연구할 수 있는 것이다.

4) 절차의 유연성과 자연스러운 상태의 생활환경이 연구의 장

양적조사는 조사문제가 사전에 엄격히 정해져 있고 조사설계와 자료가 사전에 조직화되어 있으나 질적 연구에서는 정해진 절차보다는 상황에 따라 유연하고 자연스럽게 자료수집이 이루어진다. 조사대상자가 몸담고 있는 생활환경이 심층적 이해와 파악이 이루어지는 연구 장소가 되는 경우가 많다.

5) 귀납적 성격

질적조사는 경험들을 수집하면서 그것을 근거로 잠정적인 이론에 도달하는 귀납적 성격을 갖는다. 질적조사의 목적은 차후 검정이 필요한 가설을 만드는 것으로 질적 조사의 초기 단계에서는 현실에서 발생하는 경험들이 광범위하게 수집되지만 갈수록 한계가 정해져 있고 세부적인 내용의 자료들이 수집된다.

6) 이야기 방식의 기술적 묘사

양적조사가 하나의 가설을 검증하려고 하는 것과는 달리 질적 조사는 조사대상자의 내면을 심층적으로 탐구하거나 경험을 깊이 있게 이해하기 위해 주로 일회적 서술(anecdotal accounts), 즉 이야기 방식의 묘사가 이루어진다(곽종형 외, 2012).

7) 일반화의 한계

양적 연구는 일반화 가능성이 높은 반면에 질적 연구는 일반화하기에는 한계를 지니고 있다. 양적 연구방법도 일반화의 어려움은 있지만, 특히 질적 연구방법은 대부분 특정 집단에 관련된 경험들을 심층적으로 연구하므로 그 집단에 대해서는 가장 적절한 설명이 될 수 있지만 모든 집단에까지 확대하기에는 어려움이 있다(강종수, 2011).

8) 조사도구가 되는 조사자 및 연구자

질적조사는 조사자 및 연구자가 모든 자료를 걸러내고 수집하며, 조사자가 주관적으로 조사를 행하기 때문에 다른 조사자로 대체되는 경우에는 조사의 일관성을 유지하는 것이 어렵다.

※ 질적조사의 특징

- 이야기 방식에 따른 기술적인 묘사
- 작은 규모의 표본 가능, 귀납적 절차를 따름
- 조사자 자신이 도구이며, 조사자의 주관성 활용
- 조사자와 조사대상자 간 상호작용을 통해 자료수집
- 조사설계와 자료수집에 융통성, 조사 절차의 유연성
- 심층규명에 의한 풍부하고 자세한 정보 수집과 발견
- 자연스러운 상황에서 조사하고, 자료수집과 자료분석 병행
- (참여) 관찰, 심층면접, 개인 기록의 분석, 초점집단에 입각한 자료수집

제2절 질적 조사연구의 과정

질적 조사연구의 과정은 양적 조사연구와 달리 엄격하게 규정된 절차에 따라 진행되지 않는다. 그러나 이것이 논리나 형식이 존재하지 않음을 의미하는 것이 아니라 단지 질적 조사연구에서는 수집하는 자료의 특성상 분석하는 절차에서 엄격한 형식이 효율적이지 않음을 의미한다(김치영 · 최용민, 2011).

따라서 질적조사를 진행하기 위해서는 먼저 문제의 발견이나 주제의 선정, 연구대상을 결정하는 것이 우선시 되어야 하며, 다음으로 조사 주

제와 관련된 문헌에 대해 조사자가 익숙해져야 하고, 관련 연구 결과를 검토해야 한다. 이를 토대로 전체적인 조사의 진행에 대한 구체적인 계획을 수립하고 다음과 같이 자료수집을 위해 우선 현장연구를 시작하고 자료수집을 한 후 자료관리 및 자료분석을 실시한다. 가설과 이론을 구축하여 연구 보고서를 작성하면 질적 조사연구 과정이 마무리된다.

1. 연구주제 및 연구절차 결정

연구주제와 관련된 선행연구 등 이론적 고찰을 통해 이론과 그동안 진행된 연구결과를 파악하고, 이에 입각하여 연구대상자와 자료수집, 자료분석 등의 연구절차를 결정해야 한다. 기존 연구결과에 나타난 자료수집 과정이나 연구대상자 선정의 장애요소 등을 참고하면 손쉽게 연구방향을 모색할 수 있다.

2. 현장연구 시작

질적조사 연구의 첫걸음으로 표본추출 전략을 세운다. 실증적 자료수집을 위해 연구현장과 연구대상에게 접근을 위한 시작단계이다. 연구자는 연구대상자에게 연구에 대해 적절히 설명함으로써 연구의 과정에 대해 받아들일 수 있도록 협조를 구한다. 즉, 연구할 대상자와 환경과의 상호작용을 위한 준비가 요구된다.

3. 자료수집

질적 연구는 주로 관찰, 심층면접, 문서와 기록에 대한 관찰을 통해 자료를 수집한다. 자료수집의 장단점을 보완하기 위해 일반적으로 한 가지 이상의 자료수집방법을 활용하지만 대부분의 질적 연구에서는 관찰과 면접을 함께 사용한다.

1) 관찰법

조사연구자는 연구대상이 선정되면 다양한 자료수집의 기술을 활용하게 된다. 그중 관찰은 조사대상자의 행위나 사회적 현상을 주의하여 자세히 살펴보는 방법이다.

관찰은 크게 구조화된 관찰과 비구조화된 관찰로 나뉜다. 구조화된 관찰은 관찰내용과 범주를 사전에 정해놓고 관찰하는 방법으로 주로 발생빈도, 방향, 범위 등을 범주화하게 되며, 이러한 범주로 관찰된 것은 계량화할 수도 있다(황성동, 2007). 비구조화된 관찰은 관찰대상, 방법 등이 규정되지 않은 상태에서 관찰하는 것으로 연구자가 조사대상자의 생활에 참여하는 정도에 따라 참여관찰과 비참여관찰로 구분한다. 참여관찰은 연구자가 조사대상 집단에 진정으로 참여하거나 참여하는 척하면서 관찰하는 것이며 비참여관찰은 연구자가 제삼자의 입장에서 조사대상자의 행동을 관찰하는 것이다(곽종형 외, 2012).

관찰은 비언어적 행동에 대한 파악이 가능하며 대상자가 관찰이 요구되는 상황인 경우 활용도가 높고 실험과 같지 않아 장기간에 걸쳐서 이루어지므로 종단적 조사가 가능하며, 관찰대상자들의 행위가 현장에서 사실 그대로 수집될 수 있어 정보획득이 용이하고 비협조적인 연구대상자에 대해서도 정보를 수집할 수 있다는 장점이 있다. 그러나 자연적 환경에서 조사를 하는 경우 외생변수의 통제가 어렵고, 관찰대상의 표본은 적은 수량이므로 일반화에 어려움이 있다. 그리고 관찰대상자의 특이한 행동에 대한 정보를 얻기까지 많은 시간이 소요될 수 있다는 단점이 있다.

2) 면접법

질적 자료수집에 흔히 사용되며 정보를 유도하기 위해 사전에 계획하고 이를 구체화한 것이다. 조사자가 직접 관찰할 수 없는 것을 발견하기 위해 심층면접을 실시하며 사람들의 행동, 감정, 주변 세계에 대한 해석 방법 등을 알아보거나 반복하기 불가능한 과거 사건들에 관심이 있을 경우 필수적이다(황성동, 2007).

일반적으로 서비스나 프로그램에 대한 탐색적·기초적 자료를 수집하기 위해 사용하는 경우가 많다. 그리고 주로 개방형 질문을 사용하여 참여자의 생각과 태도, 반응, 제안 및 통찰력을 유도하기도 하면서 비용이 비교적 적게 들고, 결과분석 등에 많은 시간적 투자가 필요하지 않다.

3) 문서와 기록에 관한 분석

문서와 기록에 관한 분석은 많은 질적 연구자들이 사회조사에서 널리 활용되는 방법이며(Jennifer Mason, 1999), 연구 기간 동안 작성되는 일정기록과 일지, 전기, 일기, 편지, 역사적 기록, 사진, 영상물 등의 문헌과 기록을 검토하는 방법이다. 이러한 기록과 문헌은 직접적인 관찰이나 면접으로 수집할 수 없었던 상황에 대한 정보를 제공해 줄 수 있다. 또한 조사자에게 개인의 삶, 중요한 단체의 역사, 사회적 추세 등에 대한 정보를 제공해 줄 수 있다(황성동, 2007). 그러나 문서 자료의 수집에서 중요한 것은 해당 자료의 진위, 정확성 등을 판정해야 한다.

4. 자료분석

질적 연구에서는 자료수집과 분석이 동시에 일어나거나 순환적으로 일어나는 경우가 많다. 즉, 현장에서 자료를 수집한 순간부터 분석을 시작하여 자료수집이 계속되면서 분석도 점진적으로 발전하게 된다. 양적 연구와 같은 명확한 자료분석 방법은 존재하지 않는다. 연구자는 의미를 가진 단위를 찾고자 기록된 내용을 찾아 읽고 떠오르는 아이디어를 메모하며 연구의 목적에 맞는 데이터를 찾아 코드를 부여하고 범주화한다. 연구자는 중심주제 형성을 위해 코드 또는 범주들 간의 관계를 찾고자 노력해야 하며, 이를 통해 가설과 이론의 구축을 위한 단계로 나아간다.

케인(Kahane)은 질적조사의 자료분석을 진행하는 과정에서 유의할 사항에 대해 다음과 같이 말하고 있다. 연구자가 자신의 관점(주관성과 편견)에서 의미 있게 해석할 위험이 항시 존재하며(편협성), 자신이 관찰하고 있는 문화와 과도하게 동일시한 결과 자신의 정체감과 분석적인 자세를 잃어버리고 연구대상자의 입장과 견해를 취하거나(원주민화), 연구자가 관찰대상에 감정적으로 반응하거나(감정적 반응), 근거자료에 의하여 본질적으로 합당한지를 판단하지 못하고 성급하게 결론(성급한 결론)을 내리는 오류, 어떤 연구결과에 대한 원인을 잘못 판단하여 내리는 오류(의심스러운 원인), 연구자가 합당하게 추정한 관찰이나 결론을 언급하지 않음으로써 나타나는 오류(보이지 않는 증거), 잘못된 문제를 제기함으로써 나타나는 오류(잘못된 딜레마)가 있을 수 있다는 점이다.

5. 가설과 이론의 구축

질적조사는 가설 검증보다는 가설 개발과 일차적으로 관련되어 있다.

가설의 개발과 인과성에 대한 언급은 데이터에 근거를 두어야 하며 억지로 데이터에 끼워 맞추거나 조사자의 이론적인 편견이 과도하게 영향을 미쳐서도 안 된다(황성동, 2007). 현장에서 수집된 자료들은 계속적인 분석작업을 통해 자연스럽게 이론으로 통합된다. 문제를 구성하고 자료수집을 할 때와 달리 관찰과 분석의 과정이 반복되고 환류되면서 경험에 근거한 실질적인 가설과 이론이 도출되는 것이다(김치영 · 최용민, 2011).

6. 연구보고서 작성

조사연구 과정이 거의 마무리되면 분석된 결과를 보고서로 작성한다. 질적 연구의 조사보고서의 형식은 양적 연구방법론과 크게 다르지 않으며 일반적으로 목적과 연구배경, 탐구방법, 연구결과, 결론 및 제언으로 구성된다.

질적 조사연구는 자료수집과 분석이 동시에 이루어지기 때문에 보고서를 작성할 때 자료수집의 방법 및 절차와 분석이 동시에 기술되어야 하고 분석적 서술 방법을 많이 활용한다(김치영 · 최용민, 2011).

※ 연역법과 귀납법의 특성

연역법	귀납법
관찰은 가설을 입증하기 위한 수단	관찰은 이론을 만들기 위한 기반
이론 → 관찰	관찰 → 이론
양적조사, 표본조사, 전수조사	질적조사, 사례연구, 심층분석

제3절 질적 조사연구의 종류

질적 조사연구는 다양한 종류가 있으며 그중 근거이론, 사례연구, 민속지학연구, 현상학적 연구, 생애사 연구 등이 대표적으로 활용된다(홍봉수 외, 2016; 서정민 외, 2015; 강종수, 2011; 김태동, 2013).

1. 근거이론

근거이론(grounded theory)은 사회학자인 글래서(B. Glasser)와 스트라우스(A. Strauss)에 의해 개발된 것으로 실제 있는 그대로의 현상에 속한 자료를 수집하고 이를 근거로 귀납적으로 이론을 제시하는 질적 연구방법이다. 즉, 조사과정을 통해 체계적으로 수집되고 분석된 자료를 통해 인간행동을 실질적으로 설명할 수 있는 이론을 찾아내고자 하는 연구방법이다.

귀납적인 과정을 통해 현실적인 자료에 근거하여 개발된 이론으로 '기초이론' 또는 '현실기반이론'이라고 부른다. 연역적 추론을 거쳐 만들어진 이론들과는 달리 경험적인 세계의 관찰에 근거하여 만들어진 이론이다(강종수, 2011). 즉, 기존에 이론적 기반이 갖춰지지 않았거나 수정이 필요한 분야를 대상으로 연구하여 새로운 이론을 도출하는 데 관심을 갖는다.

근거이론은 연구자가 특정이론에만 집착하게 되면 새로운 관점에 예민해질 수 없으며, 새로운 사례는 이전의 개념과 가설이 근거하고 있는 사례와 유사한 것을 선정하는 이론적 표본추출개념에 의해 추출된다. 귀납적 과정이 주로 강조되지만 연역적 과정도 강조되며 두 과정은 지속적 비교를 통해 통합된다(강영걸 · 박성복, 2008). 실제 삶의 현장에서 심도 있는 자료들을 수집하기 위해 인터뷰나 관찰 등의 기법을 중요하게 생각하며 처음에는 사회학에서 많이 사용되었지만 현재는 만성 정신질환, 약물중독, 병원의 운영 등에서 많이 사용된다.

근거이론에서 연구자가 주의할 점은 새로운 관점에 민감해질 수 있도록 특정 이론에만 집착하지 말아야 하고, 연구자는 귀납적 과정을 주로 강조되지만 연역적 과정도 소홀히 해서는 안 된다. 이는 귀납적 관찰을 통해 유형을 발견하고 그 유형에 근거하여 개념과 임시가설을 연역적으로 발전시킬 수 있기 때문이다. 그리고 관찰대상이 되는 새로운 사례는 이론적 표본추출 개념에 따라 선정하여야 한다. 이는 기존 사례와 매우 유사한 것을 새롭게 선정한 유사 사례가 연구자에게 새로운 통찰력을 주지 못한다면, 또 다른 사례를 선정하여 위와 같은 과정을 반복해서 진행해야 하기 때문이다(홍봉수 외, 2016).

근거이론은 개방코딩, 축코딩, 선택코딩으로 자료를 개념화한다. 개방코딩은 자료에서 개념을 발견하여 개념화하고, 그 개념의 공통속성에 떠오른 의미를 범주화하는 작업과정이다. 축코딩은 개방코딩 이후 새로운 방식으로 자료를 모으는 과정이다. 선택코딩은 범주를 통합시키고 이론을 정교화하는 과정이다(김태동, 2013).

2. 사례연구

사례연구(case study)는 개별적인 사례에 대한 정보를 체계적으로 조직화하는 연구방법이다. 사례연구는 개인이나 가족, 집단, 지역사회 등의 단위에 대한 깊이 있는 분석을 시도하며, 사회복지, 심리학 등에서 일상적인 개인의 효과를 평가할 때 선호되어온 방법이다. 그리고 개인과 가족, 공동체, 조직, 사건, 문화 등을 대상으로 하되, 연구대상에 대한 철저하고 체계적인 조사를 통해 그 배경, 현재 상태, 환경적인 특성 및 상호작용 등의 맥락 등을 확인하고자 할 때 사용될 수 있는 연구방법이다(신경림 외, 2005).

또한 가설검증보다는 어떤 현상에 대한 통찰, 발견, 해석에 관심을 갖고 있을 때 효과적인 연구방법이며, 현실에서 벌어지는 사건에 대해 연구자가 관련된 행동들을 통제할 수 없거나 연구 질문 자체가 '무엇'보다는 '어떻게' 혹은 '왜' 등과 관련될 때 사용할 수 있는 연구방법이기도 하다(Yin, 1990). 사례연구는 단순히 개별 사례에 대한 더 나은 이해를 구하기 위한 본질적 사례연구, 목적달성을 위한 방법적 도구로서의 역할을 수행하는 도구적 사례연구, 한 집단의 개인이나 사례에 대해 실시하는 집합적 사례연구가 있다.

사례연구의 장점은 새로운 사실을 발견하기 위해 사용되며 본 연구를 위한 예비조사로 사용되는 점, 깊고 넓게 연구하는 경향 등이 있다. 단점은 사례의 수가 한정돼 있어 그 조사결과의 일반화와 신뢰성이 문제가 되고 시간과 비용이 많이 든다는 점이 있다.

3. 민속지학 연구(문화 기술지)

민속지학 연구(ethnography study)는 특정 문화를 공유하는 집단의 행동과 신념, 태도, 가치 등에 대하여 기술하는 연구방법이며, 문화인류학에 그 기원을 두고 있다. 이 연구는 연구자가 장시간 동안 대상자와 함께 지내면서 관찰하는 방법이기 때문에 자연적 연구 또는 민속지학적 연구조사, 문화기술학이라고도 하며, 특정 문화 속에 살고 있는 사람들의 관점에서 연구를 진행한다.

민속지학 연구는 매일의 삶을 관찰하는 것에 초점을 두고 사람의 주관적 경험과 해석을 강조한다. 이때 특정 대상자의 삶과 문화를 이해하기 위해 실제 그 현장으로 들어가 그들의 관점에서 그들의 삶과 환경을 밀도 있게 그려내는 연구방법이다. 따라서 관찰, 몰입, 비공식적 대화, 참여 등을 통해 관찰대상자의 관점에서 특정 집단의 문화를 이해하는 연구방법이다.

민속지학 연구의 조사 절차는 ① 일정한 집단에서 공유하는 행동, 신념 또는 언어 양태에 대하여 조사문제를 선정하고, ② 그 연구문제에 대한 조사를 실시할 수 있는 문화적 집단을 선정한 후, ③ 6개월에서 1년 정도의 장기간의 참여관찰과 면접을 통해 자료를 수집하면서, ④ 수집된 자료에서 문화적 집단이 공유하는 행동, 신념 또는 언어의 행태를 분석한다(강종수, 2011).

이 연구방법은 문화의 의미를 이해하기 위해 그 문화 속에서 생활하고 있는 중요한 정보제공자들에게 의존하게 된다(강영걸 · 박성복, 2008). 즉, 참여자들의 준거틀로부터 도출된 주제를 연구하는 데 중점을 두는 것이 특징이다.

4. 현상학적 연구

현상학적 연구(phenomenology study)는 어떤 현상에 대한 주관적인 경험의 본질을 객관적으로 이해하는 질적 연구방법이다. 즉, 인간의 경험을 있는 그대로 살펴보고 그 체험의 본질이 무엇인지 탐구해서 설명하는 것으로 모든 질적 연구방법에 적용할 수 있는 철학적 근거가 되는 방법이다. 현상에 대한 주관적 경험과 해석을 강조하기 때문에 선입견에 의해 현실을 왜곡하는 것이 가장 큰 이슈이다.

현상학은 현상의 본질을 직관적으로 포착하는 데 기초한 학문으로서 사람들의 개별적인 경험을 있는 그대로 이해하고자 하며, 인간은 '설명되어야 하는 존재'이기보다는 '이해되어야 하는 존재'라고 본다(김미혜 · 이현주 · 서미경, 2008). 구체적으로 연구 참여자의 언어를 통해 드러난 내용에 공통된 구조가 있음을 발견하고 이를 연구자의 직관으로 환원시켜 본질의 구조를 발견하고자 하는 것이다. 조르지(Giorgi, 2004)는 현상학적 연구에서 포착하려는 현상의 본질을 의식의 경험이라고 보았으며, 객관적인 것보다 주관적인 경험을 중요시하여 경험의 본질을 있는 그대로 기술하고자 하였다.

현상학의 세부적인 형태로 연구조사자가 연구하고자 하는 현상을 직접 경험하며, 자신의 생각과 감정을 조사하기 위해 자기 성찰을 행하는 자기 발견적 탐구, 해석의 과정을 강조하며, 해석의 과정에서 일정한 유형을 찾고자 하는 해석학, 연구자가 관찰하는 사람들을 그 사람들의 관점에서 이해하려는 시도인 이해 등으로 생각해 볼 수 있다.

연구자는 현상을 경험한 사람들만으로 구성된 대개 10명에서 25명 정도의 연구참여자(기준표본추출)와 주로 심층면접을 하면서 면접내용을 녹취하여 원자료로 사용하는 것이 일반적이다. 특히 자료분석에 있어서 현상에 대한 연구자 자신의 선입견이 배제되어야 하는데, 이를 현상학 연구자들은 경험을 괄호치기(bracketing) 혹은 판단중지(epoche)라고 부른다(홍봉수 외, 2016).

5. 생애사 연구

생애사 연구는 한 개인의 정신적인 발전 과정과 성장을 통해 외적인 삶의 상태와 내적인 정신적 측면을 묘사하는 것으로 정의되며, 개인이 자신의 시각으로 재구성한다는 특징이 있으며, 시간의 흐름에 따라서 삶에 대한 의미를 만들어가는 경향이 있다. 생애사 연구는 개인이 살아온 삶의 이야기를 시간성을 통해서 그 안에 있는 사회적인 구조를 포착하려는 움직임이다.

이 연구는 구술면담이 가장 중요한 연구 수단이며, 면담과정은 단순히 자료를 수집하는 것이 아니라 서로 상호작용하는 과정이고, 면담의 대상이 되는 참여자는 객체가 아니라 자기 역사를 생성하는 주체이며, 참여자는 앎이 생성되는 면담의 맥락에서 보다 능동적인 역할을 수행하게 된다. 따라서 연구 초기의 라포 형성이 절대적으로 중요하며, 연구자와 연구대상자의 균형을 유지하면서 최대한 일상적인 용어로 편안하게 면담이 진행되어야 한다. 생애사 연구의 해석과정은 주관성과 직관성, 감성적인 부분이 연관되기에 항상 통합적인 형태를 분석해야만 하고, 범주를 적당히 잘 활용하면서도 총체적인 관점을 유지해야만 한다(김영천, 2013).

6. 참여관찰 연구

참여관찰(현지조사)은 연구대상자의 생활이나 활동영역에 연구자가 직접 참여하여 관찰하면서 자료를 수집하는 방법이다. 주로 소수의 개인이나 집단, 조직체, 지역공동체 등 제한된 연구대상의 현장에서 직접 자료를 수집한다. 연구자의 관심 주제에 대한 자료를 수집하기 위해 연구자가 직접 현장에서 획득되므로 대상자의 능력에 방해받지 않고 다양한 연구대상자에 대한 자료를 얻을 수 있으며 또한 현장에서 자료를 획득하여 세밀하고 정교하다. 그러나 조사된 표본이 대표성이 낮을 수 있으며 관찰형식을 감안하면 다소 외적타당도가 떨어지고, 연구자의 선입관이나 편견이 개입될 가능성이 높으므로 조사현장에서 만나는 조사대상자에게 연구자가 관찰자임을 공개하는가, 공개하지 않는가에 따라 연구대상자의 반응이 달라질 수 있다(강종수, 2011). 또한, 참여관찰을 위해서는 연구자가 일상적으로 접하지 못했던 환경에서 직접 관찰하면서 연구하게 되는 상황이라 위험성이 노출될 수도 있다.

참여관찰자의 유형을 살펴보면 다음과 같다(강이근 외, 2016: 345 재인용).

〈표 13-1〉 **참여관찰자의 유형**

유형	내용
완전참여자	• 관찰자는 대상자와 자연스럽게 생활하고 상호작용한다. • 연구대상자들은 완전 참여자의 신분과 목적을 모른다. • 연구자가 아니라 참여자처럼 보이도록 한다.
관찰참여자	• 연구자는 조사대상집단의 일원으로 참여하여 활동한다. • 연구대상자들에게 참여자의 신분과 목적을 알린다.
참여관찰자	• 연구대상자들에게 참여자의 신분과 목적을 알린다. • 그러나 조사집단에 완전히 참여하지는 않는다.
완전관찰자	• 완전관찰자는 사회과정의 일부가 되지 않으면서 사회과정을 관찰한다. • 연구조사자가 비관여적이므로 관찰자 효과를 일으킬 가능성은 적지만, 연구대상을 완전히 이해하게 될 가능성도 낮다.

7. 심층면접 연구

심층면접(in-depth interview)은 구조화되지 않은 직접적인 방법으로 숙달된 면접자가 응답자와 개별면접을 실시하면서 어떤 주제에 대한 숨겨진 의도나 신념, 가치, 동기, 경험, 느낌, 태도 등을 대화를 통해 자료를 수집하는 방법이다. 따라서 개인면접과는 달리 면접시간이 길고 그 내용도 깊으며 비언어적 반응(행동, 눈빛 등)까지 관찰이 가능하다. 심층면접을 위해서는 연구자가 심층면접의 목적과 내용이 무엇인지를 명확히 하고 대상자에게도 자신이 참여하는 연구의 중요성 등을 이해하고 성심껏 연구에 참여하도록 동기를 부여하며, 그들이 제공하는 정보에 대한 비밀보장에 대해서도 설명해주어야 한다. 이때 면접 상황을 녹음하거나 녹화할 때는 면접대상자의 사전 승낙이 꼭 진행되어야 한다.

심층면접은 설문조사법보다 매우 상세한 정보를 수집할 수 있으며 집단의 속성에 따라 심층면접을 통해서만 조사가 가능한 집단도 있다. 또한 표본의 수가 적기 때문에 일반화하기 어렵고 면접과정에서 면접자의 편견이 개입될 여지가 있으므로 결과의 주관성도 문제가 될 수 있음을 기억해야 한다(강종수, 2011).

8. 초점(표적)집단 인터뷰

초점(표적)집단 인터뷰(focus group interview, FGI)는 '포커스 그룹 인터뷰'라고 불리며, 집단토의, 집단면접으로 표현되기도 한다. 이 방법은 사회복지 질적 연구에서 가장 많이 사용되는 연구방법 중 하나이다. 정량적 조사는 흔히 말하는 설문조사 방식이라면 표적으로 삼은 사람들에 대해 정성적 조사를 위해 초점집단 인터뷰(FGI)를 활용하게 된다. 이때, 일반적으로 6명에서 12명 내외의 적은 수의 조사참여자로 구성된 집단을 대상으로 미리 정해진 면접지침(interview guide)을 사용하지만 구조화되지 않고 자연스럽게 면접(인터뷰)이 진행되면서 훈련된 전문가가 60~120분 정도의 토의를 이끌어 가는 방법이다. 이 과정에서 진행자의 역할이 중요하며, 연구에 참여한 사람들의 원활한 상호작용을 유도하여 좋은 정보를 도출할 수 있도록 연구참여자들의 의견을 자유롭게 낼 수 있는 분위기 조성이 필요하다. 초점집단 인터뷰는 연구주제나 문제를 이해하고 자연스러운 토의과정을 통해 연구자가 생각하지 못했던 새로운 사실을 발견하는 데 목적이 있다(김태동, 2013). 그리고 어떤 주제나 현상에 대한 예비적인 정보를 수집하는 데 주로 사용되며, 예비조사로서 다른 연구방법을 이용하는 조사를 발전시키기 위한 아이디어를 찾기 위해 사용된다. 초점집단 인터뷰는 정량조사(설문조사)에서 얻어내지 못한 결과를 얻을 수 있으며, 저렴한 비용으로 다양한 의견을 듣고 자료를 수집할 수 있다는 장점이 있지만 초점집단 인터뷰에서 얻은 결과는 적은 표본으로 진행을 하기 때문에 조사 결과를 일반화하기에는 무리가 있으며 의견 또한 참가자의 주관적인 생각이며, 진행자의 진행기술에 따라 결과가 유동적으로 나타난다는 점에서 단점이 있다(강종수, 2011).

초점집단 인터뷰는 일반적으로 다음과 같은 순서로 진행된다.

1) 연구목적을 파악하고 연구문제를 정의한 후 질적 연구에서 맞는 연구목적을 구체화한다.
2) 포커스 그룹 인터뷰의 목적을 파악하고 정량적 조사에 의해 파악되지 못한 사항에 대해 정성적 조사를 위한 인터뷰 질문을 정리한다.
3) 진행자는 연구 참여자에게 어떻게 질문하면 좋을지 생각해 보고 자유롭게 말할 수 있는 분위기가 조성될 수 있도록 하면서 토의를 어떻게 진행할 것인지를 계획한다.
4) 진행자는 연구에 참여한 사람들에게 인터뷰 내용에 대한 기록을 위해 음성녹음 혹은 영상녹화 등에 대한 사전 양해를 구하고, 연구 주제와 관련되어 자유롭게 질문하면서 초점집단 인터뷰(포커스 그룹 인터뷰)를 실행한다.
5) 초점집단 인터뷰가 끝난 뒤 연구자는 기록된 인터뷰 내용을 검토하면서 분석한다.
6) 분석된 결과를 정리한 후 추가적으로 필요한 연구를 계획한다.

〈주의〉 질적 조사는 근거이론, 사례연구, 민속지학연구, 현상학적 연구, 생애사 연구, 참여관찰, 심층면접, 초점집단 인터뷰 등이 모두 혼용되어 활용되는 경우가 많으므로 굳이 여러 가지 질적 조사방법 간에 분명한 선을 그어 이해하려는 노력은 하지 않는 것이 좋다(이윤로, 2008).

제4절 질적 조사연구와 양적 조사연구의 비교

과학적 조사방법인 질적 조사연구와 양적 조사연구는 연구기법이 다르기 때문에 연구에 적용 가능한 상황이 서로 다르다. 질적 조사연구방법은 귀납적 방법을 강조하며 자료를 수치화하지 않으며 적은 수의 사례에 포괄적이고 다양한 자료를 수집하여 심층적인 이해를 하는 데 초점을 둔다. 사회현상에 대해서 해석적이고 자연적인 접근방법을 사용한다.

양적 조사연구방법은 대표성을 갖는 많은 수의 표본을 대상으로 하며 자료수집방법이 조직화되어 있다. 통계분석을 주로 사용한다.

〈표 13-2〉 **질적 조사연구와 양적 조사연구의 기본특성**

구 분	질적 조사연구	양적 조사연구
연구의 접근	• 귀납적 방법에 의해 수집된 자료를 통해 가설이나 이론을 형성함 • 객관적으로 일반화시킬 수 있는 속성과 본질이 없다고 여기고 단편적이 아닌 총체적으로 접근함	• 연역적 접근으로 특정 이론이나 가설을 뒷받침하는 자료수집, 분석에 초점을 둠. 통계적 분석이 필요 • 특성과 본질이 존재한다고 가정하여 복잡한 패러다임에 대한 연구가 가능
이론적 근거	현상학, 해석학	논리실증주의, 행동주의
자료 수집방법	표본추출, 관찰, 심층면접, 문서와 기록에 대한 고찰을 통해 자료를 수집	조사법, 실험법, 관찰법 등과 같은 객관적인 방법을 활용하여 자료분석

(계 속)

구 분	질적 조사연구	양적 조사연구
표본	표본의 크기가 작은 경우가 많음	표본의 크기가 큼
표본추출	비확률표본추출	확률표본추출
수집된 자료형태	질적 자료, 인터뷰 녹취록, 현장기록노트, 관찰기록 등	양적 자료
연구의 과정	• 문제의 발견 및 주제선정 • 관련 문헌 및 선행연구결과를 검토하여 조사계획 수립 • 대상자와의 상호작용을 통해 관찰 • 상호작용 관계형성 후 자료수집 • 데이터를 분석하여 보고서 작성	• 연구의 필요성과 이론적 근거를 제시하는 연구목적 설정 • 계획된 측정도구를 이용하여 수량화된 자료수집 • 통계분석방법을 적용하여 자료를 분석한 후 선행연구들과 비교하여 해석 • 가설이나 연구결과에 따른 결과를 객관적으로 결과보고함
인과관계	특정 현상의 인과관계를 밝히기보다는 그 자체의 본질을 파악하려고 노력함. 인과관계가 분명하지 않으므로 상호 보완적인 것으로 분석함	특정 현상의 인과관계를 밝히려고 노력함
연구자와 연구대상과의 관계	연구자와 연구대상자가 상호 친밀한 관계를 유지함	연구자와 연구대상자의 관계가 밀접하게 되면 왜곡될 수 있으므로 일정한 거리를 두어 객관성을 유지함
조사결과의 일반화	일반화를 전제하지 않음	일반화를 전제함
가치	가치중립적이지 않음	질적 연구에 비해 가치중립적임

제5절 질적 조사연구의 엄격성과 윤리적 문제

질적 조사연구를 사용하는 데 있어서 자료를 생성하는 대표적인 방법이 인터뷰이기 때문에 연구의 엄격성과 윤리적 문제에 대해 충분히 고려되어야 한다(김영숙 · 임효연, 2010; 장혜경, 2008).

1. 연구의 엄격성

질적 조사연구에서 제기되는 비판들 중 하나가 연구의 타당성과 신뢰도에 대한 의문이다. 하지만, 질적 조사연구는 일반화를 추구하는 것이 아니라 현상에 대한 깊이 있는 이해를 추구하고자 한다. 또한 질적 조사연구에서 도출된 지식은 맥락적 · 성찰적 · 상황의존적 지식이기에 신뢰도라는 잣대(criteria)로 평가하기에는 무리가 따른다고 생각된다.

질적 조사연구 혹은 양적 조사연구를 선택할 때, 연구의 신뢰성, 즉 연구가 얼마나 믿을 수 있느냐의 문제에 대해서는 자유롭지 않다. 이러한 신뢰성을 엄격성(rigor)이라고도 하는데, 연구의 엄격성이란 연구의 결과와 결과해석을 얼마나 신뢰할 수 있느냐의 문제이다(유태균 역, 2005).

링컨과 구바(Lincoln & Guba, 1985)는 연구의 엄격성과 정당성을 확보하기 위해 연구의 진행과정에서 신빙성(credibility), 확증성(conformability), 적용성(transferability), 신뢰성(dependability)의 기준을 충족시키기 위해 노력해야 된다고 말하였다.

연구자들은 엄격성을 확보하기 위해 다음과 같은 전략을 사용하였다.

첫째, 연구자들은 자료분석에 있어 합의적 분석모델을 채택하였다. 합의적 분석모델이란 연구자의 독단과 편견을 방지하기 위해 복수의 연구자가 분석대상과 현상에 대해 상호주관성의 기반을 확보하는 것이다. 그리고 해석과 기술을 참여자들에게 제시하고 참여자들의 의견을 들어 재구성하는 작업을 반복하기도 한다.

둘째, 연구참여자를 통한 확인전략을 채택하였다. 연구자들은 자료분석과 기술 시 의문이 있거나 논란이 예상되는 경우에는 구술한 연구참여자들을 다시 접촉하여 그들의 의견을 구하고 확인하는 절차를 거쳤다.

셋째, 동료지지집단을 구성하였다. 즉, 연구에서 선택한 질적 조사연구

경험이 풍부한 연구자와 연구주제와 관련하여 경험이 풍부한 실천가 등을 중심으로 한 동료 지지집단을 구성하는 것이다. 동료 지지집단은 연구자들의 독단을 방지하고 연구의 방향에 귀중한 조언을 준다.

양적 조사연구와 마찬가지로 질적 조사연구도 신뢰도와 타당도의 향상을 위한 다각적인 방법을 모색하게 된다.

첫째, 장기간의 관계를 유지하여 조사하고자 하는 집단 및 문화 등에 대한 학습과 이해를 위한 지속적인 관계를 유지한다.

둘째, 지속적인 관찰을 통해 일시적인 부분에 대한 현상을 관찰하고 조사하는 것이 아니라 반복적이고 일반화된 현상을 관찰하여 조사하고자 노력한다.

셋째, 삼각검증법, 교차검증법과 다각화 등의 방법으로 자료수집에서 어떤 오류나 일관적이지 못한 것을 줄이기 위해 다양한 출처와 방법, 여러 관찰자 등을 활용하여 조사한다. 이때 삼각검증법에는 자료 삼각검증, 조사자 삼각검증, 이론 삼각검증, 방법론적 삼각검증 등이 있다.

2. 연구의 윤리적 문제

질적 조사연구의 윤리적 고려에는 연구목적에 대해 밝히기, 고지된 동의, 자발적 참여, 비밀보장, 거부권 등이 포함된다. 이를 위해 연구자들은 연구 참여 동의서를 통해 연구자의 신분을 밝히고 연구의 취지와 목적을 분명하게 설명한 뒤 참여 동의서의 내용을 천천히 읽어나가면서 참여자가 충분히 이해하도록 하고 고지된 동의를 구한 후 자발적 참여의사를 밝힌 경우에만 연구에 참여하도록 진행하고 있다. 또한 연구의 참여 동의를 구하는 과정에서 참여자의 신분과 면접내용에 대한 비밀보장을 약속하고, 참여자들에게 연구 참여의 거부권이 있음을 알린다. 그리고 연구과정에서 원하지 않는 경우 중단할 수 있다는 것을 분명하게 설명한다. 마지막으로 면접 시 면접내용에 대해 녹취 혹은 녹음, 기록을 한다는 사실에 대해 밝혀야 한다.

질적 조사연구는 심층지식을 탐구하고자 하기에 이 과정에서 개인의 윤리적 이슈가 발생할 수 있다. 즉, 개인의 사적인 부분과 정서적으로 민감한 부분에 대해 조사 과정에서 연구 참여자들의 사생활과 비밀보장에 유의하여야 한다. 그리고 연구에 대한 인터뷰로 인해 '재피해화'를 경험하지 않도록 하기 위해 이에 대한 사전 설명과 정서적 지지, 관련 기관과의 협조체계 구축을 꾀하기도 한다. 이 과정에서 연구 자료에 대한 보호도 매우 중요하다.

위와 같이 질적 조사연구를 진행하는 데 엄격성과 윤리적인 문제가 있음에도 불구하고 필요한 경우가 다음과 같을 때 요구된다(강종수, 2011; Padgett, 1998).

- 잘 알려지지 않은 주제에 대한 탐구적 접근을 하고자 하는 경우
- 민감하고 정서적으로 깊이 있는 주제를 연구하는 경우
- 프로그램과 개입이라는 블랙박스의 내면을 이해하고자 하는 경우
- 연구와 적극적 행동을 하나로 묶고자 하는 경우
- 양적 연구를 하는 연구자로서 자료수집이나 연구를 통해 발견한 내용을 설명하는 데 있어 난관에 부딪힌 경우
- 실제로 어떤 삶을 살고 있는 사람들의 시각으로부터 '살아 있는 경험'에 대한 이해를 얻음과 동시에 그들의 삶으로부터 어떤 의미를 도출하고자 하는 경우

최근 연구자들이 양적 조사연구와 더불어 질적 조사연구에 대한 관심이 높아지면서 연구자의 역량을 증진시키고자 학습되는 조사연구 방법이기도 하다.

요 약

- 질적 조사연구란 연역적 · 계량적 조사방법을 활용하는 양적 조사에서 나타나는 문제점을 지적하면서 귀납적 · 해석적 조사방법을 강조하는 연구방법이다.
- 질적 조사연구의 특성은 조사자의 주관적 관점 개입, 작은 규모의 표본, 과정에 대한 관심, 자연스러운 생활환경이 조사환경, 귀납적 성격, 이야기 방식의 기술적 묘사, 일반화의 한계 등이 있다.
- 질적 조사연구의 과정은 현장연구 시작, 자료수집, 자료분석, 가설과 이론의 구축, 조사연구 보고서 작성 순으로 이루어진다.
- 질적 조사연구의 유형은 근거이론, 사례 연구, 민속지학 연구, 현상학적 연구, 생애사 연구, 참여관찰, 심층면접, 초점 집단면접 등이 있다.
- 근거이론은 조사과정을 통해 체계적으로 수집되고 분석된 자료를 통해 인간행동을 실질적으로 설명할 수 있는 이론을 찾아내고자 하는 연구방법이다.
- 사례 연구는 개별적인 사례에 대한 정보를 체계적으로 조직화하는 연구방법으로 개인이나 가족, 집단, 지역사회 등의 단위에 대한 깊이 있는 분석을 시도한다.
- 민속지학 연구는 연구자가 장시간 동안 대상자와 함께 지내면서 관찰하는 방법이기 때문에 자연적 연구라고도 한다.
- 현상학적 연구는 인간의 경험을 있는 그대로 살펴보고 그 체험의 본질이 무엇인지 탐구해서 설명하는 것으로 모든 질적 연구방법에 적용할 수 있는 철학적 근거가 되는 연구방법이다.
- 생애사 연구는 한 개인의 정신적인 발전 과정과 성장을 통해 외적인 삶의 상태와 내적인 정신적 측면을 묘사한다.

핵심어 질적 조사연구, 근거이론, 사례 연구, 민속지학 연구, 현상학적 연구, 생애사 연구

연습문제

01 질적 조사연구 방법에 관한 설명 중 옳은 것은?

① 일반화 가능성이 매우 높다.
② 논리실증주의에 이론적 근거를 둔다.
③ 대부분 구조화된 면접을 사용한다.
④ 연역적 방법으로 자료를 분석한다.
⑤ 경험의 본질적 의미를 탐구한다.

02 질적 조사연구 방법에 관한 설명으로 옳지 않은 것은?

① 연구대상 선정은 무작위 확률표본추출방법을 사용한다.
② 절차의 유연성이 확보되는 자연적 연구에 해당한다.
③ 사례연구와 참여관찰 같은 방법을 사용한다.
④ 결과보다는 과정 중의 변화에 집중하는 경우가 많다.
⑤ 연구의 엄격성을 높이기 위한 전략으로 동료집단의 조언 및 지지 등이 있다.

03 질적 조사 연구자의 면접기술에 관한 설명 중 옳지 않은 것은?

① 조사자는 연구의 목적을 염두에 두고 질문을 제시한다.
② 조사자는 클라이언트의 비언어적 대화를 통한 정보를 감지할 수 있어야 한다.
③ 질문은 중립적이고 객관적이어야 한다.
④ 면접을 계획할 때 조사자는 면접대상자에게 질문 목록을 알려주는 것도 좋다.
⑤ 가급적 질문을 제시할 때는 폐쇄형 질문이 좋다.

04 질적 조사연구의 신뢰도 향상을 위한 설명 중 옳지 않은 것은?

① 연구팀을 다양한 배경을 가진 팀원으로 구성한다.
② 교차검증과 반복조사를 실시한다.
③ 추가질문을 고려하여 두 명의 면접자가 동시에 참여한다.
④ 수집된 정보를 자세히 기록해 둔다.
⑤ 한 가지 정보처에만 치우쳐서 진행한다.

05 질적 조사연구 방법 중 사례연구에 관한 설명이 옳지 않은 것은?

① 조사자들은 사례연구를 통해 이론의 확장이나 보완, 검증을 하기도 한다.
② 조사자들은 사례연구의 결과를 쉽게 일반화할 수 있다.
③ 하나의 개인, 가족, 소집단, 조직, 지역사회를 대상으로 할 수 있다.
④ 주로 질적이고 총체적으로 이루어진다.
⑤ 사례연구는 기록을 검토하거나 면접을 통해 수행된다.

06 질적 조사연구의 특징으로 맞는 것은?

① 가치중립적 조사를 강조한다.
② 조사의 결과보다는 과정에 초점을 둔다.
③ 관찰자의 주관적 인식과는 무관한 객관적 세상이 존재한다고 생각한다.
④ 표준화된 절차에 의해 연구가 진행된다.
⑤ 현상에 내재하는 법칙을 발견하고자 한다.

07 사회복지 프로그램을 평가할 때 양적 평가에 비해 질적 평가에서 더욱 강조되는 것은?

① 가치중립성
② 객관성
③ 자료분석
④ 귀납적 논리
⑤ 과학성

08 귀납적 방법과 가장 관련이 적은 것은?

① 관찰
② 근거이론
③ 질적 연구
④ 가설 검정
⑤ 관련 이론과 기존 연구가 별로 없을 때의 연구

09 질적 조사연구의 엄격성을 높이기 위한 방법이 잘못된 것은?

① 동료 연구자들의 검토와 피드백을 받는다.
② 크론바 알파계수를 산출한다.
③ 삼각측정 방법을 활용한다.
④ 연구 결과가 조사대상자의 인식과 일치하는지 확인하기 위해 조사대상자들로부터 피드백을 받는다.
⑤ 문제-조사설계-자료수집-자료분석-보고서 작성 등을 확인할 때 조사대상자들을 참여시킨다.

10 한 개인이나 지단의 어떤 과정, 프로그램, 사건 또는 활동을 심층적으로 서술하는 연구방법은 무엇인가?

① 사례조사
② 현상학적 연구
③ 근거이론
④ 민속지학 연구
⑤ 생애사 연구

Answer 정답

1. ⑤ 2. ① 3. ⑤ 4. ⑤ 5. ② 6. ② 7. ④ 8. ④ 9. ② 10. ①

CHAPTER

14

조사보고서 작성

사회복지전문가는 사회복지실천 현장에서 서비스 대상자에 대한 이용 가능한 증거를 바탕으로 연구주제와 연구문제를 형성하고, 그에 대한 답을 얻기 위해 연구대상을 적절한 표본추출방법을 선정하여 자료수집을 위한 설문조사 등을 설계하고, 수집된 자료를 분석한 뒤, 이를 비판적으로 해석한 뒤 실천 현장에 활용될 수 있도록 한다. 이와 같은 과정과 더불어 지금까지의 과정을 문서화하는 작업, 즉 보고서를 기술할 수 있는 능력이 필요하다. 이 장에서는 사회복지사가 조사보고서를 작성할 때 알아야 할 것에 대해 설명하고자 한다.

▌학습목표▐

1. 조사보고서 작성의 의의와 기본 원칙을 이해할 수 있다.
2. 조사보고서의 유형을 이해하고 적절하게 선택하여 활용할 수 있다.
3. 조사보고서의 작성방법과 유의사항을 설명할 수 있다.

제1절 조사보고서 작성의 이해

사회복지조사의 궁극적인 목표는 사람들에게 조사의 경험적인 결론을 제공함으로써 개인적인 지식으로 끝나는 것이 아니라 학문적 · 사회적으로 의미를 갖게 하는 것이다. 또한 사람들에게 조사결과를 알림으로써 그 보편타당성과 객관성을 미리 검증받고자 하는 데 목적이 있다.

김정우 · 양심영(2007)은 연구결과를 공개하는 것이 갖는 중요한 기능으로 첫째, 연구결과를 공개함으로써 그 연구는 사회적 선을 이루는 것이며, 둘째, 연구결과의 공개는 오류, 잘못된 것, 그릇된 생각들을 탐색하게 하는 반복실험의 기회를 제공한다. 셋째, 연구결과의 공개는 설득을 위한 노력이다. 즉, 독자에게 연구자의 사상이나 결과를 받아들이도록 영향을 미치고자 하는 시도인 것이다.

이와 같은 연구결과에 대한 공개의 기능을 고려할 때 반드시 조사결과를 공표해야 하며, 발표방식은 보고서의 형식을 따르는 것이 일반적이다.

1. 조사보고서 작성의 의의

사회조사의 최종단계는 보고서를 작성하는 단계이다. 아무리 훌륭한 설계에 의해 좋은 결과를 얻었다 하더라도 다른 사람들에게 효과적으로 전달되지 못한다면 사회조사 자체가 무의미한 것으로 끝나버릴 수도 있다(채구묵, 2008).

즉, 연구 활동의 목적은 스스로의 이해를 증진시키는 데에 있지만 사회 속에 함께 사는 다른 사람들의 이해를 도와주기 위해 자신의 이해를 공유하는 데에도 있기 때문에(오혜경, 2005), 반드시 결과 보고를 통해 연구결과를 활용해야 하는 것이다.

조사결과는 서면으로 작성하여 발표하는 것이 원칙이므로 조사보고서 작성은 사회복지조사 과정을 마무리 짓는 매우 중요한 마지막 단계라고 할 수 있다(강종수, 2011).

2. 조사보고서 작성의 목적과 기능

조사보고의 목적은 자신이 진행한 연구조사의 결과를 연구주제에 대해 관심을 갖는 사람들에게 정보를 제공하는 데 있다. 결과를 공식적으로 보고해야만 조사에서 나타난 결과들이 학문적·실천적 영역에서 궁극적으로 활용될 수 있기 때문이다.

보고서를 작성할 때는 그 목적과 대상, 무엇을 알리고자 하는가에 따라 형식이 달라질 수 있다. 예를 들어, 전문가를 대상으로 한 보고서는 상세한 결과와 조사방법을 설명해야 하며 일반 대중이 대상인 경우에는 요점만 집중적으로 설명하면 된다. 또한 학술적인 의도에서 시작한 연구는 새로운 사실의 발견과 새로운 이론을 제시하기 위한 보고서 형태를 나타내고 정책적 목적을 추구하기 위한 보고서는 정책수립을 위해 필요한 정보를 제공하는 형태를 나타낸다.

조사보고서의 기능은 다음과 같다. 첫째, 조사내용과 분석결과에 담긴 의미 등을 전문가와 관심을 갖고 있는 독자들에게 효과적으로 전달할 수 있어야 한다. 둘째, 조사보고서의 내용은 이론적·실용적 측면에서 관련 분야에 도움을 줄 수 있어야 한다. 즉, 관련 분야의 지식체계에 기여할 수 있어야 한다. 셋째, 하나의 연구를 통해 모든 내용을 다룰 수는 없다는 점에서 향후 어떤 측면에서 후속연구가 진행되어야 하는지 연구 방향이 제시되어야 한다.

제2절 조사보고서 작성을 위한 기본 원칙

조사보고서는 발표대상이나 발표매체에 따라 형식이 다양하지만 공통적으로 다음과 같은 기본 원칙을 가지고 작성하는 것이 좋다.

1) 보고서를 활용하고자 하는 사람에게 정보를 제시할 수 있어야 한다

조사보고서는 보고서를 읽는 사람들이 필요로 하는 정보를 담고 있어야 하며, 조사결과가 보고서를 활용하고자 하는 최종 의사결정권자의 판단과 생각에 영향을 미칠 수 있다는 것을 인식해야 한다. 즉, 보고서를 읽는 독자와 전문가에게 필요로 하는 정보가 포함되어야 한다(포괄성).

2) 보고서를 읽는 사람들은 전체 내용이 아닌 요약만 읽어 볼 수도 있다

조사보고서를 작성할 때 '보고서를 읽는 관련자들이 전체 내용을 읽지 않고 요약만 볼 수도 있다'는 인식을 해야 한다. 즉, 보고서를 작성할 때 요약을 통해 전체 내용이 파악될 수 있도록 작성하는 것이 매우 중요하다. 이를 위해 먼저 중요한 것을 요약하여 제시한 후 자세한 내용을 기술해야 한다.

3) 정보를 합리적 및 논리적으로 제시해야 한다

정보를 합리적이고 논리적으로 제시해야 하며, 필요한 경우 그림이나 도표를 적절히 활용하여 시각적으로 볼 수 있도록 하는 것도 중요하다. 즉, 조사 결과의 해석과 활용에 중요한 영향을 미치므로 정확하게 작성되어야 하며(정확성), 혼란을 일으킬 수 있는 창의적인 표현은 자제해야 한다(명확성).

4) 간결하고 짧은 문장으로 작성하는 것이 좋다

문장은 가능한 한 간결하고 짧게 쓰고 직설적인 표현을 써서 글을 쓰는 것이 좋다(오혜경, 2005). 일반적으로 주어는 3인칭보다는 1인칭으로, 수동태보다는 능동태로 서술하는 것이 문장을 간결하게 해 준다. 즉, 산만한 표현이나 중복적 서술은 피하고 간결하게 정보를 전달해야 한다(효율성). 보고서를 읽는 이들이 글이 많은 보고서를 기피하는 경우도 있다는 점에서 독자를 고려한 문장 작성은 매우 중요하다.

5) 보고서의 문체는 전문용어나 기술용어를 최소화한다

어떠한 목적의 보고서이든 정확성과 명확성이 제일 중요하며 어려운 전문적인 용어를 최소화하여 보고서를 읽는 이들이 쉽게 이해될 수 있도록 함으로써 의사소통에 장애가 없도록 한다. 쉬운 우리말로 작성해도 뜻을 정확하고 간결하게 전달할 수 있어야 한다.

제3절 조사보고서의 종류

조사보고서는 그 목적에 따라 탐색적 조사보고서, 기술적 조사보고서,

설명적 조사보고서, 제안적 조사보고서로 구분할 수 있다(강이근 외, 2016; 김태동, 2013; 김치영 · 최용민, 2011). 이들 유형은 독립적으로 쓰이기도 하고 서로 다른 유형이 혼용되어 쓰이기도 한다.

1. 탐색적 조사보고서

탐색적 조사보고서는 선행연구가 많지 않거나 연구주제와 관련하여 연구가 거의 진행되지 않은 경우에 조사되어 보고되는 문서이다. 즉, 조사문제를 밝히거나 가설을 정립하는 데 도움을 주는 보고서로 향후 정교한 조사를 실시하도록 하기 위해 수행된 조사의 결과를 보고하는 문서이다. 보고가 탐색적 목적을 갖고 있다는 점에서 결론은 단정적인 내용이 아닌 잠정적인 것임을 밝혀야 한다.

2. 기술적 조사보고서

기술적 조사보고서는 연구주제와 관련되어 사회적 현상의 특성과 변수 간의 관계성을 서술하기 위해 수행된 조사의 결과를 보고하는 문서이다. 기술하는 내용이 모집단 전체인지 표본인지 밝혀야 하며 변수 간의 관계성을 기술할 때 통계적 오차 범위에 관해서도 기술해야 한다.

3. 설명적 조사보고서

설명적 조사보고서는 변수 간의 원인과 결과를 밝히기 위한 조사의 결과를 보고하는 문서이다. 보고의 목적이 설명적임을 밝혀야 하고 원인과 결과 간의 관계를 설명할 때 신뢰할 수 있는 근거를 제시해야 한다. 또한 활용한 추리 통계분석결과를 간략히 정리하고 세부적인 결과는 조사보고서를 읽는 이들의 이해를 돕기 위해 부록에 수록하는 것이 좋다.

4. 제안적 조사보고서

제안적 조사보고서는 분석결과에 따라 특정 정책대안이나 개입방법을 도출해 보고하는 문서이다. 보고서에서는 제안들이 어떤 자료분석을 통해 도출되었는지 논리적으로 설명해야 한다.

제4절 조사보고서의 형식과 작성방법

조사보고서는 기본적으로 연구문제, 대상, 조사방법, 조사과정, 결과를 체계적으로 정리하여 제시하는 문서이다. 서두에는 문제의식이나 쟁점사항으로 시작하여 설계한 모형에 따라 연구를 진행한 후 결과와 평가를 내리는 것이 일반적인 흐름이다. 조사보고서는 포괄성, 정확성, 명확성, 효율성의 원칙하에 작성되어야 하며 보고서 형식에 대해 통일된 절차는 없으나 보편적으로 쓰이는 양식 중심으로 설명하고자 한다.

조사보고서는 서두 부분에 제목, 조사자 명, 소속, 목차, 개요 등을 작성하고, 본문 부분에 서론, 본론, 결론 및 제언을 작성하며, 기타 부수적인 부분에 참고문헌과 부록을 넣어 작성한다. 이를 토대로 조사보고서는 다음과 같은 형식에 의해 작성하는 것이 바람직하다.

1. 표제

표제는 조사(연구)제목, 연구자(조사자), 작성일자, 기관명(조사기관의 이름)

등을 표시한다. 만일 조사의 내용이 비공개적일 경우에는 그 서류를 볼 수 있는 사람의 목록도 표시해야 한다(김치영 · 최용민, 2011).

2. 목차

보고서의 내용을 나타내는 세부제목을 나열하고 해당 페이지를 표시하여 읽는 사람들이 자신이 원하는 내용을 쉽게 찾을 수 있도록 작성한다. 이때 내용에 대한 목차뿐만 아니라 각 장별 표와 그림 목차를 별도로 만드는 것이 읽는 사람들의 빠른 정보 검색을 위해 유용하다.

3. 개요

개요(abstract)는 연구의 핵심내용을 짧게 간추린 양식이다. 개요는 보고서를 읽기 전에 전체 윤곽을 알기 쉽도록 보고서의 중요한 내용을 전달하는 것으로 보통 보고서의 본문 내용 앞에 배치된다. 조사의 배경, 목적, 가설, 내용, 방법, 결과 및 제언 등을 요약하는 것이 일반적이다. 개요작성을 할 때는 가능한 한 짧게 쉽고 평이한 언어로 중요한 요점만 기술하며 분석결과로부터 도출된 결론을 포함하도록 해야 한다.

4. 서론

서론에는 제기되는 문제와 쟁점사항에 따라 무엇을 조사하고 연구의 목적은 무엇인지, 즉 조사의 취지와 필요성 등이 언급되어야 한다. 또한 연구자가 제시한 문제를 조사하기 위해 세울 수 있는 가설과 가설을 검증하기 위한 조사의 범위 등도 간략하게 제시하고 조사결과가 어떻게 이용될 것인가도 기술하는 것이 좋다.

5. 본론

1) 조사의 목적

연구가 이뤄지게 된 목적을 명료하게 제시하여 기존의 다른 연구와 어떤 차별성이 있는지 설명한다.

2) 연구문제와 가설

구체적으로 알아보고자 하는 연구문제를 기술한다. 연구문제는 명확하고 간결하게 의문문 형식으로 기술하되 독립변수를 먼저 기술하고 종속변수를 다음에 기술한다. 연구문제에 따라 가설을 설명하며 가설은 검증이 가능하도록 분명하게 설정한다.

3) 이론적 고찰

이론적 배경은 기존의 선행연구들을 검토함으로써 제시할 수 있다. 기존의 연구결과들을 고찰함으로써 연구의 중복을 피하고 가설의 근거를 찾을 수 있으며 연구결과의 해석에 도움이 될 수 있는 자료와 정보를 찾을 수 있다. 기존 연구의 불충분성을 주장함으로써 본 조사의 당위성을 입증하고 조사보고서가 독창적이라는 사실을 밝히는 근거를 제공할 수 있다.

4) 조사방법

연구문제에 대한 답을 찾기 위해 연구가 어떤 방법에 의해 어떻게 시행되었는가에 대한 전반적인 사항을 기술한다.

(1) 연구대상

연구의 대상자의 성격과 대상자 수, 표본추출방법에 대해 기술하며 표본의 대표성을 나타낼 수 있는 자료는 모두 제시한다.

(2) 연구절차

연구가 수행된 과정과 절차를 기술한다. 연구가 어떻게 계획되고 진행되었는지에 대한 연구 설계를 자세히 기술하는 것이 필요하다.

(3) 자료의 수집 및 분석

자료수집과 분석방법에 대한 설명이 필요하다. 자료수집에 관해서는 자료의 수집 및 방법, 수집과정, 소요시간 등을 자세히 기술한다. 자료분석 방법을 기술할 때는 양적 연구의 경우 통계적 절차를 설명하고, 질적 연구의 경우 분석도 질적인 절차를 밟아서 진행하므로 나름의 분석과 기법을 밝힌다.

5) 조사결과

조사연구를 통해 얻어진 결과를 제시한다. 연구문제나 가설에 따라 제시하되 결과를 제시할 때는 편견 없이 문제에 관한 모든 결과를 제시하며 조사자가 기대하지 않았던 결과라도 객관적으로 제시해야 한다. 통계결과를 가지고 설명하는 것이 일반적이다.

6. 결론 및 제언

조사결과에 근거하여 요약해서 제시한 다음에 결과가 기존의 조사연구와 일치하는지 일치하지 않는지를 기술한다. 이를 통해 결과의 의미를 도출해내고 어떤 시사점을 갖는지 제시하는 것이 좋다.

마지막으로 연구가 가진 제한점, 개선사항 등에 대해서도 솔직하게 서술함으로써 누구나 결론을 공정하게 평가할 수 있도록 해야 한다. 이를 통해 후속연구의 필요성을 역설하고 앞으로의 연구 방향에 대해 함께 고민할 수 있도록 해야 한다.

7. 참고문헌

조사보고서의 유형과는 상관없이 모든 조사보고서에는 조사를 진행하면서 참고한 자료에 대해 참고문헌의 출처를 분명히 밝혀야 한다. 참고문헌 작성 방식에 정해진 형식이 있는 것은 아니지만 연구자가 최대한 일관성과 체계성을 갖춰 작성하면 된다. 신뢰할 수 있는 전문학회지, 정기간행물, 학위논문 등의 논문작성 지침을 많이 따르기도 하지만 꼭 정해진 것은 아니다. 최근에는 인터넷 신문기사 및 자료도 많이 인용되는데, 이 또한 출처를 명확히 밝혀 주어야 한다.

조사보고서의 참고문헌 작성 및 표기방법은 학술지와는 다르게 정해져 있는 규칙은 없다. 그러나 조사보고서를 작성하는 연구자가 동일한 규칙에 의해 작성하는 것이 좋다. 그렇지 않으면 작성된 참고문헌에 대해 읽는 사람들에게 불편을 줄 수 있기 때문이다.

예를 들면, 참고문헌에 ① 전문서적의 저자를 모두 작성한 방법, ② 저자를 모두 작성하지 않은 것과 모두 작성한 것을 비교해 보면 다음과 같다.

1) 동일한 방식에 의한 작성

서정민 · 전동일 · 오봉욱 · 서연숙 · 김병년 · 김대건 · 박연진(2015). 사회복지조사론. 동문사.

전동일 · 장정연 · 하태선 · 유우경 · 오봉욱 · 김병년 · 주선영(2017). 청소년복지론. 동문사.

2) 동일하지 않은 방식에 의한 작성

서정민 외(2015). 사회복지조사론. 동문사.

전동일 · 장정연 · 하태선 · 유우경 · 오봉욱 · 김병년 · 주선영(2017). 청소년복지론. 동문사.

8. 부록

부록에는 조사에 이용한 설문지, 그림, 사진, 통계분석자료, 도표 등 연구에 도움을 준 자료들을 수록한다.

Ⅰ. 표제

제목, 조사자, 조사기관의 이름, 작성일자

Ⅱ. 목차

세부제목 및 해당 페이지

표와 그림 목차

Ⅲ. 개요(abstract)

조사의 배경, 목적, 가설, 내용, 방법, 결과 및 제언 등 요약

Ⅳ. 서론

연구의 목적, 조사연구의 중요성, 가설과 조사의 범위 등 간략히 제시

Ⅴ. 본론

1. 조사의 목적

연구의 목적과 기존 연구와의 차별성 언급

2. 연구문제와 가설

구체적으로 알아보고자 하는 연구문제 기술
가설을 설명하고 가설은 검증이 가능하도록 분명하게 설정

3. 이론적 고찰(이론적 배경)

선행연구들을 검토함으로써 연구의 중복을 피하고 가설의 근거를 찾음
연구결과 해석에 도움이 되는 자료와 정보들(기존 문헌 검토)

4. 조사방법

1) 연구대상

연구의 대상과 표본추출방법에 대해 기술

2) 연구절차

연구가 수행된 과정과 절차 기술

3) 자료의 수집 및 분석

자료수집방법, 과정, 소요시간 등을 자세히 기술하며 통계적 방법 설명

5. 조사결과

결과제시. 문제에 관한 모든 결과와 해석을 모두 제시하며 기대하지 않았던 결과도 객관적으로 제시

Ⅵ. 결론 및 제언

연구결과에 근거하여 제시한 다음 기존 연구와의 일치성을 기술함

결과의 의미를 도출하고 어떠한 시사점을 갖는지 제시

Ⅶ. **참고문헌**

조사보고서 작성 중 참고한 자료의 출처는 모두 밝힘

Ⅷ. **부록**

조사에 이용한 설문지, 그림, 사진 등 필요자료 수록

[그림 14-1] **보고서 형식(예시)**

제5절 조사보고서 작성 시 유의사항

조사보고서는 조사결과에 대해 관심 있는 이들에게 조사 결과를 가장 효과적으로 전달하는 수단이다. 따라서 조사보고서만 검토하고도 조사의 모든 사항을 알 수 있도록 하고, 조사결과를 근거로 의사결정을 할 수 있도록 해야 한다. 조사결과가 특정 대상자를 위한 연구가 아니라 관심 있는 모두에게 도움이 될 수 있도록 하기 위해서는 조사보고서를 작성할 때 다음과 같은 사항을 유의해야 한다.

1) 독자의 수준을 고려한다

연구보고서를 읽는 사람들이 충분히 이해할 수 있는 수준으로 기술되어야 하며 일반인들이 논리적으로 납득할 수 있도록 작성해야 한다. 전문적인 용어를 사용할 때는 주석을 사용하는 것이 바람직하다.

2) 연구의 목적이 정확히 반영되도록 작성한다

조사보고서는 연구의 목적에 적합하게 작성되어야 한다. 처음 연구의 목적에 따라 조사가 진행되어야 하며 조사결과도 이에 맞게 목적에 따른 결과 중심으로 작성해야 한다.

3) 보고서를 활용하려는 이해당사자의 관심사를 반영하여 작성한다

보고서를 활용하려는 이해 당사자가 복지기관의 관계자인지, 정부기관의 관계자인지, 학계 관계자인지, 지역사회 주민인지 등을 고려해 이들의 관심사가 충분히 반영되도록 작성한다.

4) 보고서의 핵심내용이 잘 드러나도록 작성한다

보고서를 작성할 때 핵심내용이 잘 나타날 수 있도록 논리적이며 객관성과 간결성을 갖는 것이 중요하다. 그리고 보고서 작성 과정에서 넋두리가 담긴 글이 아닌 가독성이 높은 문장이 되도록 논리적이고 질서정연하게 작성되어야 한다. 따라서 보고서의 내용이 필요한 내용을 중심으로 작성되도록 해야 한다.

5) 연구의 한계를 명확히 제시한다

기본적으로 연구는 경험적 인식의 제한과 시간적·공간적·비용적 조사자 개인의 가치 등으로 인한 한계에서 자유로울 수 없다. 이를 명확히 제시함으로써 후속연구에 참고가 될 수 있도록 제안한다.

요 약

- 사회복지조사의 궁극적인 목표는 사람들에게 조사의 경험적인 결론을 제공함으로써 개인적인 지식뿐만 아니라 학문적 · 사회적으로 의미를 갖게 하는 것이다.
- 사회조사의 최종단계는 보고서를 작성하는 단계이며, 조사보고의 목적은 자신이 실시한 연구조사의 결과를 다른 사람들에게 알려주는 데 있다.
- 조사보고서 작성을 위한 기본 원칙은 첫째, 보고서를 접하는 사람에게 합당한 정보를 제시할 수 있어야 한다. 둘째, 관련자들이 보고서 전체를 읽지 않는다는 것을 인식해야 한다. 셋째, 정보를 논리적으로 제시해야 한다. 넷째, 간결하고 짧은 문장으로 직설적인 표현을 쓰는 것이 좋다. 다섯째, 보고서의 문체는 전문용어나 기술용어를 최소화한다.
- 조사보고서는 그 목적에 따라 탐색적 조사보고서, 기술적 조사보고서, 설명적 조사보고서, 제안적 조사보고서로 구분할 수 있다.
- 조사보고서의 형식을 살펴보면, 표제, 목차, 개요, 서론, 본론(조사의 목적, 연구문제와 가설, 이론적 고찰, 조사방법, 조사결과), 결론 및 제언, 참고문헌 및 각주, 부록 순으로 이루어졌다.
- 조사보고서 작성시 유의사항에는 첫째, 독자의 수준을 고려한다. 둘째, 연구의 목적이 정확히 반영이 되도록 작성한다. 셋째, 보고서를 활용하려는 이해당사자의 관심사를 반영하여 작성한다. 넷째, 연구의 한계를 명확히 제시한다.

핵심어 조사보고서, 탐색적 조사보고서, 기술적 조사보고서, 설명적 조사보고서, 제안적 조사보고서, 조사보고서의 형식

연습문제

01 조사보고서 작성을 위한 기본 원칙에 관한 설명 중 옳지 않은 것은?

① 보고서를 접하는 사람에게 합당한 정보를 제시할 수 있어야 한다.
② 관련자들이 보고서 전체를 읽지 않는다는 것을 인식해야 한다.
③ 정보를 논리적으로 제시해야 한다.
④ 간결하고 짧은 문장으로 작성하는 것이 좋다.
⑤ 보고서의 문체는 전문용어나 기술용어를 가급적 많이 사용한다.

02 조사보고서 작성 시 옳지 않은 것은?

① 서론에는 조사의 목적과 필요성을 기술한다.
② 본문은 가능한 간결하고 필요한 내용만 기록한다.
③ 명확한 표현으로 정확하게 작성한다.
④ 근거자료를 충분히 제시하는 것이 좋다.
⑤ 독자의 수준을 높여주기 위한 전문용어 사용은 권장된다.

03 조사보고서 작성 시 옳지 않은 것은?

① 서론에는 연구목적, 연구결과의 함의가 기술되어야 한다.
② 본론에는 이론적 배경, 연구방법, 연구결과가 제시되어야 한다.
③ 결론에는 본문의 핵심내용과 후속 연구에의 제언이 제시되어야 한다.
④ 독자들이 충분히 이해할 수 있는 수준으로 기술해야 한다.
⑤ 정확하고 체계적인 기술이 요구된다.

04 이론적 배경에 들어갈 사항이 아닌 것은?

① 자료수집방법
② 선행연구 한계
③ 주제 관련 이론
④ 이론적 틀
⑤ 개념규정

05 조사보고서 작성을 하고자 할 때 고려할 사항이 아닌 것은?

① 독자의 수준을 고려한다.
② 이해당사자의 관심사를 반영한다.
③ 연구목적에 맞게 서술한다.
④ 정보를 논리적으로 제시한다.
⑤ 연구의 한계는 제시하지 않고 연구자만 알고 있는다.

06 다음에서 설명하는 조사보고서 유형은 무엇인가?

> 사회적 현상의 특성과 변수 간의 관계성을 서술하기 위해 수행된 조사의 결과를 보고하는 문서

① 탐색적 조사보고서
② 기술적 조사보고서
③ 설명적 조사보고서
④ 제안적 조사보고서
⑤ 정책개발 착수보고서

07 다음은 무엇에 대한 설명인가?

> 연구의 핵심적인 내용을 짧게 간추린 양식이며, 연구보고서의 전반적인 내용을 살펴보기 전에 연구에 대한 윤곽을 알기 쉽도록 보고서의 주된 내용을 전달하는 것이 목적이다.

① 표제
② 목차
③ 개요
④ 본론
⑤ 부록

08 다음은 무엇에 대한 설명인가?

> 연구를 진행하는 과정에서 참고한 자료는 연구보고서를 작성하는 과정에서 꼭 밝혀야 한다. 즉, 자료 사용 시 출처를 명확히 밝혀 줌으로써 읽는 이들에게 신뢰를 줄 수 있기 때문이다.

① 표제
② 목차
③ 개요
④ 부록
⑤ 참고문헌

09 다음은 무엇에 대한 설명인가?

연구를 위해 사용된 설문지, 그림, 사진, 통계분석자료, 도표 등 연구에 도움을 주거나 연구결과를 읽는 이에게 도움이 되는 자료를 넣어 수록하는 부분이다.

① 표제
② 목차
③ 개요
④ 본론
⑤ 부록

10 조사보고서 작성 시 유의사항으로 옳은 것은?

① 독자의 수준보다 중요한 것은 조사자의 전문성을 보여주는 것이다.
② 연구의 목적에 맞지 않은 조사결과 작성도 괜찮다.
③ 조사보고서를 활용하고자 하는 이해당사자의 관심사를 반영하지 않아도 된다.
④ 연구과정에서 나타난 한계를 숨겨서 조사자의 전문성을 부각시킨다.
⑤ 연구보고서를 읽는 이들이 이해할 수 있도록 전문용어는 주석을 사용하는 것도 바람직하다.

Answer 정답

1. ⑤ 2. ⑤ 3. ① 4. ① 5. ⑤ 6. ② 7. ③ 8. ⑤ 9. ⑤ 10. ⑤

부 록

〔부록 1〕 한국조사연구학회의 조사윤리 강령
〔부록 2〕 대표적인 2차 자료 관련 사이트
〔부록 3〕 IRB 온라인 교육이수 사이트 정보

부록 1 한국조사연구학회의 조사윤리 강령

참고. 한국조사연구학회의 조사윤리 강령

한국조사연구학회는 사회조사(이하조사로 약칭)의 과학성을 제고하고 건전한 여론 형성에 기여하기 위하여 조사윤리강령을 제정한다. 본 강령은 조사자의 윤리적 의무를 규정하고, 조사연구의 윤리적 요소에 대한 일반인의 이해를 고취함을 목적으로 한다. 조사자는 조사과제 수행에서, 그리고 조사의뢰자 및 일반인과의 관계에서 높은 수준의 전문성과 정직성을 유지한다. 또한 조사자는 본 강령에 명시된 원칙에 어긋나는 일체의 작업이나 조사과제를 거부한다.

(조사수행 시 준수하여야 할 원칙)

제1조 조사자는 조사결과의 타당성과 신뢰성을 확보하기 위하여 모든 합리적인 단계를 밟으면서 자료수집과 처리에 세심한 주의를 기울인다.

제2조 조사자는 연구설계와 자료분석에 세심한 주의를 기울인다.

1. 조사자는 연구과제에 적합한 조사기법과 분석방법을 사용한다.
2. 조사자는 잘못된 결론에 이르게 하는 조사기법과 분석방법을 자의적으로 선택하지 않는다.
3. 조사자는 자료에 어긋나게 연구결과를 해석하지 않는다.

(조사결과 발표 시 준수하여야 할 원칙)

제3조 조사자는 조사방법이나 조사결과를 조사 의뢰자에게 보고하거나 일반인에게 공표할 때 다음 사항을 정확하게 밝힌다.

1. 조사자
2. 조사의뢰자
3. 조사목적

4. 조사시기
5. 조사장소
6. 모집단과 표본추출틀
7. 표본크기 및 산정방법
8. 표본추출방법
9. 조사방법(면접조사, 전화조사, 우편조사, 인터넷조사 등)
10. 질문지(질문내용)
11. 재통화 · 재방문 · 재발송 횟수
12. 표본대체 규칙
13. 응답률
14. 표본추출오차
15. 가중치 부여 방식
16. 기타 조사 및 분석 절차에 관한 사항

제4조 조사자는 조사결과가 일반인에게 잘못 해석되어 전달될 때 그것을 바로 잡기 위하여 필요한 모든 관련 자료를 공개한다.

(조사 관련자들에 대한 책임)

제5조 조사 의뢰자에 대한 책임

1. 조사자는 조사 의뢰자의 사업정보 및 조사결과에 관한 정보를 비밀로 한다. 단, 조사의뢰자가 그 정보의 배포를 명시적으로 승인하였을 경우, 또는 본 강령의 제7조에 의하여 배포가 불가피한 경우는 예외로 한다.
2. 조사자는 조사기법 · 인력 · 장비 등의 한계 내에서 완수할 수 있는 조사과제만 수용한다.

제6조 조사대상자에 대한 책임

1. 조사자는 조사대상자에게 응답을 강요하지 않고, 그들을 기만하는 행위를 하지 않으며, 그들을 모욕하여 수치심을 유발하는 수단과 방법을 사용하지 않는다.
2. 조사자는 조사대상자의 사생활을 존중하고 익명성을 보장해 주어야 한다. 단 조사대상자가 허용하는 경우 대상자의 이름을 사용하거나 밝힐 수 있다.

3. 조사자는 조사대상자가 자유의사로 조사를 거절하거나 도중에 중단할 수 있는 권리를 존중한다.
4. 조사자는 연구를 가장해서 판매나 정치적 선거운동 등과 같은 다른 행위를 하거나 자신들의 연구를 거짓으로 기술해서는 안 된다.
5. 조사자는 적법한 절차에 의한 조사결과를 사용할 때도 조사대상자의 비밀을 보호해 주는 윤리적 의무를 준수해야 한다.

(회원조사의 의무)

제7조 회원 조사자는 본 학회의 조사윤리위원회가 본 강령의 위반 여부를 판단하기 위하여 공식적으로 자료를 요구할 경우 조사에 관한 정보를 제공하여야 한다.

부록 2 대표적인 2차 자료 관련 사이트

- 국가통계포털 (http://kosis.kr/)
  - 통계청에서 운영하는 통계서비스 사이트로 다양한 국내 최신 통계자료를 제공

- OECD (http://stats.oecd.org/)
  - OECD 각국의 국가데이터를 모아둔 곳으로 OECD뿐만 아니라 중국, 브라질, 인도 등 경제적 잠재력이 큰 국가들의 자료를 포함하고 있음
  - 다양하고 넓은 시간범위의 자료를 연구자의 필요에 따라 가공하여 내려받을 수 있다는 장점이 있음

- UN Statistics Division (http://unstats.un.org/)
  - 가장 많은 국가의 일반 자료를 검색할 수 있음
  - 아프리카 등 제3세계 국가 자료의 확보에 용이함

부록3 IRB 온라인 교육이수 사이트 정보

1. 질병관리본부 교육시스템
   - 인간대상연구 및 인체유래물연구자를 위한 교육 or 임상연구개론 (국내임상시험관리규정 KGCP 포함)
   - https://edu.cdc.go.kr/

2. 한국보건복지인력개발원 사이버 교육(IRB 입문과정)
   - https://cyber.kohi.or.kr/

3. 가톨릭임상연구지원센터
   - http://crcc.celp.co.kr/CELP/servlet/ContentManager

4. KONECT(한국임상시험산업본부) 교육관리시스템
   - http://lms.konect.or.kr/web/index.do

5. CITI-KOREA
   - http://www.citikorea.org/#

6. NIH Clinical Center
   - http://www.cc.nih.gov/training/index.html

7. CITI-Collaborative Institutional Training Initiative at the University of Miami
   - https://www.citiprogram.org/

8. 기관생명윤리위원회 정보포털 교육시스템
   - https://edu.irb.or.kr/Login.aspx?ReturnUrl=%2fIndex.asp

참고문헌

강영걸 · 박성복(2008). 『사회복지조사론』. 학현사.

강이근 · 김병 · 이창희 · 이용환 · 장창균 · 이덕희 · 강명희(2016). 『사회복지조사론』. 창지사.

강종수(2011). 『사회복지조사방법론』. 양서원.

강철희 · 김미옥(2003). 「한국 사회복지학 연구방법론에 대한 분석과 고찰」. 『한국사회복지학』, 55(11): 55-81.

곽종형 · 김경섭 · 김준환 · 박영 · 이남순 · 이상주 · 이영희 · 오선영 · 전해황 · 방혜선(2012). 『사회복지조사방법론』. 양서원.

김미혜 · 이현주 · 서미경(2008). 「정년퇴직 후, 재취업에 성공한 한국 남성노인의 구직경험에 관한 현상학적 연구」, 『한국노년학』, 28(1): 123-142.

김병섭(2008). 『편견과 오류 줄이기』. 법문사.

김영숙 · 임효연(2010). 「주민참여복지 네트워크에 대한 질적 연구: 근거이론 방법론」, 『한국사회복지학』, 62(4): 223-248.

김영종(2002). 『사회조사 방법론』. 학지사.

______(2009). 『사회조사 방법론』. 학지사.

김영천(2013). 『질적 연구방법론 2』. 피어슨(아카데미프레스).

김정우 · 양심영(2007). 『사회복지조사론』. 양서원.

김진숙(2011). 『사회복지조사론』. 신정.

김치영 · 최용민(2011). 『사회복지조사론』. 동문사.

김태동(2013). 『사회복지조사論』. 공동체.

김태성 · 김기덕 · 이채원 · 홍백의(2005). 『사회복지조사론』. 청목출판사.

김환준(2004). 『사회복지연구조사방법론』. 나남출판.

서정민 · 전동일 · 오봉욱 · 서연숙 · 김병년 · 김대건 · 박연진(2015). 『사회복지조사론』. 동문사.

성규탁(1994). 『사회복지행정론』. 법문사.

신경림 · 조명옥 · 양진향 외(2005). 『질적 연구방법론』. 이화여자대학교출판부.

오혜경(1998). 『사회조사방법론』. 아시아미디어리서치.

_____(2005). 『사회복지조사론』. 창지사.

원석조(2017). 『사회복지조사론 제2판』. 공동체.

유태균 역(2005). 『사회복지질적 연구방법론』. Deborah K. Padgett. 1998. *Qualitative Methods in Social Work Research: Challenges and Rewards*. 나남출판.

이윤로(2008). 사회복지사 1급 방송교재 『사회복지조사론』. 와이드프로.

이익섭 · 이윤로(2004). 『사회복지조사방법의 이해』. 학지사.

장혜경(2008). "현상학적 연구". 『사회복지 질적 연구방법론의 실제』. 홍현미라 · 권지성 · 이민영 · 우아영 편저. 학지사.

채구묵(2001). 『사회복지조사방법론』. 양서원.

_____(2005). 『사회복지조사방법론』. 양서원.

_____(2008). 『사회복지조사방법론 제2판』. 양서원.

_____(2013). 『사회복지조사방법론』. 양서원.

채서일(2013). 『사회과학조사방법론 제3판』. 비앤엠북스.

_____(2005). 『사회과학조사방법론』. 비앤엠북스.

최성재(2005). 『사회복지조사방법론』. 나남출판.

한국사회복지교육협의회(2018). 2019~2020년도 사회복지학 교과목지침서. 한국사회복지교육협의회.

한동우(2000). 사회복지프로그램 평가의 방향과 실천. 2000년 추계학술대회 및 워크숍 자료. 한국사회복지행정학회.

현외성(2011). 『사회복지학의 이해』. 양서원.

홍봉수 · 배재덕 · 임안나 · 김기성 · 김덕주 · 김영호 · 정정애 · 송기철 · 강해자 · 이순자 · 곽정국(2016). 『사회복지조사론』. 창지사.

홍종선 · 박용석(2007). 『설문조사자료의 통계 분석』. 자유아카데미.

황성동(2006). 『알기 쉬운 사회복지조사방법론』. 학지사.

황성철(2005). 『사회복지 프로그램 개발과 평가』. 공동체.

Babbie, E. R.,(2015). *The practice of social research*. Nelson Education.

Fitzpatrick, J. L., Sanders, J. R. & Worthen, B. R.(2004). *Program evaluation: Alternative approach and practical guidelines*(3rd ed.). MA: Pearson Education.

Gates, B. L.,(1980). *Social program administration: The implementation of social policy*. Prentice-Hall.

Giorgi,(2004). *Qualitative research methodology. Advanced Workshop on the Descriptive Phenomenological Method*. Seoul: Ewha Woman University.

Lowy, L.,(1979). *Social Work with the Aging*. New York: Harper & Row.

Maslow, A. H.(1954). *Motivation and Personality*. New York: Harper.

Miller, D. C., & Salkind, N. J. (Eds.).(2002). *Handbook of research design and social measurement*. Sage.

Padgett, D. K.,(2008). *Qualitative methods in social work research*(Vol. 36). Sage.

Tripodi, T.,(1983). *Evaluation research for social workers*. Englewood Cliffs. NJ: Prentice-Hall.

Yin.(1990). *Case study Research*. Sage Publications. Inc.

York, R. O.,(1982). *Service planning: concepts, tools and methods*. Chapel Hill, North Carolina: The University of North Carolina Press.

찾아보기

ㄱ

가로형 자료 227
가설 52
가설검증 접근법 141
간결성 26
강성자료 266
개념 39
개념화 46
개방형 질문 176
개요 339
객관성 23
거트만 척도 103
검사요인 201
검증가능 27
결과 해석 83
결론 83, 342
결정론성 26
경험가능성 22
고전적 실험설계 207
공표 83
과정 261
과정평가 264
과학 21
과학적 방법 18
과학적 지식 22
관찰 217
관찰 결과 219
관찰 단위 125
관찰 설계 218
관찰 조사 218
관찰법 309
관찰적 참여 217
괄호치기 317
구성타당도 116
구조동일성 93
구조적 관찰 217
구조화 면접 160
구체성 27
구체화 223

군집표본추출 135
권위 16
귀납적 306
귀납적 방법 24
귀무가설 55
근거이론 313
기관(시설) 평가 268
기술 25
기술분석 288
기술적 연구 68
기술적 조사보고서 337
기술적 통계량 96
기술통계 287
기준타당도 115
기초연구 68

ㄴ

난수표 132
날조 32
내부평가 269
내용분석 77, 221
내용타당도 114
내적일관성 분석법 113
내적타당도 200
노력성 260
논리성 26
누적 척도 103, 104, 105
눈덩이표본추출 139

ㄷ

다중응답분석 289
단순 시계열 설계 211
단순무작위 표본추출 132
단일집단사전-사후검사설계 199
대립가설 56
대응표본 t검증 292
대중매체 17
대표성 130
데이터 클리닝 285
도구요인 202
독립변수 42, 205
독립표본 t검증 291
동등신뢰도 계수 113
동류집단연구 73
동시타당도 115
동질성 113
동형검사법 112
등간척도 95

ㄹ

로지스틱 회귀분석 296
리커트 척도 102, 179

ㅁ

매개변수 44, 276
매슬로우 239
메타평가 267
면접법 310
면접의 일반원칙 166
면접조사 160
면접지침 320
명목척도 94
모수 127
모집단 58, 126

목차 339
무작위배당 206
문헌검토 59
민속지학 연구 315

ㅂ

반구조화 면접 163
반분법 113
범주형 40
범주형 변수 94
변수 39
변수의 변환 285
변조 32
보가더스 척도 104
보고서 작성 83
복수양식법 112
본 분석 285
본론 340
부록 343
분류와 범주 설정 224
분석 224
비교형 척도 99
비구조화 면접 162
비구조화된 질문 176
비논리적인 추론 20
비동일 통제집단설계 210
비동일집단 사후검사설계 198
비실험설계 197
비연속형 변수 40
비용-편익분석 266
비용-효과분석 266
비율척도 96
비체계적 오류 109
비표본추출오차 142
비확률표본추출 129, 131, 137
빈도분석 96, 287

ㅅ

사례연구 314
사전검사 205
사전조사 187
사회적 거리척도 104
사회조사방법 67
사후 발생적 가설 20
사후검사 205
산출 263
산출평가 265
상관관계분석 294
상식 17
생애사 연구 317
서론 339
서베이 연구 153
서비스 제공자 조사 249
서비스의 질 261
서스톤 척도 100
서열척도 95
서열형 178
선다형 178
선택적 관찰 19
설명 25
설명적 연구 69
설명적 조사보고서 337
설문조사 76, 153
설문지 175
성과 263
성과평가 265

성장요인 201
세로형 자료 227
순서척도 95
순수연구 68
순위서열 척도 99
시계열연구 72
신뢰구간 접근법 141
신뢰도 111
신뢰도 계수 141
실행적 오류 276
실험 195
실험대상의 소멸 204
실험설계 204
실험연구 77
실험집단 206
심층면접 164
심층면접 연구 319
쌍비교 척도 99

ㅇ

액면타당도 114
양자택일형 177
양적 연구 76
양적 자료 149
양적 자료분석 283
양적 평가 266
역사비교연구 79
역사요인 200
연구가설 56
연구계획서 84
연구대상 29
연구설계 82
연구윤리위원회 31
연구주제 47
연속형 변수 41, 94
연역적 방법 23
영가설 55
영향성 261
예측 25
예측타당도 115
오류 276
온라인 설문 159
외부평가 269
요소 125
욕구 239
욕구단계이론 239
욕구조사 241
우편설문조사 155
유사 실험설계 210
유용성 219
유의표본추출 138
응용연구 69
의도적 표본추출 249
이론 50
이론적 오류 276
일반성 26
일반집단 설문조사 247
일반화 19
일반화의 한계 306
일원분산분석 293
일회검사연구 197
일회적 서술 306
임의표본추출 137

ㅈ

자료 166, 226

자료 편집 168
자료분석 82, 311
자료수집 82
자유응답형 176
잠정성 27
재검사법 112
재생가능성 22
재현가능성 28
적합성 평가 267
전수조사 126
전통 15
전환 262
절차 218
정보 15
제1종오류 141
제2종오류 141
제안적 조사보고서 338
제언 342
조사결과 341
조사보고서 333
조작화 47
종단연구 71, 75
종속변수 42, 205
주요 정보제공자 조사 248
중심극한정리 128
지역사회 설문조사 247
지역사회 포럼 246
직관 17
질적 연구 78, 150
질적 조사 303
질적 조사연구 303
질적 평가 267
질적 자료 149

ㅊ

참고문헌 342
참여관찰 연구 318
척도 94, 99
척도분석법 103
체계적 오류 108
체계적 표본추출 133
초점집단 설문조사 248
초점집단 인터뷰 165, 320
총괄평가 264
총화척도 102
추리통계 289
추세연구 72
추이연구 72
측정 93
측정 오류 108
층화표본추출 133

ㅋ

코딩 168, 224, 284
크론바하 알파 계수 113

ㅌ

타당도 114
탐색 24
탐색적 연구 68
탐색적 조사보고서 337
통계적 회귀 202
통계치 127
통제 25
통제변수 43

통제집단 206
통제집단 사전-사후검사설계 207
통제집단 사후검사설계 208
투입 262

ㅍ

판단중지 317
패널연구 74
평가 257
평가요소 259
평가조사 257
평정 척도 100
평정형 179
폐쇄형 질문 176, 177
표본 58, 126
표본오차 141
표본의 편중 203
표본조사 126
표본추출 125, 127
표본추출간격 133
표본추출단위 125
표본추출오차 129, 142
표본추출이론 127
표본추출절차 131
표본틀 125
표절 32
표제 338
프로그램 평가 268
필터링 167

ㅎ

한계 220
할당표본추출 138
합치도 113
합치도 계수 113
허용오차 141
현상학적 연구 316
현실기반이론 313
현장연구 78
형성평가 264
형평성 261
확률표본추출 129, 131
회귀분석 295
횡단연구 71
효과성 260
효과성 평가 265
효용성 28
효율성 260
효율성 평가 266

1차 자료 151
2차 자료 151
2차 자료분석 78, 250
ANOVA 293
t-test 291

저자소개

• 서정민

현, 가톨릭대학교 사회복지대학원 겸임교수
강북실버종합복지센터 원장
한국사회서비스연구원 연구위원

전, 서울대학교 사회과학대학 post doc.
서울시립장애인생산품판매시설 원장
송파인성장애인종합복지관 관장

• 김병년

현, 연성대학교 사회복지경영과 조교수
한국다문화복지학회 이사

전, 국민대학교 행정대학원 겸임교수
가톨릭대학교 사회복지학과 겸임교수
남서울대학교 사회복지학과 겸임교수
극동대학교 사회복지학과 겸임교수
㈜ 엔씨스콤 연구원

• 전동일

현, 강원대학교 사회복지학과 부교수

전, 한국장애인개발원 선임연구원
한국장애인재활협회 사회복지사

• 김대건

현, 목포대학교 사회복지학과 교수

• 오봉욱

현, 국제사이버대학교 노인복지학과 학과장(초빙교수)

전, 청주서원노인복지관 관장
서원대학교 미래대학 사회복지학과 교수
경기과학기술대학교 사회복지과 교수
국제사이버대학교 사회복지학과 실습전담교수
김포대학교 사회복지과 교수

사회복지조사론 제2판

초 판 1쇄 발행 / 2019년 9월 5일
제2판 1쇄 발행 / 2021년 6월 30일
제2판 4쇄 발행 / 2025년 8월 5일

•

공저자 / 서정민 · 전동일 · 오봉욱
김병년 · 김대건
발행인 / 이 중 수
발행처 / **동 문 사**

•

서울특별시 서대문구 홍제원 1길 12
(홍제동 137-8)
Tel : 02)736-3718(대), 736-3710, 3720
Fax : 02)736-3719
등록번호 : 1974.04.27. 제9-17호
가격 : 20,000원

•

ISBN : 979-11-6328-318-8(93330)
E-mail : dong736@naver.com
www.dongmunsa.com

저자와의 합의하에 인지는 생략합니다.